U0568099

甘肃重要考古发现

（2000～2019）

甘肃省文物考古研究所　编著

文物出版社

图书在版编目（CIP）数据

甘肃重要考古发现：2000～2019 / 甘肃省文物考古研究所编著. -- 北京：文物出版社，2020.10

ISBN 978-7-5010-6733-6

Ⅰ. ①甘… Ⅱ. ①甘… Ⅲ. ①考古发现—甘肃—2000-2019 Ⅳ. ①K872.42

中国版本图书馆CIP数据核字（2020）第134540号

甘肃重要考古发现（2000～2019）

编　　著：甘肃省文物考古研究所

装帧设计：李　红
责任编辑：杨新改　乔汉英
责任校对：李　薇
责任印制：苏　林

出版发行：文物出版社
社　　址：北京市东直门内北小街2号楼
邮　　编：100007
网　　址：http: //www.wenwu.com
邮　　箱：web@wenwu.com
经　　销：新华书店
印　　刷：天津图文方嘉印刷有限公司
开　　本：889mm × 1194mm　1/16
印　　张：23.5
版　　次：2020年10月第1版
印　　次：2020年10月第1次印刷
书　　号：ISBN 978-7-5010-6733-6
定　　价：560.00元

本书编辑委员会

主　任

陈国科

副主任

杨喜林　董保家

主　编

陈国科

副主编

蒋超年

编　委

（按姓氏音序排列）

陈福友　邓天珍　杜博瑞　杜水生　段剑蓉　傅罗文

郭志委　侯红伟　李　锋　刘兵兵　马洪连　毛瑞林

慕占雄　潘玉灵　丘志力　孙　锋　孙明霞　王　辉

王　山　王永安　魏美丽　吴　茳　谢　焱　杨谊时

岳晓东　张东菊　张　海　张俊民　张　伟　赵丛苍

赵雪野　赵宇超　郑国穆　周　静

目 录

序 言

甘肃作为中华文明的发祥地之一，境内积淀了丰富多样的文化资源。依托本省文物资源类型多样、地域特色明显的优势，甘肃省的文物事业取得了长足进步和较快发展，近二十年的文物考古工作更是蓬勃向上。在联合国内外科研院所和高校的基础上，以解决重大学术课题为导向，以文化遗产保护和利用为目标，以多段位、多学科、多视角合作的模式，分区域实施重大考古研究项目，在区域考古、专项考古等方面取得重大突破，并促进和带动科技考古和文物保护工作的快速发展。

一

近二十年来，为解决一些重大的学术课题和热点问题，甘肃省陆续开展了多项主动性考古发掘。在旧石器，新石器—青铜时代，河西走廊早期矿冶，周、秦、西戎文化和秦汉至宋元时期的考古研究上取得了重要成果和突破性进展。在旧石器时代考古方面，由于甘肃旧石器时代文化遗存分布很不平衡，相关工作主要集中在陇东黄土高原和甘肃中西部地区。以陇东黄土高原为中心，联合中国科学院古脊椎动物与古人类研究所对陇西盆地东部的水洛河、清水河和葫芦河流域进行旧石器考古调查，新发现近 20 处包含旧石器文化遗物的地点。在田野调查的基础上，相继对庄浪县徐家城遗址、张家川县杨上遗址和石峡口遗址、秦安大地湾遗址、环县楼房子遗址及夏河县白石崖溶洞遗址进行发掘。这些旧石器遗址点的发掘，为探讨中国乃至东北亚地区细石叶工业的分布、石器技术的发展，早期人类扩散及交流等问题提供了重要材料。尤其是夏河县白石崖溶洞遗址的发掘，将古人类在青藏高原的早期活动时间从距今 4 万年推至距今 16 万年。夏河人化石研究成果发表后，在丹尼索瓦人、青藏高原史前人类活动及中国古人类演化等研究领域产生了深远的影响，被国内外诸多媒体广泛报道，受到学术界和公众的广泛关注。

甘肃的新石器—青铜时代考古工作开展较早，自中国考古学诞生伊始，就进行了相关的发掘与研究工作。其考古学文化一脉相承，经过不断地发现和研究，甘肃目前已建立起完整的新石器—青铜时代考古学文化谱系和年代序列，为认识中国早期文明与社会演进及早期文明起源提供了科学依据。近二十年来，甘肃新石器—青铜时代考古在完善文化谱系构建、深化文化渊源探讨及器物研究的同时，逐渐向聚落考古、社会复杂化进程、文明起源等研究领域倾斜。目前，联合中国社会科学院考古研究所、北京大学考古文博学院、美国哈佛大学人类学系在甘肃东部、南部地区相继开展了多个主动性联合项目。以“马家窑至寺洼文化时期聚落与社会研究”项目为依托，对马家窑遗址和寺洼遗址进行了考古发掘，进一步丰富了马家窑文化和齐家文化的内涵，获得了一批研究寺洼文化的来源及其早期遗存特征的珍贵资料。以“考古中国——河套地区聚落与社会研究”项目为依托，开展了大梁峁遗址和桥村遗址的考古发掘，这对甘肃陇东地区史前考古学文化谱系的建立和揭示龙山时代考古学文化的格局具有重要意义。以“甘肃洮河流域新石器至青铜时代文化与社会之演进”项目为依托，分别对齐家坪遗址、灰嘴屲遗址和大崖头遗址进行了系统调查和试掘。这三处遗址代表了洮河流域新石器至青铜时代文化演变序列中的三个不同时间段，包括马家窑文化、齐家文化和辛店文化。通过对比不同时间段遗址内出土同类遗物的特征，寻找专门化技术演变的证据。此外，以解决重大学术课题为导向，“甘肃临潭陈旗磨沟遗址墓地多学科研究”成功申请国家社科基金重大项目。在对磨沟发掘资料进行全面梳理和整理的基础上，将就人群血缘关系、生存状态与迁徙行为、出土遗物科技分析、技术与文化交流等方面进行深入研究，全面揭示磨沟遗址的文化内涵和价值意义。由甘肃省主导、中日联合发掘的磨咀子遗址，为武威地区新石器时代马家窑文化的研究补充了新资料，对更全面地研究马厂类型文化在河西走廊的传播情况和文化面貌有重要意义。

利用甘肃省区位优势和文物资源的地域性特点，近年来相继开展了早期矿冶遗址的研究项目。早期矿冶遗址研究主要集中于甘肃西部的河西走廊地区，针对早期冶金和玉矿两个项目开展了相关调查、发掘和研究工作。河西走廊西衔中亚、东接中原，其间绿洲相连，境内有着丰富的早期文化遗存，是我国新石器时代和青铜时代考古学文化形成和发展的主要区域，也是早期文化相互交流和传播的重要通道。为了探讨中国早期冶金技术及早期中西文化交流，认识河西走廊地区新石器时代至早期铁器时代文化的演进模式以及早期冶金在社会复杂化进程和文明起源研究中的作用等问题，2010 年以来，甘肃省文物考古研究所与中国社会科学院考古研究所、西北大学、北京科技大学等联合开展了“河西走廊早期冶金遗址调查、发掘与研究”项目和“甘肃肃北马鬃山玉矿遗址群考古调查、发掘与研究”项目，通过多年工作，取得了较大收获。依托“河西走廊早期冶金遗址调查、发掘与研究”项目，相继对西城驿遗址、缸缸洼遗址和火石梁遗址进行了发掘，确认命名了一支新的考古学文化——西城驿文化，构建了黑河流域史前考古学文化的年代序列和发展谱系，并就早期铜冶金技术的传播与发展及中西文化交流等问题进行了深入探讨，取得了突破性进展。玉文化是东方文明，特别是华夏文明区别于西方文明的重要标志之一，玉料来源研究是玉文化研究的重要组成部分。玉料的来源及贸易研究，对揭示早期社会先民的活动范围、社会组织形态及相互关系、生产力发展水平、稀有资源的利用与社会复杂化进程等都有重要价值。为此，甘肃省文物考古研究所和北京大学考古文博学院在甘肃肃北地区进行了早期玉石之路调查，并在马鬃山发现了径保尔草场玉矿遗址。其后，又相继发现马鬃山寒窑子草场玉矿和敦煌旱峡玉矿。通过对这三处玉矿遗址的调查与发掘，初步认为河西走廊玉矿遗址是我国目前所见年代最早的一批集采矿、选料、防御等于一体的采矿聚落址，从实物层面展示了公元前一千纪河西走廊西部地区的采玉活动，对研究玉矿开采及相关的采矿技术、选料技术、行业组织、社会管理等各个方面具有重要意义。

甘肃是两周考古的重镇，为探索秦文化的渊源、了解早期秦文化的面貌、寻找早期秦人的都邑和陵墓、探索秦戎关系等重大学术问题，并为大堡子山大遗址的保护提供翔实、科学的依据。2004年，甘肃省文物考古研究所、中国国家博物馆、陕西省考古研究院、北京大学考古文博学院、西北大学文化遗产学院五家单位成立了早期秦文化研究项目组，并组建了联合考古队。早期秦文化考古与研究项目自2004年启动以来，通过多年的调查与发掘，取得了重大收获。特别是近十年来，通过对礼县鸾亭山遗址、西山遗址、大堡子山遗址、六八图遗址、清水李崖遗址、甘谷毛家坪遗址、张家川西戎贵族墓地、秦安王洼墓地、漳县墩坪墓地和宁县石家墓地·遇村遗址的发掘，在解决周、秦、西戎三者关系及来源问题上获得了突破性认识。与此相关的研究也逐渐由早期秦文化研究扩展到秦与戎，周、秦、戎关系的研究。

青铜时代以降，中国逐渐进入一个新的高度统一的历史时期。保留在甘肃的秦汉至宋元明清时期的历史遗存，体现了中原王朝对甘肃的经略及甘肃在整个中华文明形成过程中发挥的独特作用。阳关是中国古代陆路对外交通的咽喉之地，是丝绸之路南路必经的关隘。“阳关遗址考古调查与研究”项目以阳关镇为中心，对前人所言阳关关址所在进行确认，对寿昌城、古董滩、阳关镇周边烽隧、古道、古水系、阳关都尉所辖南塞进行调查。新发现与确认烽火台20余处，特别是西土沟东南口（阿克塞沟北口）汉代烽火台的确认，对敦煌南塞的认识得出了颠覆性结论。南湖西南行古道的确认，对于解决阳关遗址的所在具有非常重要的意义。通过对现有遗址、遗迹的综合研究，厘清该地区汉代边塞防御系统和行政建制，判明阳关遗址及其附属设施的具体地望。

作为佛教发展和传播的关键区域，甘肃境内的佛教遗存资源丰富，近几年来持续开展了泾川佛教遗址、武威亥母寺遗址和镇原田园子石窟的考古发掘。这极大地充实了甘肃河西走廊石窟群和甘肃东部石窟群的石窟规模和数量，进一步深化和丰富了其文化内涵，扩大了其传播影响，对研究中国早期佛教传播与宗教信仰具有重要的参考价值。

新中国成立以来，随着大规模经济建设的开发，甘肃省配合基本建设项目的田野考古进入了全新的发展阶段。尤其是近二十年来，共配合完成各类基本建设项目的文物考古工作327项，涵盖公路、铁路、航空、电力、水利、燃油气管道、城市规划建设等涉及社会生活的各个方面。其中，较为重要者有涉及兰渝铁路工程进行发掘的岷县山那树扎遗址，该遗址揭示出仰韶中期庙底沟类型文化因素、仰韶晚期文化因素和马家窑类型文化因素三者的共存关系，为研究仰韶晚期文化与马家窑文化的关系及马家窑文化的来源等问题提供了新线索，也为研究洮河流域这一时期人类的生业模式，生产、生活方式及人与自然环境的关系问题等提供了重要资料。涉及九甸峡建设工程进行发掘的岷县占旗遗址，是一处重要的寺洼文化墓地。该墓地是寺洼文化的早期遗存，对认识寺洼文化分布范围、完善寺洼文化的分期断代、探索寺洼文化的源头等具有重要意义。出土的部分陶器和铜器，对探讨寺洼文化与周边地区齐家文化、卡约文化、辛店文化之间的关系，乃至探讨与中原地区商周文化和欧亚草原文化之间的文化交流具有重要的意义。

因建设工程中意外发现文物或者文物面临自然破坏危险、遭盗掘破坏严重、需抢救性发掘的考古项目，也是文物考古工作的重要内容。高台地埂坡墓地共发掘墓葬5座，最具特色的是M1中出现了用生土雕成的仿木梁架及屋顶结构的实物资料，建筑形式独特，不仅对认识了解魏晋时期建筑结构等具有重要意义，而且显示了来自中原传统文化的影响。这批墓葬既保留中原汉墓的遗风，又出现新的晋制因素，同时还具有河西区域特色，展现出与众不同的面貌。为研究河西地区历史、中国古建筑形制演变、中西文化交流、民族融合等提供了珍贵的资料，一些抢救性发掘项目，由于科学价值高、影响较大而转为带有学术课题的主动性考古发掘，如泾川佛教遗址和天祝岔山村唐墓。泾川佛教遗址发现造像坑、舍利砖函地宫、宋代龙兴寺曼殊院文殊菩萨殿和房屋基址等遗迹，出土石、陶、泥质佛教造像两百余件，造像年代历经北魏、西魏、北周、隋、唐、宋等时期，延续时期较长，较为完整地反映了古代泾州乃至整个陇东地区佛教造像发展的序列。陶棺及舍利的发现，则为我们认识了解泾川地区舍利瘗埋制度及其演变等提供了新资料。2019年9月，武威市天祝藏族自治县国土资源局在土地整备时发现一座墓葬，经发掘确认，墓主为武周时期吐谷浑王族成员喜王慕容智。鉴于该墓的重要性，国家文物局将其纳入“考古中国”项目。该墓出土器物种类较多，数量较大，其中丝织品类具有长安地区典型的“陵阳公样”特征，反映了唐代精湛的织丝技艺。这些文物，既是唐代丝路贸易的实物见证，也是唐与吐谷浑友好交往的实物见证。该墓的发掘为研究吐谷浑后期王族谱系、葬制葬俗及相关问题提供了重要材料，丰富和拓展了丝绸之路物质文化资料，对推动唐与丝绸之路沿线民族关系史、交通史、物质文化史、工艺美术史等相关研究具有重要价值。

二

近年来，甘肃省文物考古研究所在完成各类田野考古发掘任务的同时，积极开展研究工作。以重要考古发现为契机，承担国家、省部级科研课题项目20余项。其中，国家社科基金重大项目1项；国家自然科学基金、国家社科基金、教育部人文社科基金重大项目6项；国家科技部、国家文物局重大课题8项；省级科研课题7项。另有4项考古发掘项目入选“全国十大考古新发现”，3项入选“中国社会科学院考古学论坛·中国考古新发现”，5项荣获“田野考古奖”等重大荣誉。武威亥母寺遗址、张家川马家塬墓地、宁县石家墓地·遇村遗址、礼县六八图遗址、天祝岔山村唐墓等5项考古发掘项目先后在央视十台科教频道“探索·发现”栏目播出。

总结近二十年来甘肃的重要考古发掘项目，其年代从旧石器时代一直延续至历史时期的各个时段，内容涵盖了聚落、墓葬、矿冶、佛教、城址等相关领域。在既往成绩与成就的基础上，取得了新的学术突破。在国内外考古界产生了重大影响，丰富了我省考古学文化的内涵，进一步巩固和提高了甘肃文物大省的地位，对不断提升甘肃文化软实力、扩大甘肃影响力、促进全省经济社会又好又快发展具有重要意义。

1. 通过一系列的发掘和研究，基本建立起了甘肃地区尤其是黄土高原西部中更新世晚期到晚更新世以来（距今20万～1万年前）旧石器考古年代框架，为探讨该地区石器技术的演变、人类行为的发展历程、人类适应性行为演化与环境变化的关系等提供了关键材料。新的古人类化石的发现，为讨论古人类在青藏高原边缘区域的生存时代、适应能力、扩散等提供了珍贵资料。

2. 进一步丰富和完善了新石器—青铜时代甘肃的考古学文化谱系和年代序列，发现和确认了新的考古学文化和考古学文化类型。如西城驿遗址的发掘，确认命名了西城驿文化；径保尔草场玉矿遗址的发掘，提出了骟马文化马鬃山类型等。这不仅对河西走廊史前考古学文化序列的构建具有重要意义，也为甘青地区史前考古学文化的发展演进和文化交互提供了新的视角和参考标尺。

3. 坚持问题导向，深化专题研究，突出甘肃特色。早期秦文化项目自2004年启动，迄今已连续开展15年，解决的学术课题也由早期秦文化拓展到探索周文化和西戎文化等相关领域，其文化内涵不断丰富，外延不断扩展，在解决周、秦、西戎三者关系及来源问题上获得了突破性认识。

4. 拓展新的研究领域，强化专题研究。早期矿冶遗址研究，取得了重要收获。以亥母寺遗址的发掘为契机，开展了西夏历史、文献与考古的研究工作。岔山村唐墓的发现，成为吐谷浑考古研究的开端。

5. 开展多学科综合研究，尤其是现代科学技术在考古中的大量使用。骨骼人类学和动物考古学通过碳C、氮N稳定同位素、锶Sr同位素和古DNA分析，在解决生物的食性、迁徙和起源方面发挥着重要作用。植物考古将植物大遗存和微体遗存相结合。环境考古主要从气候变化、沙漠化、水文变化和人地关系等几个方面对末次冰期以来的自然和人文环境进行研究。科技考古的大力开展，使现场文物的保护得到了极大的改善，实验室考古的清理，则最大限度地提取了文物信息，为后续的展示利用和保护研究提供了科学依据。

甘肃省文物考古研究所将秉持立足田野的传统，探索区域考古新模式，强化科研成果导向，坚持服务国家战略，不断提高文物保护和考古工作水平，通过开拓进取、扎实工作，努力开创文化遗产事业的新局面，为推动全省经济社会全面协调可持续发展做出更大的贡献。

编者

[第一章]

旧石器时代考古发现

甘肃的旧石器时代考古研究，肇始于1920年法国古生物学家桑志华等在陇东庆阳辛家沟和赵家岔进行的发掘。由于甘肃旧石器时代文化遗存分布很不平衡，相关工作主要集中在陇东黄土高原和甘肃中西部地区。近年来，与之相关的调查和发掘工作仍以六盘山两侧的黄土高原为中心，陇西地区发掘了徐家城遗址、杨上遗址、石峡口遗址和大地湾遗址；陇东地区对环县楼房子遗址进行了两次发掘；甘南地区白石崖溶洞遗址的发掘，不仅将甘肃旧石器工作扩展到了南部地区，填补了该区域旧石器研究的空白，更因夏河人化石研究成果的发布，为进一步探讨丹尼索瓦人的体质形态特征及其在东亚地区的分布、青藏高原早期人类活动历史及其对高海拔环境适应等问题提供了关键证据。

徐家城遗址

一　遗址概况

徐家城遗址位于甘肃省庄浪县万泉乡徐家城村东缘，南接秦安县，西与静宁县毗邻，地理坐标为北纬35°04′44.8″，东经105°47′49.0″，海拔1398米（图一）。该遗址位于水洛河北岸，距水洛河与清水河交汇处约500米。2009年6～7月，甘肃省文物考古研究所、中国科学院古脊椎动物与古人类研究所、兰州大学在陇西盆地东部进行旧石器考古调查时发现，同年7～8月，上述单位对其进行联合考古发掘，发掘面积约20平方米（图二）。

图一　遗址全景

图二　发掘团队

左起：王山（甘肃省文物考古研究所），李罡（山东省文物考古研究院），张东菊（兰州大学），李锋、陈福友（中国科学院古脊椎动物与古人类研究所）

图三　地层剖面

二　主要发现

遗址埋藏在水洛河的第二级阶地及上覆的黄土中，发掘剖面厚约 6.5 米，包含 9 个自然层，其中第 3 ~ 5 层含有文化遗物（图三）。第 3 层出土石制品数量极少，暂未作为一个独立的文化层。遗址4 ~ 5层内出土遗物丰富，根据遗物在剖面上分布的密集程度，分为4个部分：第5层及4C、4B、4A层，代表该遗址的文化层位。碳-14年代测定遗址文化层年代为距今约4.6万 ~ 2.3万年，其中主要文化层（4C、4B）年代为距今约4.6万 ~ 4.1万年（图四）。

4B层是遗址出土遗物最为密集的层位，平面上遗物分布于整个发掘区，剖面上集中分布在厚约20厘米的堆积内（图四）。此层内不同尺寸和重量的遗物混杂分布，同时也有大量筛选所得的石质、骨质碎屑。这显示了该层位考古材料未经历明显的水流分选等自然改造。最为特殊的是在此层发现了大量自然砾石（>5厘米），共349件，岩性以花岗岩为主。砾石尺寸大小不一，平面上分布零散，其间分布有密集的石制品和动物化石（图五至七），与自然状态下砾石层特征明显不同，应为古人类携带而来。剖面上，砾石的分布相对集中，基本在同一个层面上。 对部分砾石产状的统计表明，其长轴无优

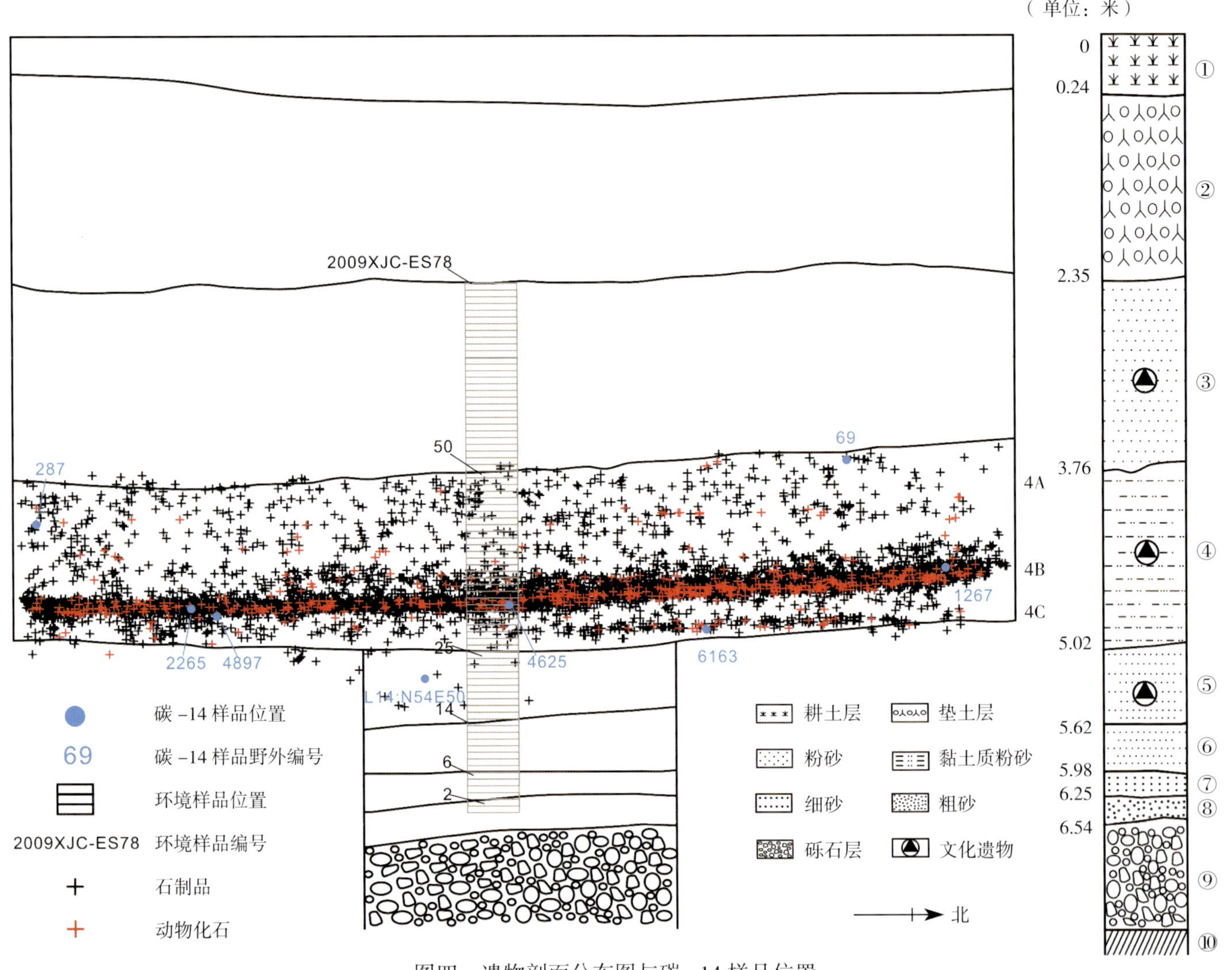

图四　遗物剖面分布图与碳-14样品位置

图五　遗物出露状况

图六　第 10 水平层砾石分布

图七　第10水平层遗物分布

09XJC4060

09XJC1657

09XJC3184

09XJC5942

09XJC996

09XJC5182

09XJC2487

09XJC5196

09XJC4817

0　　5厘米

图八　石核

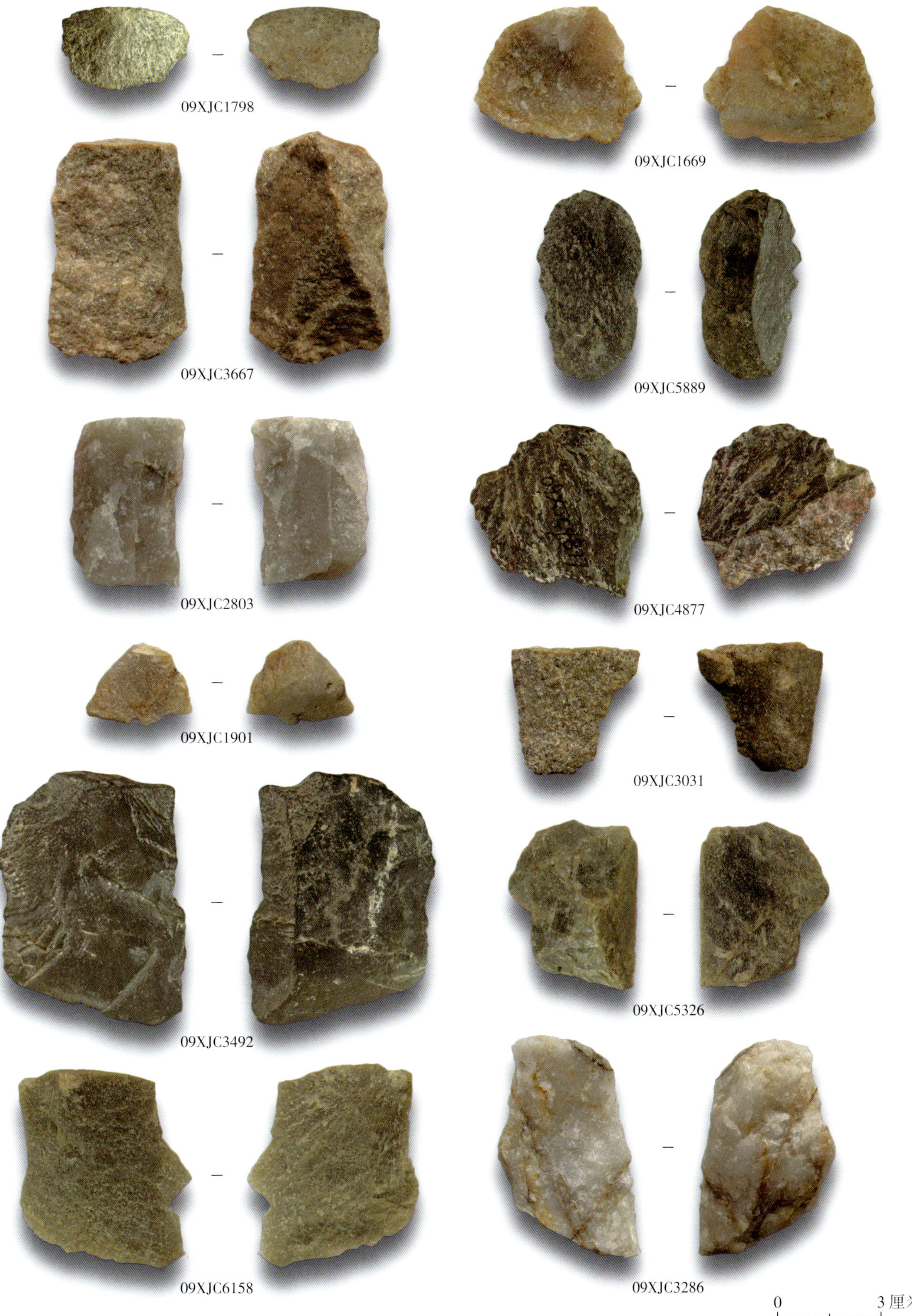

09XJC1798
09XJC1669
09XJC3667
09XJC5889
09XJC2803
09XJC4877
09XJC1901
09XJC3031
09XJC3492
09XJC5326
09XJC6158
09XJC3286
0
3厘米

图九　石片

09XJC5210
09XJC4090
09XJC1164
09XJC5771
09XJC3168
09XJC2994
09XJC1463
09XJC4998
09XJC1680
09XJC2309
09XJC1576
09XJC2778
09XJC4105
09XJC4730
09XJC1513
0
3厘米

图一〇　石器

势方向，倾角无明显规律，砾石倾向与该层位文化遗物的整体倾向相近，反映了砾石基本分布在有一定倾斜度的原始地面上。结合文化遗物分布、自然砾石分布特征，该层位应该代表一个相对较长时间的古人类活动面。

遗址出土石制品5000余件，动物化石近600件。研究显示，各文化层石制品类型与技术相近，总体上体现了中国北方石片石器技术的特征。石制品以中、小型为主，包括搬入石材、石核、石片、断块、碎块/片、石器等（图八至一〇）。石制品原料主要为脉石英和花岗岩，也有少量的石英岩、硅质灰岩等。石核多以简单剥片石核为主，台面和剥片面的多次转换，体现了古人类以有效剥离石片为目的，并不关注石核本身形状的剥片策略。石器类型以边刮器、锯齿刃器、尖状器为主，石锥、砍砸器为重要类型，凹缺器、端刮器等较少且不典型；石器毛坯以片状为主，绝大多数为单面加工，加工程度较低。

对遗址石制品原料经济的初步分析揭示出了徐家城古人类的原料采集和利用行为。从古河滩上选取砾石是当时古人类采集石料的主要策略，原料采集时对脉石英有较强的选择性，但未特意增加对优质原料的采集和利用。古人类对遗址附近主要原料的特点有着明确的认识,并以此发展出了不同的使用方式,脉石英主要用于剥片和加工小型石器（如边刮器、石锥等），花岗岩、闪长岩等主要用作石锤、石砧和制作大型石器（如砍砸器等）。剥片过程中，对石核的利用程度相对较高，暗示古人类尽可能地将搬入到遗址的石料进行剥片利用，反映出遗址内不存在石料存储现象，属于随用随采型的采集策略。石器加工所反映的原料利用率不高，表明古人类不存在原料短缺的压力，所从事的活动可能多为遗址内或遗址附近的活动。

遗址孢粉、粒度等分析显示，第5层和4C层，气候相对温湿，水量较大，区域地表植被主要为半湿润森林和灌丛草原；第4B层，气候开始变得冷干，水量减少，区域植被开始向草原过渡；第4A层，本地气候开始向暖湿发展，林地的比例增加；第3层，马兰黄土发育，气候可能向干冷发展。4B层出土的化石相对较多，初步的种属鉴定显示动物种类主要为马属和牛属的成员，动物种类相对比较单一。

三　学术价值

徐家城旧石器遗址出土遗物丰富，为我们了解甘肃陇西黄土高原地区人类活动模式、行为特点、环境适应生存表现等提供了丰富的研究材料。遗址距今约4万年，早于甘肃张家川石峡口遗址第2地点（3.3万年），两者在石器技术等方面有着明显的区别，这为我们从区域角度讨论古人类行为的历时性演变提供了关键材料，也为我们讨论中国旧石器时代晚期开始的标志、模式等提供了重要信息。

执笔：陈福友　李锋　王山　张东菊

杨上遗址

一　遗址概况

杨上遗址位于甘肃省张家川回族自治县张川镇杨上村杨下组西北缘进村道路旁的台地上（图一）。地理坐标为北纬 34°59′50.13″，东经 106°10′13.79″，海拔约 1816 米。该遗址所处的山脊是牛头河与清水河水系上游的分水岭，东距牛头河支流后川河直线距离 2411 米。2007 年，兰州大学、美国加州大学戴维斯分校等开展联合调查时发现该遗址，2013 年甘肃省文物考古研究所与中国科学院古脊椎动物与古人类研究所对该遗址进行发掘，发掘面积约 12 平方米（图二）。

图一　遗址全景

图二　发掘场景

二　主要发现

遗址埋藏在黄土—古土壤序列中，剖面发掘厚度约 9 米，堆积共分为 11 层（图三），其中 5 个层位（第 4 ~ 9 层）含有旧石器时代文化遗物，主要文化遗物出土自第 6 ~ 8 层（图四）。系统的光释光测年显示，遗址的形成始于距今约 22 万年，结束于距今约 10 万年，属于中更新世晚期到晚更新世早期，主要文化层（第 6 ~ 8 层）年代为距今约 18 万 ~ 15 万年。

遗址共出土遗物 2000 余件，其中石制品近 1700 件、动物化石 300 余件（图五）。各文化层石制品类型与技术相近，体现了石片石器组合的技术特点（图六）。石制品原料以采自河滩的脉石英、石英岩砾石为主，花岗岩和硅质灰岩也占有一定比例。剥片主要采用硬锤直接打击法，未见明确的砸击制品。石核剥片包括普通石核技术与盘状石核两种技术类型，但均以生产普通的石片为目的。台面基本未经修理，但打制者多会选择平坦且台面角适合的自然砾石面为台面，或利用之前打制过程中形成的剥片面为新的台面进行剥片。石器以小型为主，基本不见大型石器，主要以片状毛坯为素材。石器全部由硬锤锤击法修理而成，缺乏连续且规则的刃缘修理，故而多数石器刃缘形态呈现锯齿状。锯齿刃器和刮削器所占比例最大，其中尤以单刃者居多。

动物化石的风化程度较高，保存状况不佳，绝大多数为破碎且不可鉴定的长骨断片。动物化石中能够鉴定到种属与骨骼部位的材料仅 49 件，几乎全为食草类的标本。马属的材料最为丰富（如普氏野马 *Equus przewalskii*），包括 31 颗牙齿，2 件下颌，1 件枢椎齿状突，占可鉴定标本的 69%。

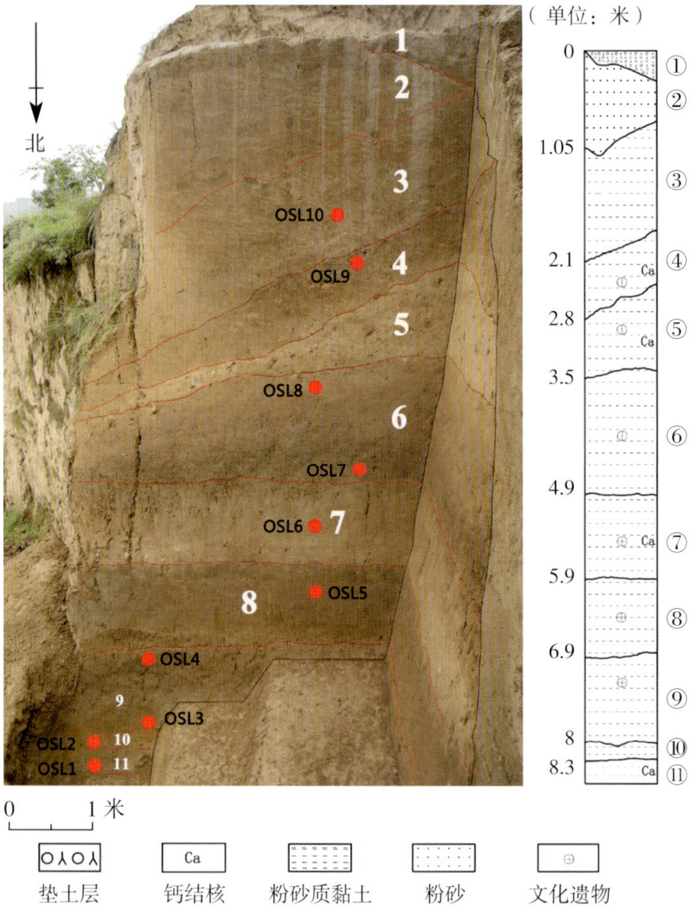

图三　地层及光释光测年样品取样位置

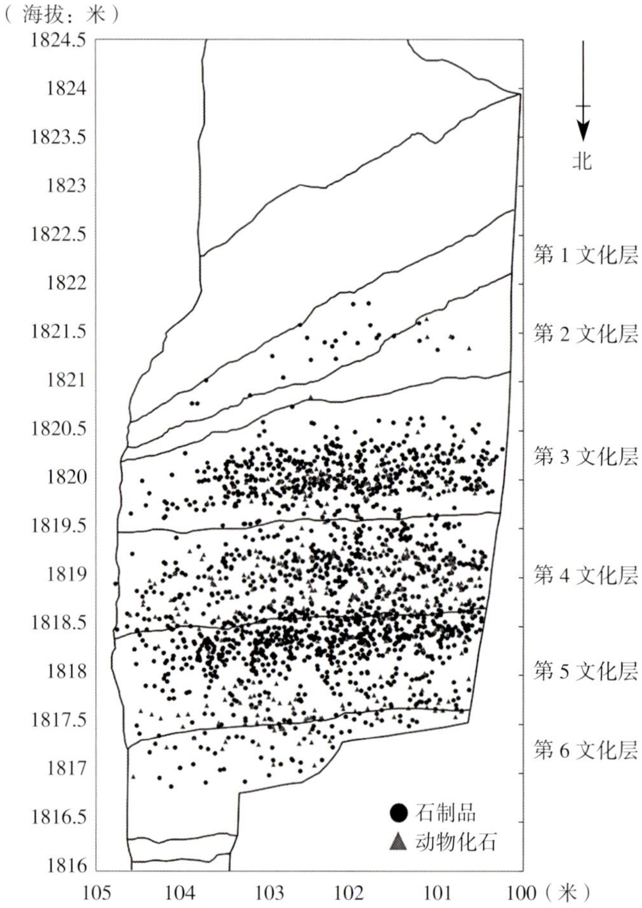

图四　遗物剖面分布

图五　石制品和动物化石出土状况

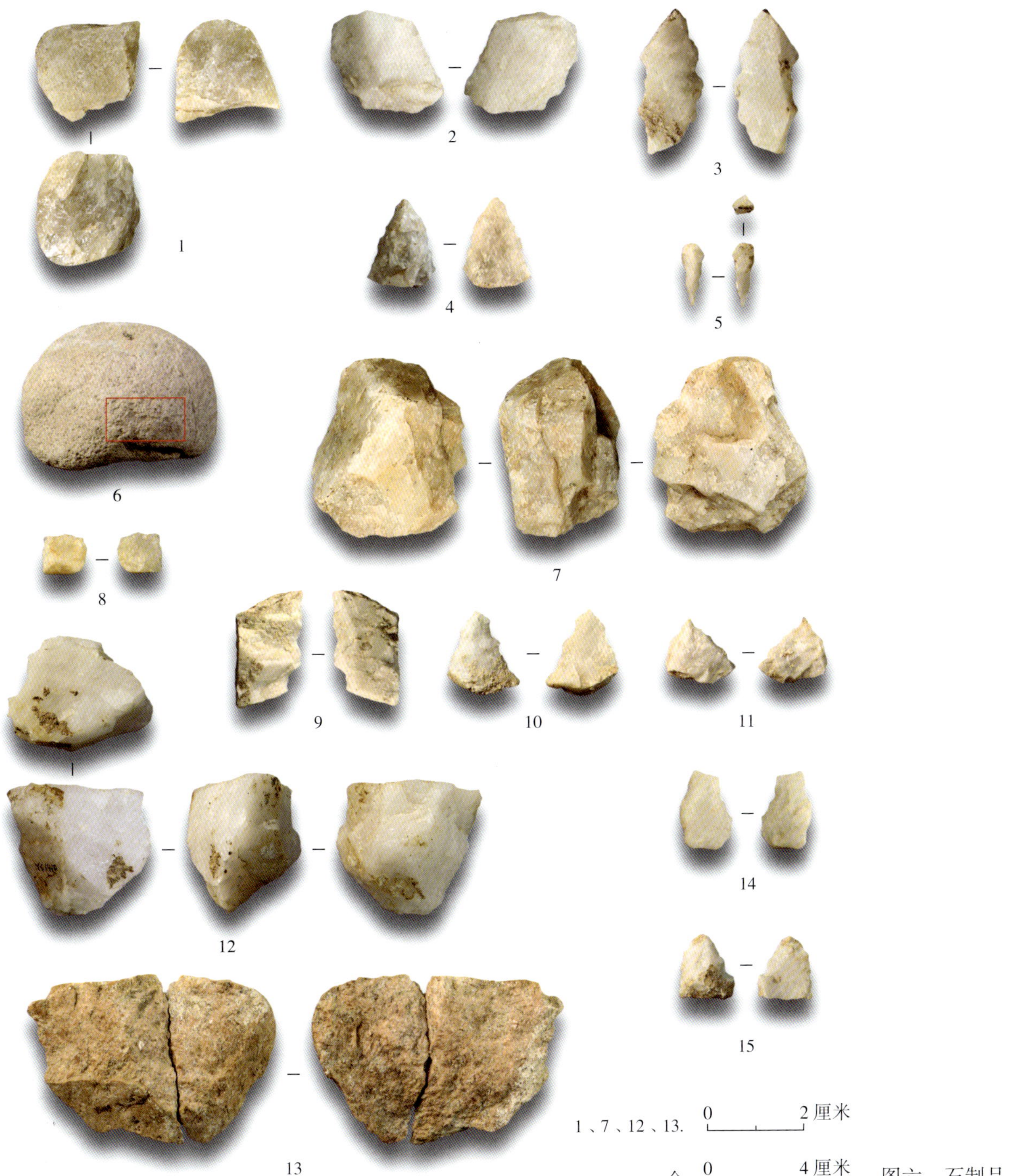

1、7、12、13. 0 2厘米
余 0 4厘米
图六　石制品

三　学术价值

杨上遗址距今约20万～10万年，是目前陇西黄土高原有确切科学测年数据的最早的旧石器时代遗址，对于研究中国西部地区早期人类的扩散和演化有着重要的意义。旧石器时代早期的旷野遗址常常仅包含单个或少数几个文化层，难以开展有效的纵向对比研究。杨上遗址多个文化层显示古人类对遗址长时间较为持续性的利用，为揭示黄土高原西部人类与环境的互动过程提供了重要的材料。

执笔：李锋　周静　赵宇超

石峡口遗址

一 遗址概况

石峡口遗址行政区划隶属于甘肃省张家川回族自治县川王乡峡口村，地理坐标为北纬 35°08′01.5″，东经 106°10′34.7″，海拔约 1790 米。遗址由两个地点组成（第 1、2 地点），分布于峡口村进村道路的两侧（图一），2009 年由中国科学院古脊椎动物与古人类研究所、甘肃省文物考古研究所、兰州大学联合调查队发现。第 2 地点埋藏于清水河二级阶地中，文化层上覆的堆积相对较薄，考虑其发掘难度小，中国科学院古脊椎动物与古人类研究所、甘肃省文物考古研究所于 2014 年先对其发掘，发掘面积约 50 平方米；第 1 地点埋藏于清水河一级阶地的前缘，文化层顶面距现今河面约 8 米，发掘难度较大。上述单位于 2015 年对其进行了试掘，文化堆积试掘面积约 3 平方米。

图一 遗址第 1、2 地点全景

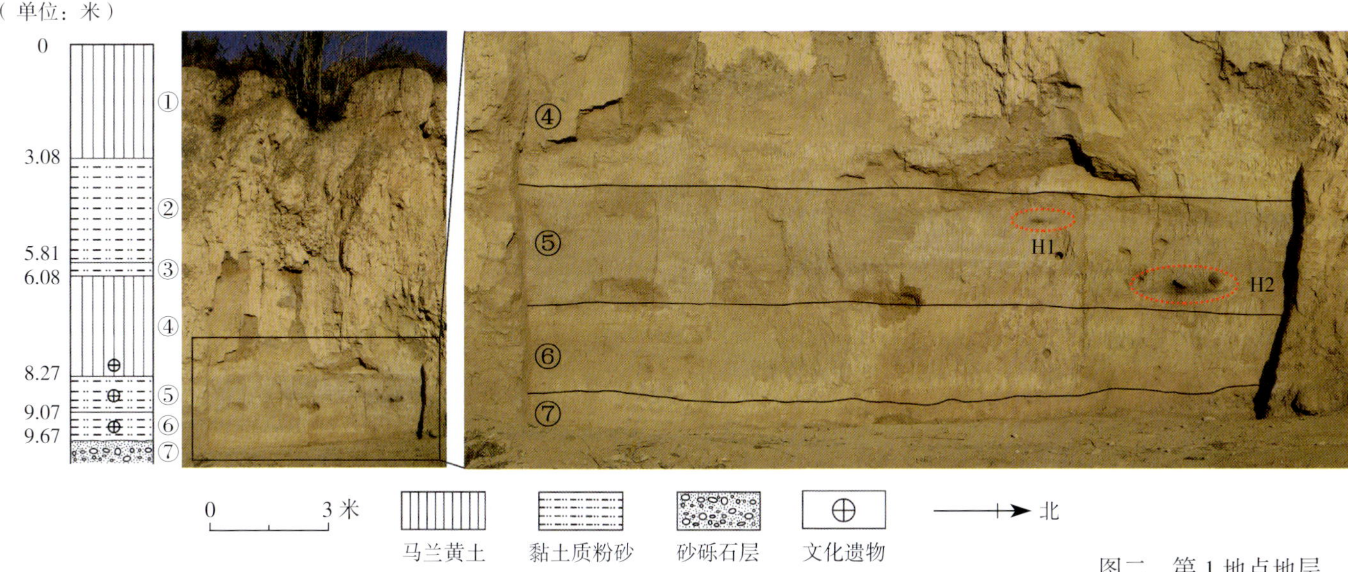

图二 第 1 地点地层

图三 第 1 地点火塘（H2）平面图

二 主要发现

1. 石峡口第 1 地点

第 1 地点地层堆积分为 7 层，文化遗物主要出土自第 5 ～ 6 层，分别命名为第一文化层（CL1，第 5 层）和第二文化层（CL2，第 6 层），碳 -14 年代测定遗址文化层年代为距今约 1.9 万～ 1.6 万年（图二）。遗址发现用火迹象 2 处，皆分布于 CL1 中。H1 为一处灰堆，残存长约 19、厚约 8 厘米，灰堆中出土少量石制品，还有一些动物碎骨、烧骨、炭屑及 1 件串珠装饰品残段。H2 残存长约 90、厚约 20 厘米，灰烬层分布集中，并出土数量较多的石制品、动物碎骨、烧骨、炭屑等，其间分布有 10 件尺寸较大的烧石，指示 H2 应具有一定的结构性（图三）。由于发掘面积小，H2 未完整揭露，但集中分布的灰烬层、丰富的包含物及烧石的分布特点显示其为一处有控制的用火遗迹，属于高投入的火塘。

第 1 地点发现遗物丰富，包含石制品 406 件、动物化石 201 件、古人类牙齿化石 1 件、串珠装饰品 2 件以及烧骨、大量的石质碎屑和碎骨等。经初步观察，人类化石残段为右侧下颌第 3 前臼齿，属晚期智人，出自第一文化层。两个文化层的石制品组合面貌基本一致，类型主要有石锤、普通石核、细石核、石片、细石叶、石器、断块、碎屑以及较多经人工搬运的砾石。石制品原料多选自河滩砾石，石制品原料总体以石英为主，燧石次之，另有少量的石英岩、凝灰岩、砂岩、页岩、玛瑙、白云岩及粗面岩；简单石核剥片主要采用硬锤锤击法，存在少量修理台面石核（图四）；细石核类型主要有楔形、锥形、柱形及不规则细石核（图四）；多数细石叶形态规范，部分细石叶台面背缘存在琢磨痕迹（图五）。加工石器主要采用硬锤锤击修理，石器类型以边刮器、端刮器为主，尤以小型两面尖状器具有特色（图六）。动物化石经初步鉴定主要有普氏羚羊、马科等种类，发现少量鸵鸟蛋片。

2. *石峡口第 2 地点*

第 2 地点的发掘采用目前通行的旧石器时代考古发掘方法，以 1 米 ×1 米探方为单位，采用自然层与水平层相结合的方法自上而下逐层发掘，据遗物密集程度以 5 ~ 10 厘米为一个水平层对文化层进行发掘。遗物出露后，工作人员进行编号、照相，并使用全站仪记录出土遗物的三维坐标；同时以探方及水平层为单位对文化遗物密集层位出土的堆积进行水筛，便于发现尺寸较小的石制品、动物化石等遗物（图七）。

地层堆积分为 6 层，第 3 层出土少量汉代遗存，旧石器时代文化遗物主要出自第 5 层。遗址旧石器时代文化层的碳 -14 年代为距今约 3.3 万年。文化层内发现集中用火迹象 4 处，多处用火遗迹底部为高温烘烤形成的红烧土层，内部分布有密集的炭粒、石制品、动物化石和一定数量的自然砾石。然而自然砾石的分布未发现规律性，与石峡口第 1 地点的火塘有一定的区别（图八）。

该地点共出土野外编号标本 5000 余件，其中石制品 4500 余件，动物化石 500 余件，以及大量的碎骨和石质碎屑等（图九、一〇）。初步观察显示，石制品原料以脉石英为主，石英岩也占有一定比例。石制品类型主要有石锤、石核、石片、石器、断块、碎屑以及经人工搬运的砾石。初步研究显示，简单石核剥片主要采用硬锤锤击法，多用砾石的砾面和打击面为台面进行剥片，也有少量修理台面者；存在一定数量的预制剥片石核（图一一）；石器类型主要有边刮器、锯齿刃器、端刮器等（图一二）。初步鉴定显示遗址动物种类以鹿科为主，发现少量犀牛化石。

三　学术价值

石峡口遗址两个地点相距不到 100 米，但年代相差约 1.5 万年，为讨论旧石器时代晚期（距今约 4 万 ~ 1 万年）黄土高原西部古人类的演化、交流和适应提供了一个绝佳的案例，意义重大。学术界一般认为旧石器时代晚期是现代人（晚期智人）所创造的文化，

图四　第1地点出土石核

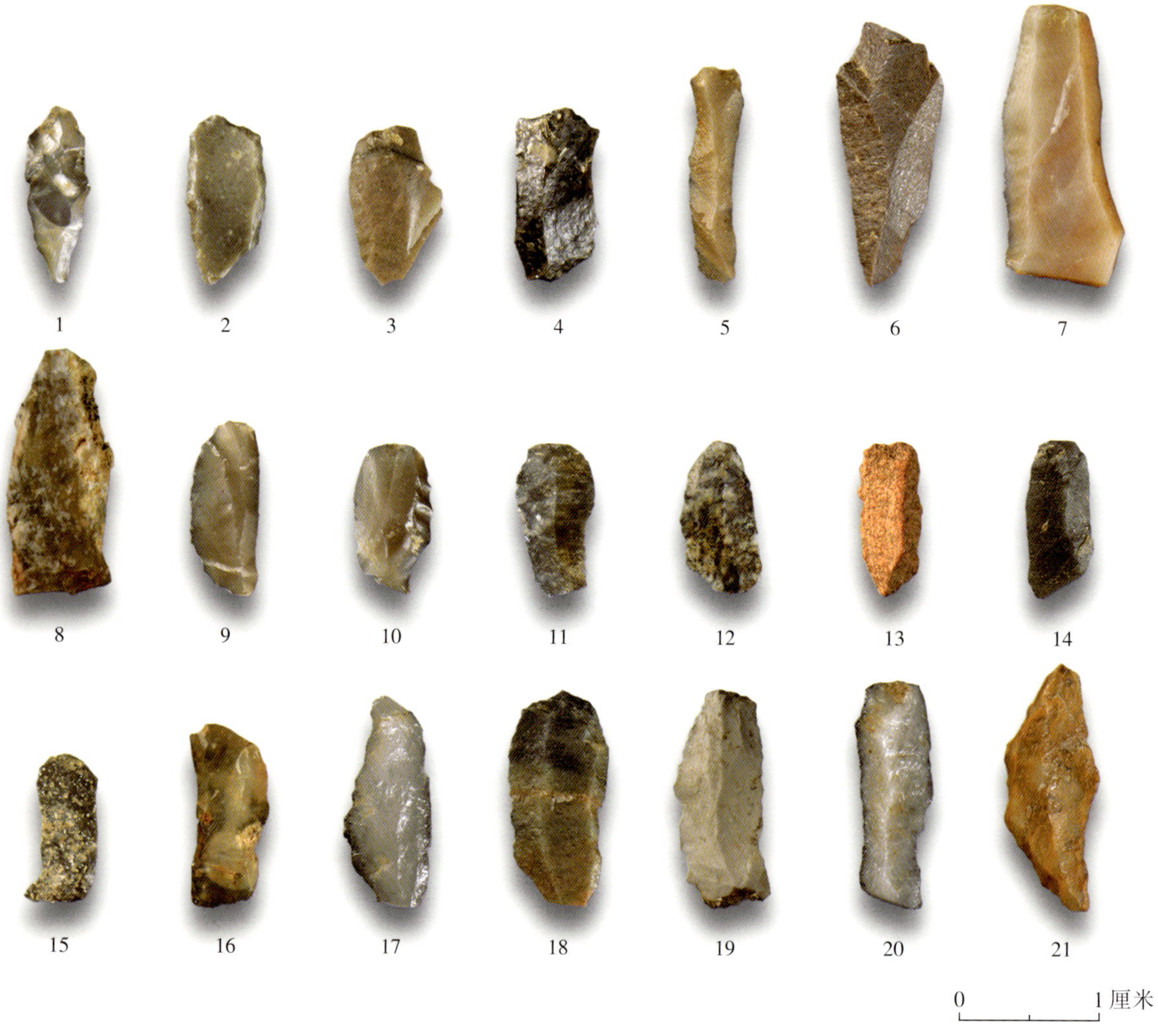
1
2
3
4
5
6
7
8
9
10
11
12
13
14
15
16
17
18
19
20
21
0 1厘米

图五　第1地点出土细石叶

1
2
3
0 1厘米

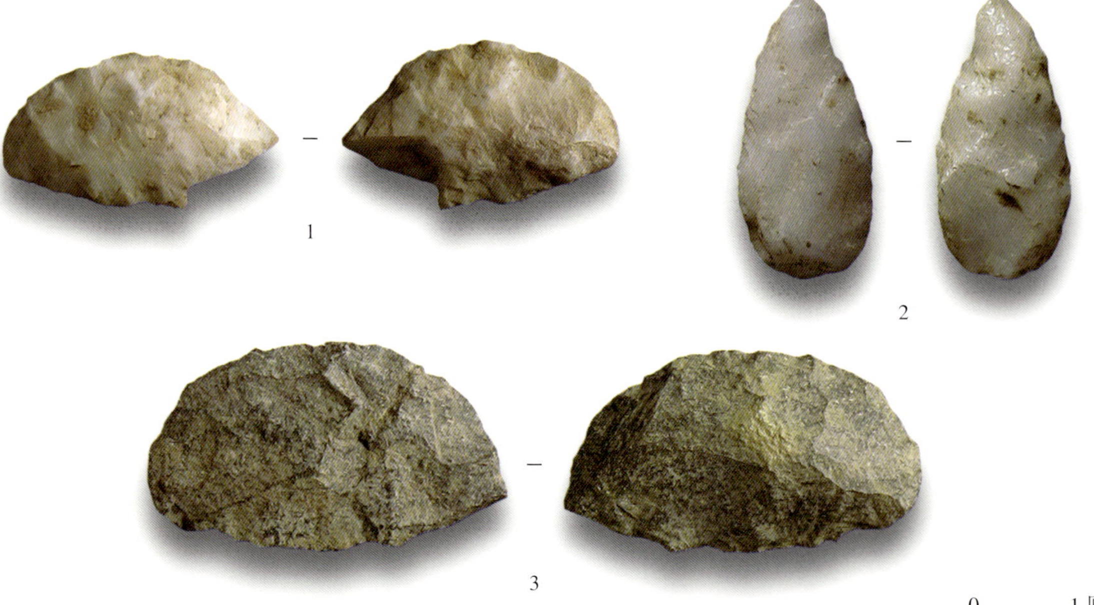

图六　第1地点出土小型两面石器

图七　第 2 地点发掘现场

图八　第 2 地点用火迹象（H1）局部

图九　第2地点遗物平面分布

图一〇　第2地点遗物出土状况

图一一　第2地点出土预制石核

图一二　第2地点出土端刮石器

并常常将中国发现的具有欧亚大陆西部旧石器时代晚期文化特点（如石叶技术）的遗址解释为扩散的结果，但具有中国本土特点的旧石器时代晚期文化是如何表现的、它们何时出现是困扰学界的重大科学问题。石峡口第2地点的年代大体处于中国北方旧石器晚期开始的时段（距今4万～3万年），遗址发现了具有预制特征的石核、加工精制的端刮器、频繁且稳定的用火行为，这些特征显著不同于其之前旧石器遗址的物质文化特点。这些新的文化因素是预示着来自西方的影响还是本土文化的创新，这一问题亟待回答。对石峡口第2地点的进一步研究有助于我们回答中国北方旧石器晚期开始的时间及行为标志、早期现代人在中国北方的扩散和演化等重要学术问题。

石峡口第1地点的年代落在了末次冰盛期（LGM）的末期。中国北方LGM内发现的遗址较少，且经过系统发掘者更少。学者们通常认为LGM极端寒冷环境下人类在北方的生存区域急剧向南退缩，石峡口第1地点发掘的新材料对讨论极端环境下古人类的生存范围、适应生存方式等重要学术问题具有关键意义。

石峡口遗址两个地点发现的材料也为我们讨论旧石器时代考古学研究中存在的一些理论问题提供了材料。石料对石器工业的影响是旧石器时代考古学研究关注的重要问题，长时间以来中国缺乏复杂的石器技术被认为是缺乏优质原料的结果。石峡口遗址两个地点邻近，面临相似的区域石器原料，而不同时代古人类所使用的石器技术有所差别，对此问题形成原因的细致研究可为我们讨论旧石器时代石器原料与人类行为的关系提供理论方面的借鉴。

执笔：李锋　陈福友　周静

大地湾遗址

一　遗址概况

大地湾遗址位于甘肃省天水市秦安县东北五营乡邵店村，坐落在葫芦河支流清水河南岸的二、三级阶地和相接的缓坡山地上，1988年经国务院批准公布成为第三批全国重点文物保护单位。1978～1985年的大面积发掘研究显示，该遗址形成于距今8000～5000年前后，保存有一至五期新石器时代文化遗存。第一期为大地湾文化，相当于陕西的老官台文化，第二、三、四期分别为仰韶文化早、中、晚期，第五期为常山下层文化。除了丰富的陶器、骨器、房址、墓葬等文化遗存，大地湾遗址还出土了大量炭化黍和粟，为中国北方地区旱作农业起源提供了重要信息。2006年，兰州大学、甘肃省文物考古研究所、美国加州大学戴维斯分校等单位组成的联合考古调查队，首次在大地湾遗址新石器文化层之下发现较厚的旧石器文化层，将大地湾遗址最早的人类活动推早至距今6万年前后，这对于探讨大地湾遗址在现代人起源、新旧石器文化过渡、旱作农业起源等重

图一　发掘开始全景

图二 发掘结束全景

图三 仰韶时期房址

大科学问题具有重要意义。2014 年 8 月 ~ 2015 年 1 月，经国家文物局批准，由中国科学院古脊椎动物与古人类研究所、兰州大学、甘肃省文物考古研究所、中国人民大学等单位组成联合工作队，在大地湾遗址文物保护研究所、五营乡政府的大力配合下对大地湾遗址开展了正式考古发掘工作。

图四　房址中心柱洞

二　主要发现

此次发掘地点位于大地湾遗址文物保护研究所院内、2006 年试掘区 Dadiwan06 探方的东侧，发掘面积为 42 平方米，最深发掘深度 10.1 米（图一、二）。本次发掘，发现新石器时代遗迹 14 处，其中房址 4 座、灰坑 9 处、灰沟 1 条，以及旧石器时代独立火塘 1 处。除新石器文化层位按遗迹单位收集的陶片、动物骨骼等标本外，单独收集标本 946 件，其中石制品 801 件、骨蚌制品与动物骨骼标本 115 件、陶片 30 件，碳 -14 测年样品 357 个，光释光样品 18 个，浮选样品 1351 个。此外，还有大量筛选和浮选获得的石质碎屑、碎骨、植物样品等。

发掘中发现的遗迹以新石器时代房址和灰坑为主。共出露 4 座房址，其中两座房址较完整，可判断为方形，完整面积为 30 ~ 40 平方米，房址内及周边发现多个柱洞，保存有较完整的门道与灶，房址内出土物较少，推测其形成于仰韶文化早中期（图三至八）。另外两座房址在发掘区内被打破严重，仅出露很少一部分，其形状面积等无法得知。灰坑直径从 0.5 ~ 1.5 米不等，平面多为圆形，有两个为袋状灰坑（图九），出土较多陶片和动物骨骼等（图一〇）。旧石器时代遗迹很少，仅有一处独立火塘（图一一），由十几块

图五　房址门道

图六　房址灶坑和通风坑

图七　房址加工分层地面

自然石块堆积而成，其中夹杂两件石制品和两件骨骼碎片。部分石块有火烧痕迹，石堆内部夹杂大量炭屑，石堆下为炭屑含量很高的黑色土。火塘位于地表以下1.8米的黄土层中，在大地湾一期文化层下，应为旧石器时代火塘。此次发掘发现的石制品，经初步观察，主要有砸击和锤击石核、石片、细石核、细石叶、碎屑等（图一二）。石片石器主要由脉石英打制而成，成型工具少见（图一三）。细石核和细石叶主要由玉髓打制而成，

图八　两个存在打破关系的灶坑

图九　灰坑

图一〇　动物角

图一一　旧石器时代火塘遗迹

图一三　石英石器

图一四　骨锥

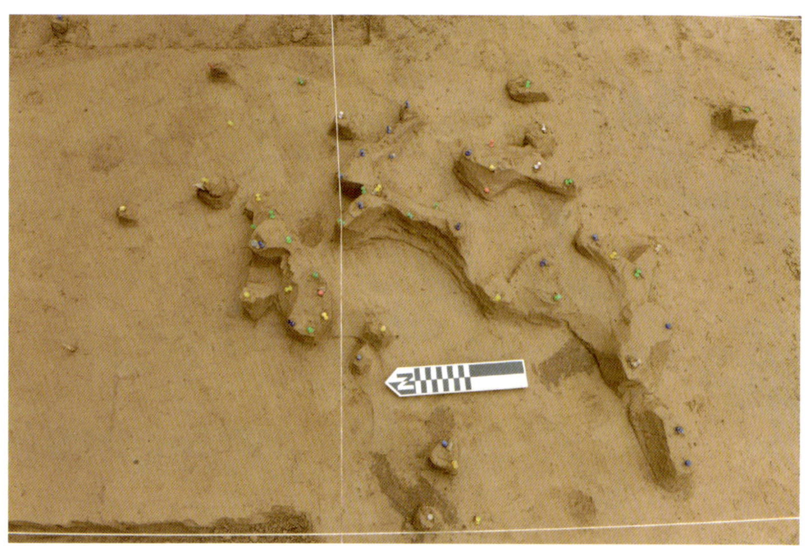

图一二　细石器集中分布区

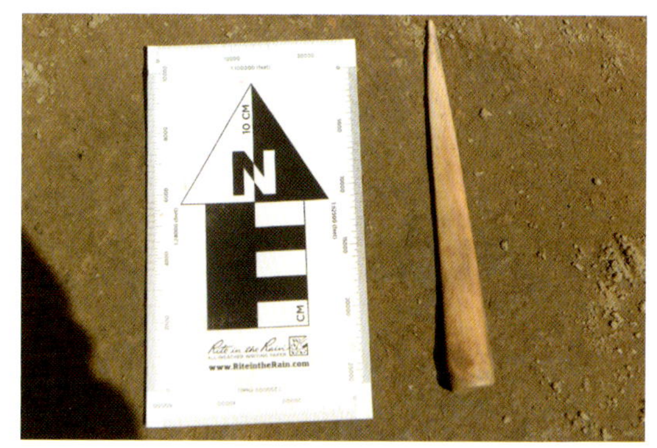

图一五　骨锥

尺寸均较小，细石核高度多在 2 厘米以内，主要为楔形石核。新石器文化层和遗迹中出土多件骨制品，以骨锥为主（图一四、一五），陶片数量较多，没有完整器形。

三　学术价值

大地湾遗址 2014 年发掘工作，面积较小，出土遗迹和遗物总体数量有限，但是揭露了该遗址的完整地层，对于重建该遗址自旧石器晚期到新石器中晚期的形成、发展、废弃等演化过程具有重要意义。此次发掘，不仅再度确认了大地湾遗址新石器层位下保存有连续的旧石器时代文化遗存，而且为系统揭示中国西北地区古人类由狩猎采集经济到早期农业栽培经济，再到成熟农业经济的转变过程提供了更加可靠的材料和证据，并为探讨现代人起源和新旧石器文化过渡提供了重要信息。

执笔：张东菊　仪明杰

楼房子遗址

一 遗址概况

楼房子遗址位于甘肃省东部环县曲子镇楼房子村，柏林沟内1千米处，是一处旧石器时代的旷野遗址，地理坐标为北纬30°20′47″，东经107°20′54″，海拔1290米（图一、二）。遗址所在的柏林沟终年有细小水流，其向东南汇入的合道川，是环江的一级支流。环江自西北向东南流去，在庆阳附近与东川汇合，改称马莲河。由于河流下切作用，在环江及其支流的两岸形成了两级阶地（T1、T2），楼房子遗址就位于柏林沟东边的二级阶地上。该阶地以下白垩统志丹群为基底，阶地上部为晚更新世黄土状堆积，下部为河

图一 遗址远景照

图二　发掘工作照

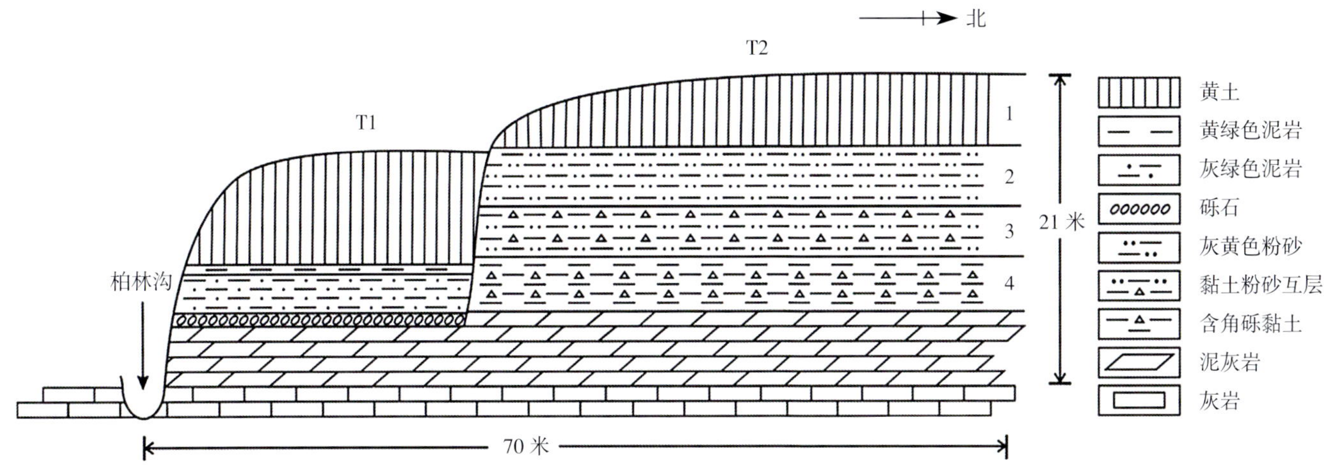

图三　遗址阶地剖面图

湖相沉积（图三）。

20 世纪六七十年代，西北大学地质系、中国科学院古脊椎动物与古人类研究所及甘肃省博物馆等单位先后对包括楼房子遗址在内的庆阳地区的相关遗址进行过发掘调查工作。21 世纪以来，甘肃省文物考古研究所和北京师范大学历史学院合作对楼房子遗址进行发掘，揭示了该遗址基岩以上厚度为 14.8 米的完整地层序列，分为上文化层（旧石器时代中期晚段）和下文化层（旧石器时代中期早段）（图四）。

二　主要发现

楼房子遗址堆积共分 15 层，以含红褐色砾石层为界分上下两套文化层，其中，含红褐色砾石层以上为上文化层（第 7 ～ 10 层），为河漫滩堆积，水平层理发育，地层

表一　楼房子遗址出土石制品统计　　（单位：件）

分层	石核	石片	工具	权宜性工具	断块、断片	原料	总计
上文化层	102	138	87		1263	42	1632
下文化层	682	120	1915	685	21050	584	25036
合计	784	258	2002	685	22313	626	26668

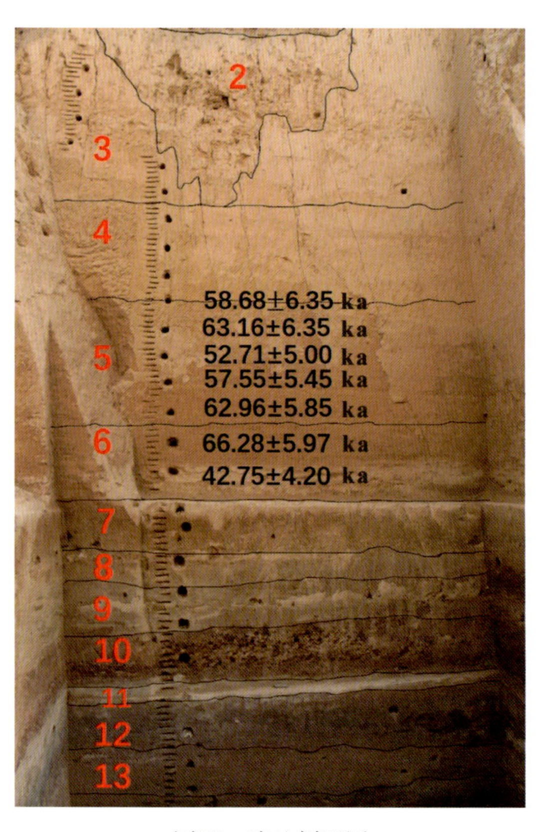

图四　遗址剖面图

中含大量石制品，也有一些化石，石化程度不高。下文化层为红褐色砾石以下到基岩部分（第 11 ~ 15 层），为小型湖相沉积，成斜坡状堆积，由西南向东北尖灭状，不仅含有大量的石制品，也含有大量的动物化石，有成层的炭屑分布（图五）。动物化石尚未整理、鉴定，不过根据 20 世纪对楼房子遗址所出动物种属鉴定，可归属萨拉乌苏组动物群，有披毛犀、蒙古野马、普氏羚羊、野驴、原始牛、河套大角鹿、赤鹿、最后斑鬣狗等。

1. 上文化层

上文化层共出土石制品 1632 件。包括原料 42 件、石核 102 件、石片 138 件、断块 758 件、断片 505 件以及各类工具 87 件（表一）。原料以石英砂岩为主，此外还有硅质灰岩、脉石英、燧石、砂岩等，来自附近河滩砾石（图六）。

工具共 87 件，类型包括锯齿刃器 30 件，占 34.48%；刮削器 29 件，占 33.33%；凹缺器 16 件，占 18.39%；尖状器 4 件，占 4.60%；齿状器 2 件，占 2.30%；石锤 6 件，占 6.90%（图七）。全部石器的平均长、宽、厚分别为 47.2、36.8 和 14.8 毫米。石片的毛坯以片状为主，各类石器在毛坯选择上没有明显不同。

2. 下文化层

楼房子遗址下文化层共出土石制品 25036 件。包括原料 584 件、石核 682 件、石片 120 件、断块断片 21050 件以及各类工具 1915 件和 685 件权宜性工具（表一）。原料以石英砂岩为主，硅质灰岩次之，还有一定数量的燧石、脉石英、砂岩、玛瑙等，这些原料也可在附近河床砂砾层中见到。

工具共 1915 件，包括刮削器 1454 件，占 75.92%；齿状器 167 件，占 8.72%；凹缺器 85 件，占 4.44%；尖状器 84 件，占 4.39%；锯齿刃器 33 件，占 1.72%；钻 14 件，占 0.73%；鸟喙状器 7 件，占 0.37%；15 件未归类工具，占 0.78%；砍砸器 43 件，占 2.25%；石锤 12 件，占 0.63%；石球 1 件，占 0.05%（图八）。

图五　发掘现场照

图六　原料来源

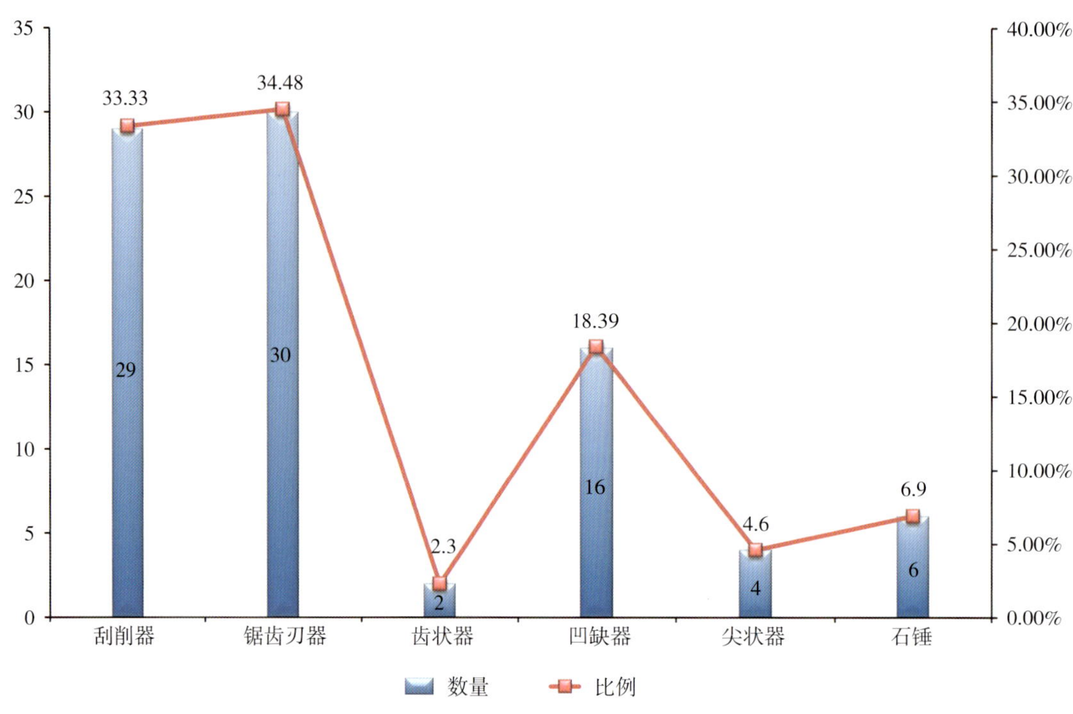

图七　上文化层工具类型统计

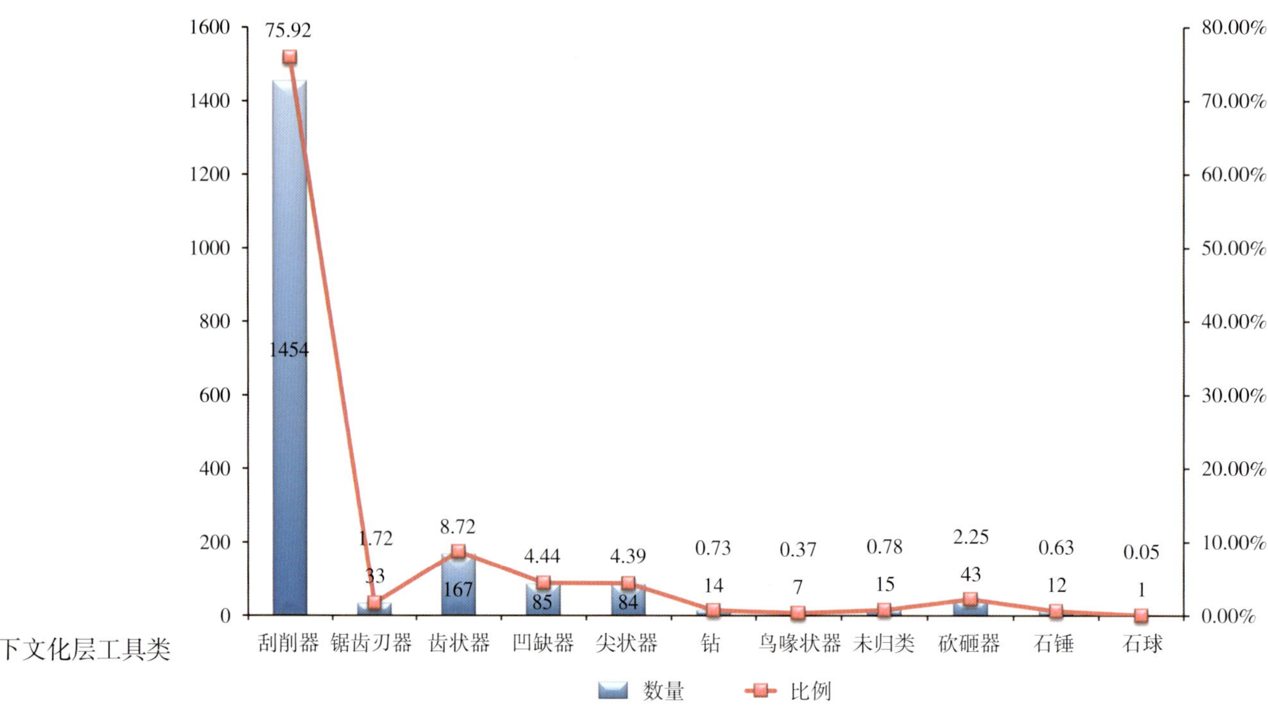

图八　下文化层工具类型统计

石器的平均长、宽、厚分别为 31.43、27.58 和 14.72 毫米，平均重为 28.18 克。毛坯中石片和断块各占 50% 左右，少数砾石毛坯为砍砸器。

三　主要认识

1. 年代问题

发掘过程中所采集得光释光样品，经兰州大学西部环境研究院测试，第 6 层和第 7

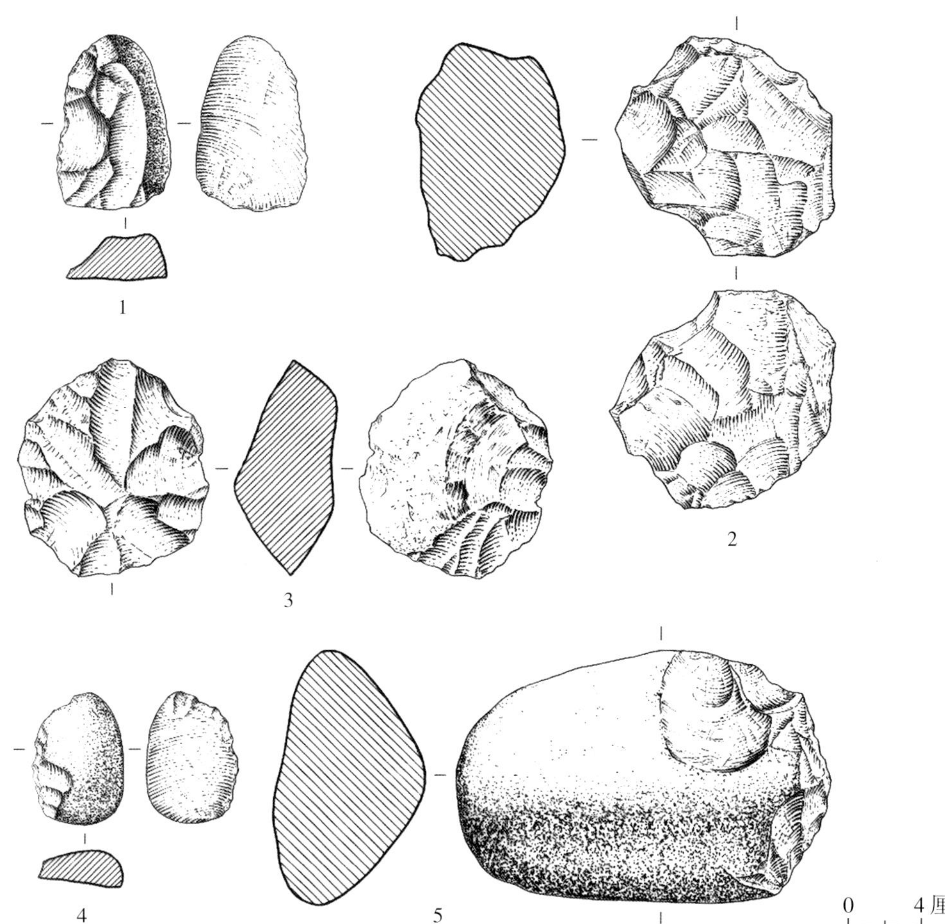

图九　上文化层出土刮削器、盘状石核和石锤

1、4. 直刃刮削器　2、3. 盘状石核　5. 石锤

层之间为 42750±4200a.B.P.，第 7 ～ 10 层的年代应当大于 40ka.B.P.，为 MIS3 早期到 MIS4 之间，年代为旧石器中期晚段。第 11 层以下的下文化层为湖相堆积，结合孢粉分析的结果，这一时期环境非常适宜于人类生存，估计和 MIS5 时期环境相当，为旧石器时代中期早段遗存。

2. 石器工业类型

楼房子遗址上下文化层的两套石制品在埋藏环境方面表现出一定的差异，正好印证了从 MIS5 到 MIS3 的气候由暖变冷的情况。但是，通过石制品特征观察，发现上下文化层之间有着明显的继承性，原料的来源一直为河床采集，打片技术均为硬锤锤击，石核除了简单的单台面石核和双台面石核外，还有一定数量的多台面石核和盘状石核，不见勒瓦娄哇石核，石片以宽而薄的普通石片为主，未发现勒瓦娄哇石片和石叶制品（图九）。

石器是由锤击法直接加工制作，类型以刮削器为主，有一定数量的齿状器、凹缺器、尖状器及少量的锯齿刃器等。石片的毛坯以片状为主，各类石器在毛坯选择上没有明显的不同，加工方向以正向为主，但反向加工也占有较高的比例。从石器的加工技术来看，多数工具加工程度并不高，显示对原料的利用率并不很高，但是少数石器具有层点状、修疤浅而平的特点，具有软锤修理的痕迹（图一〇）。

总之，楼房子遗址石制品具有北方小石器文化的传统，同时也存在双面盘状石核、软锤修理技术等进步因素。

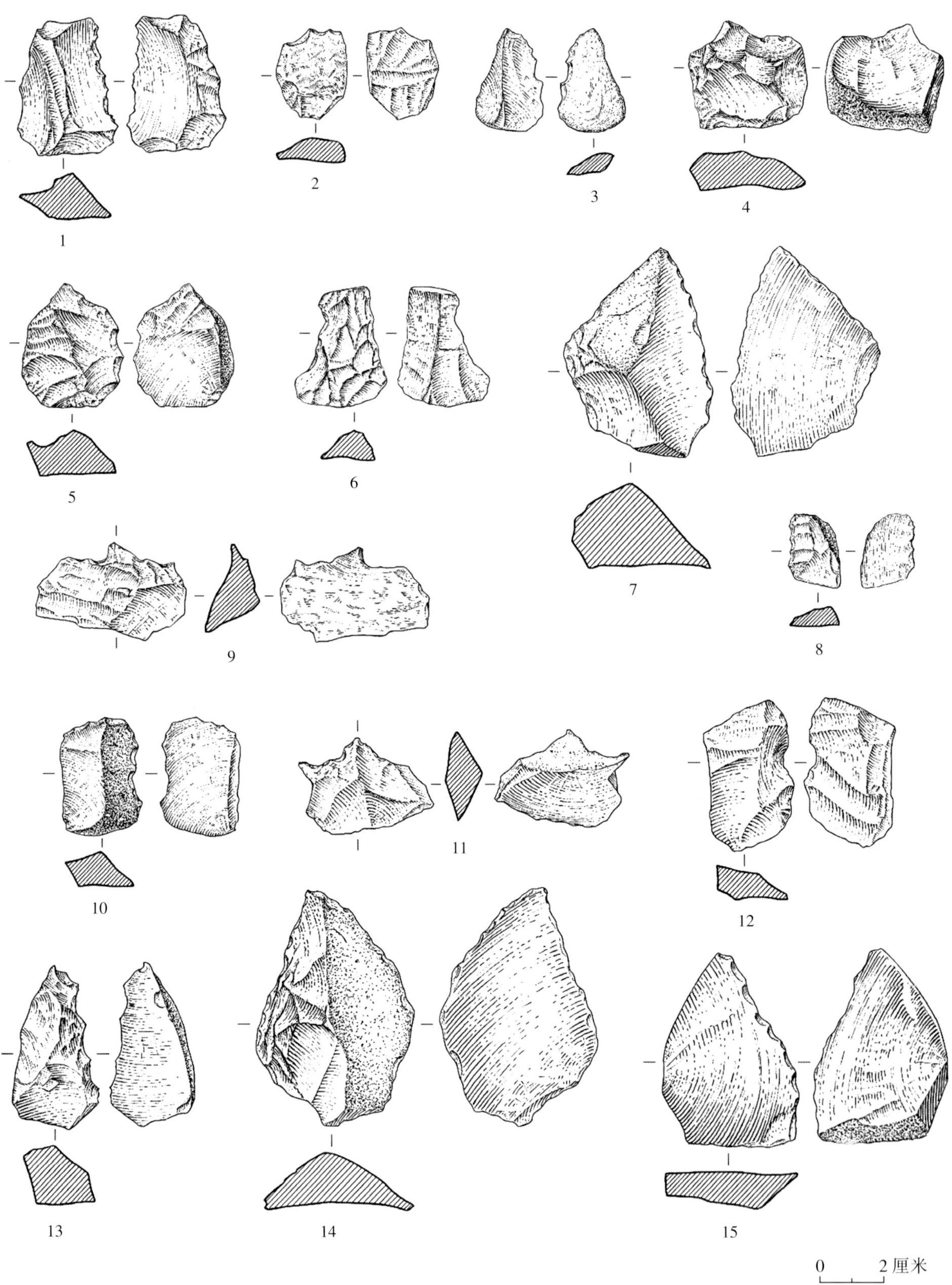

图一〇　上文化层出土工具

1~3、8、13、15. 直刃锯齿刃器　4、9. 齿状器　5. 环形锯齿刃器　6. 凹缺器　7、14. 直刃刮削器　10. 修理的双凹缺器　11. 尖状器　12. 修理的单凹缺器

四　学术价值

中国北方旧石器中期文化各遗址原料不同，文化面貌差异较大，但是整体来讲可以以勒瓦娄哇技术的有无划分为两个文化类型，含有勒瓦娄哇石核、勒瓦娄哇石片或勒瓦娄哇尖状器的通天洞、水洞沟、金斯泰这 3 个遗址为一个文化类型；其他不含勒瓦娄哇制品的旧石器中期文化为一个类型（包括萨拉乌苏、许家窑、板井子、周口店第 15 地点等）。虽然这两种类型的文化在打片技术上有明显差异，但在工具类型上具有共同特征，即锯齿刃器、凹缺刮器、齿状器在两类遗址中均占有重要地位。

楼房子遗址出土的石制品似乎介于这两个类型之间，在打片技术上仍然使用简单的硬锤打片技术，生产的石片还是普通石片，未见勒瓦娄瓦石片和石叶技术出现；工具类型上和华北地区旧石器时代中期文化有一定的相似性；但是齿状类工具的地位更加重要，部分刮削器使用了软锤修理技术，和以通天洞、水洞沟和金斯泰为代表的文化类型具有一定的相似性。楼房子遗址的发现与研究显示：至少在旧石器中期晚段甚至旧石器时代中期早段，莫斯特文化虽然侵入到中国北方北部，但对其周边的本土旧石器中期文化产生影响的范围、深度十分有限。同时，把中国北方旧石器中期文化中普遍出现的齿状类工具视为文化趋同似乎更具合理性。

执笔：慕占雄　杜水生

白石崖溶洞遗址

一　遗址概况

白石崖溶洞遗址（又称白石崖 1 号洞旧石器遗址），是当地藏传佛教寺院白石崖寺的进修洞和夏河县著名的旅游景点，位于甘肃省甘南藏族自治州夏河县甘加乡白石崖村西北方向 400 米处达里加山石崖上，地理坐标为北纬 35°26′54.44″，东经 102°34′13.31″，海拔 3282 米。该洞穴内部空间较大，由长达 70 余米的洞穴入口及高度差异较大的 4 个洞室组成，洞穴入口总体呈 13° 左右向上倾斜延伸。因 20 世纪 80 年代当地群众在洞内发现人骨化石，白石崖溶洞被确定为旧石器时代遗址。2016 年洞穴内首次发现打制石制品，2018、2019 年兰州大学和甘肃省文物考古研究所对该遗址进行两次正式考古发掘。2019 年该遗址被公布为夏河县县级文物保护单位。

二　主要发现

白石崖溶洞出土的人类下颌骨化石，经系统分析，确定为距今至少 16 万年前的丹尼索瓦人。这件人类骨骼化石保存了下颌骨右侧，包括第一和第二臼齿两颗完整牙齿，外侧包有较厚的碳酸盐结核。碳酸盐结核包裹体的三个铀系测年结果均为距今 16 万年前后，显示该化石形成于至少距今 16 万年前，说明该古人类在第四纪最为寒冷的倒数第二次冰

图一　夏河下颌骨

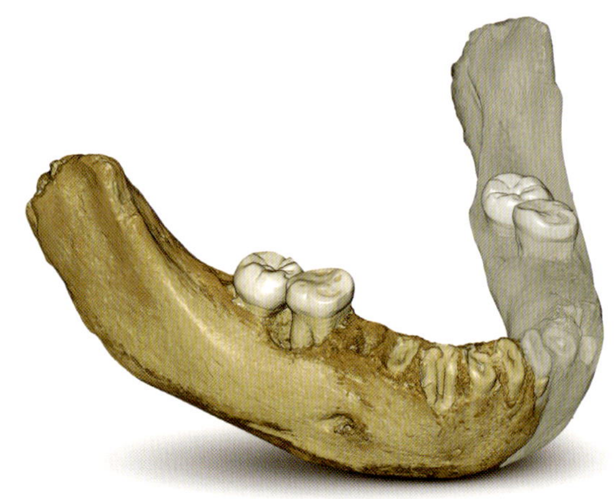

图二　基于 MicroCT 扫描数据重建的夏河下颌骨模型

图三　T1 发掘结束后采样

期（MIS6：深海氧同位素 6 阶段）生活于青藏高原。下颌骨表面、骨壁厚度、齿弓形状、牙齿大小、牙齿排列、牙齿萌发和牙齿磨损等体质形态特征分析显示，该下颌骨为中更新世古老型智人的一种，但不属于已知任何一个种属（图一、二）。化石的古 DNA 提取失败，未能为化石所属种属提供遗传信息。化石的古蛋白提取获得成功，分析结果显示，该化石在遗传学上与阿尔泰山地区丹尼索瓦洞的丹尼索瓦人亲缘关系最近，确定其为青藏高原的丹尼索瓦人，命名为夏河丹尼索瓦人，简称夏河人。

2018 年共发掘两个探方，T1 和 T2，均为 1 米 ×2 米，共计 4 平方米。T1 探方位于洞穴入口第三平台（图三），布方靠近北侧洞壁，总发掘深度约距地表 1.5 米。T1 探方文化层仅限于地表以下 0.4 米内，出土记录三维坐标的石制品近 100 件、动物骨骼 60 余件。T2 探方位于洞穴入口第二平台（图四、五），布方同样靠近北侧洞壁，总发掘深度为距地表 1.6 米。按土质土色、包含物等状况可将 T2 探方已发掘地层分为 10 层，每一层均有石制品和动物骨骼出土，第 10 层尤为丰富，但由于受客观原因限制，未发掘到底。T2 探方出土记录三维坐标的石制品 1300 余件、动物骨骼 500 余件（图六至九）。

图四　T2 发掘前全景

图五　T2 发掘结束全景

图六　T2 石制品

图七　T2 石制品

图八　T2 石制品

图九　T2 动物骨骼

图一〇　2019 年 T2 和 T3 发掘全景

图一一　T3 石制品

图一二　T3 动物骨骼

2019 年，新发掘面积 7 平方米，T3 位于 T2 西侧，T4 位于洞穴入口深处铁门外（距洞口约 60 米），均为 1 米 ×2 米，T5 探方位于洞穴内较深的一个大洞室，1 米 ×3 米。除此之外，还对 T2 探方继续向深发掘。T3 探方发掘深度距地表为 2 米，按土质土色、包含物等状况可将 T3 探方已发掘地层分为 11 层（图一〇），第 1 ~ 10 层均能与 T2 探方 2018 年发掘地层对应，第 11 层为新揭露地层。T2 西部 1 米 ×1 米从 2018 年发掘结束位置（地表以下 1.65 米，第 10 层）继续发掘，与 T3 同步，进入第 11 层停止发掘。T3 和 T2 探方出土石制品 8000 余件（包括砾石）、动物骨骼 2500 余件（图一一、一二）。T4 探方发掘深度为地表以下 0.9 米，按土质土色、包含物等状况将 T4 探方已发掘地层分为两层，每一层细分为多个亚层，该层出现一疑似火塘遗迹（图一三、一四）。T4 探方出土石制品 700 余件，动物骨骼 2100 余件。T5 探方最深发掘深度 1.1 米，主要为自然堆积，仅在上部出现 1 颗疑似现代人牙，没有其他文化遗存出土。为探究洞穴内部沉积状况，多次在洞穴深处进行探索考察和全洞扫描以了解洞穴的整体构造。

图一三　T4 发掘前全景

图一四　T4 发掘结束全景

图一五　T2H1 全景

两次发掘共发现两个灰坑遗迹，T2H1 和 T3H3（图一五），分别位于 T2 和 T3 探方内，均为袋状灰坑，开口于表层下，深度超过 1 米，出土大量动物骨骼、石制品、炭屑、陶片等，从堆积和遗物判断为新石器晚期或历史时期遗迹。

两次发掘发现的石制品均以打制石片为主，同时有石核、工具和断块，石片多未经修整，但有使用痕迹，较多石片具有砾石面，石料主要为角页岩、石英砂岩、片岩等，与洞穴前的河滩砾石材料一致。动物骨骼以较破碎的四肢骨为主，目前已鉴定出的动物种属有犀牛、野牛、野马 / 驴、鬣狗和野羊 / 羚羊。在发掘过程中，系统采集了 AMS 碳 -14 和光释光测年样品。已经获得的部分 AMS 碳 -14 测年结果显示，T1 探方文化层形成时间应该早于距今 4000 年，T2 探方第 6 文化层形成时间早于距今 4 万年，文化遗存最为丰富的第 10 层文化层年代推测更为久远，其他探方测年样品正在处理分析。

三　学术价值

以上研究和发掘工作显示，白石崖溶洞遗址是青藏高原上难得的年代久远、文化遗存丰富的重要旧石器遗址。该遗址是青藏高原目前已知最早的遗址，将人类在青藏高原上的活动历史从距今 4 万年推早至距今 16 万年。该遗址也是阿尔泰山地区以外首次发现丹尼索瓦人化石的遗址，是东亚首个丹尼索瓦人遗址。白石崖溶洞遗址为丹尼索瓦人和青藏高原史前人类活动这两个国际热点科学问题提供了关键材料和信息，揭示出可能携带了适应高寒缺氧环境基因（EPAS1）的古老型智人——丹尼索瓦人，已先于现代智人来到青藏高原，且在第四纪最大冰期（倒数第二次冰期）时已成功生活在这一寒冷缺氧的高海拔区域，为进一步揭示现代藏族人群的 EPAS1 基因来源提供了新线索。该遗址的发掘和随后研究工作，将为进一步揭示青藏高原丹尼索瓦人的时空分布、行为特征、文化内涵、体质特征、遗传特征等提供重要信息，为深入理解史前人类对高海拔环境的适应提供关键证据，也为神秘的丹尼索瓦人研究开启了更广阔的研究空间，为深入理解东亚直立人、古老型智人和现代智人演化及其相互关系提供了新的视角。

执笔：张东菊

[第二章]

新石器—青铜时代考古发现

甘肃新石器至青铜时代文化发展一脉相承，在中国文明起源与早期发展过程中具有重要地位。近年来，与国内外科研院所开展多学科合作，在甘肃东部、南部及河西走廊地区相继开展了系列考古调查与发掘工作，侧重于完善考古学文化谱系和年代序列，聚落考古、社会复杂化进程、文明起源等研究，区域考古工作得到了进一步发展，使甘肃新石器至青铜时代考古研究工作步入了新阶段。

磨沟遗址

一　遗址概况

临潭陈旗磨沟遗址位于甘肃省临潭县与岷县交接处洮河西南岸、磨沟河西岸的甘南藏族自治州临潭县王旗乡（原陈旗乡）磨沟村西北。遗址地处山间台地，北临洮河，东接磨沟河，东、南、西三面环山，自然地形呈马蹄形，地理坐标为北纬 34°40′85″，东经 103°51′85″，海拔高度 2200 米左右，地势南高北低，现为多级梯田，遗址东西长约 1000、南北宽约 400 米，面积约 40 万平方米。现属国家级重点文物保护单位（图一）。

磨沟遗址地处青藏高原东北边缘，是青藏高原向黄土高原过渡的低山丘陵地带，海拔高度在 2209 ~ 3926 米之间，属游牧民族向农业民族过渡，东西、南北文化交流频繁，人群迁徙的重要地带，在一定程度上起到文化拓展和收缩的作用，从地理位置上该地区

图一　遗址远眺（北—南）

沟通中西部，文化上融合东西文化。其次该地区又是南北方交通要道，处在从东北到西南的环半月形文化传播带内，故该地区是南北文化交流的通道。

遗址分布范围广、面积大且文化内涵丰富，其范围内东、西部分布有马家窑文化早期、仰韶文化中晚期文化遗存，中部分布有面积较大的齐家和寺洼文化墓葬区。2008 ~ 2012年，甘肃省文物考古研究所和西北大学文化遗产学院对遗址区东、西部的马家窑文化早期、仰韶文化中晚期遗存及中部的齐家文化墓葬区进行了联合发掘，发掘遗址东、西侧马家窑及仰韶遗址面积约 1500 平方米，中部齐家文化墓葬区面积约 10000 平方米，清理墓葬约 1700 余座，获取了大量珍贵的考古学资料。2008 年首次发掘便引起了学术界的高度关注，入选“中国社会科学院考古学论坛”，被评为“2008 年度全国十大考古新发现”。

二　主要发现

1. 马家窑早期遗存

磨沟马家窑早期遗址分布于磨沟齐家文化墓地东北部，北邻洮河，东接磨沟河，遗址区南部叠压于现磨沟村下，现存面积约 1 万平方米。2010 年 8 ~ 11 月对遗址进行了发掘，发掘面积约 700 平方米，清理汉代至马家窑早期的灰坑 42 座、壕沟 6 条，马家窑早期陶窑 1 座，出土陶、石、骨、角、牙、贝器等 400 余件。

清理的 42 座灰坑中遗物丰富、保存较完整的有 H1、H9、H14、H25 及 H40 等数座，灰坑平面形状有圆形、椭圆形和不规则形等，坑口直径约 1.56 ~ 4.4、深 1.6 ~ 2.5 米。

Y1，竖穴式窑，由火门、火膛、火道、窑箅、窑室、烟道、窑门几部分构成。通高约 1.8、窑室高约 0.8 米，火门宽约 0.4 米，弧顶。火膛最深约 1.3 米，窑箅圆形，直径约 0.6 米。火膛上部由两道坚硬土梁隔有 3 条火道，火道上部用红烧土块将火道一分为二形成 6 眼窑箅，窑室呈底大口小筒形，南壁坍塌（图二）。

出土的遗物主要有陶、石、骨器等。陶器有泥质陶和夹砂陶，泥质陶有红陶和灰陶。泥质陶中彩陶数量较多，纹饰有圆点纹、弧边三角纹、波浪纹、网格纹、羽状纹、鸟纹、垂幛纹、变体蛙纹等，器形有瓶（图三）、盆（图四）、罐、钵（图五）等。泥质灰陶以素面为主，纹饰以绳纹为主，器形有盆、罐、甑等。夹砂陶多施绳纹、附加堆纹，器形有罐、缸（图六）等。石器有刀、凿、斧、石叶等。骨器有锥、凿、刀（图七）等。

2. 仰韶中晚期遗存

磨沟仰韶中晚期遗存分布于磨沟遗址西部，磨沟齐家文化墓地西约 300 米的台地北部，面积约 1.5 万平方米，由于平田整地遗址破坏严重，保存较差。2012 年 4 ~ 7 月进行了发掘，发掘面积约 800 平方米，仰韶文化中晚期遗迹有窑址 7 座、灰坑 12 座、灰沟 3 条，出土有陶器、石器、骨器等遗物；打破仰韶中晚期遗存的寺洼文化墓葬 33 座，出土随葬品有陶器、石器、铜器、铁器等 200 余件（组）。

此次发掘清理仰韶文化中期的陶窑 7 座，形状基本相同，其中 3 座保存较为完整。Y5，竖穴式，由火膛、窑室组成。火膛位于窑室前部，弧顶前低后高呈竖井式，平面呈

图二　Y1 俯视

图三　H23 出土彩陶瓶

图四　H25 出土彩陶盆

图五　H14 出土彩陶钵

椭圆形，两侧有火道斜向上与窑室相通。火膛内壁涂抹青膏泥烧结成坚硬釉结面，底部平整。窑室位于火膛后上方，上部坍塌，残存高 0.1 ~ 0.15 米，窑壁略弧收，平面略呈圆形，在窑室底部周边与窑壁之间下凿一周前低后高、前宽后窄的环形火道，火道上部用土块或泥块间隔搭设成火眼，窑室底面上铺有一层陶片及烧土块，与搭建火眼的烧土块基本平齐（图八）。窑址附近的灰坑内出土大量陶片，有泥质和夹砂陶，泥质陶以彩陶为主，纹饰包括旋涡纹、弧线三角纹、网格纹等，少量器物有内彩，器形以钵、折沿盆和罐为大宗。夹砂陶以灰陶为主，纹饰以粗、细绳纹为主，也有斜行网格纹、刻划纹、戳刺纹和附加堆纹等，器形包括缸、瓮、罐等。除陶器外，石器、骨器亦较多，包括石叶、石核、骨针、骨锥、骨管等。

图六 H25 出土陶绳纹缸

3. 齐家文化墓葬

齐家文化墓葬区位于磨沟遗址东北部，北邻洮河。墓地北部一部分墓葬叠压于清末民初的堡子下受人为破坏保存较差，墓地南部墓葬相对保存较好。墓地北部一条东南—西北排水冲沟将墓地分为南、北两部分，北部面积约 2500 平方米，南部约 8000 平方米，排水冲沟及墓地东北部人为破坏盗掘的墓地面积约 1500 平方米，墓地面积约 12000 平方米。2008 年 8 月 ~ 2011 年 12 月前后分 6 阶段对磨沟遗址中部的齐家、寺洼文化墓葬区进行发掘，发掘墓葬约 1700 座（图九）。

（1）墓地布局

从墓葬分布整体布局分析，磨沟墓地是一处齐家文化中晚期洮河中上游中心聚落的大型公共墓葬区，对墓地位置选择、墓葬区内各个墓葬的布局做了精细规划，以氏族或家庭为单位从时空框架上做了合理的布局，有可能在一定的时间段内以每个氏族或家庭为单位划分的墓地是相对固定的，随着聚落的发展延续墓地布局由北向南、由中间向东西两侧逐步扩展。磨沟墓地范围约

图七 H25 出土骨柄石刃刀

图八 Y5 全景

图九　墓地全景

12000平方米，墓地整体布局由西北向东南排列，计有约29列墓葬，多列排列相对规整，各列之间的距离宽窄略有区别，窄者0.2～0.9、宽者1～1.4米，各列之间排列的墓葬数量不尽相同，多者一列可达百余座，少者一列只有数座。各列墓葬之间也存在略呈弧形排列或错位现象，由于排列出现弧形分布现象，导致两列墓葬之间的距离逐渐加大，于是在这两列之间又增加一列墓葬，墓地内数列墓葬属于中间“加塞”增加的，同列相邻墓葬之间排列的距离不尽一致，宽者1米左右，窄者则个别存在叠压或打破关系。墓葬方向基本为西北方向，有些墓向略有偏差，但不会超出大致范围，仅有个别两列之间“加塞”的列头墓葬的方向成南北向。

（2）墓葬结构及形制

根据墓穴部分的主要结构特点，可分竖穴土坑和竖穴偏室墓两大类。

A型　竖穴土坑墓。

竖穴土坑墓的结构相对比较简单，呈圆角长方形竖穴土坑，四壁较直，平底。成人墓葬一般长1.8～2.1、宽0.5～1.2、深1～1.9米，儿童竖穴墓相对小而浅。个别竖穴土坑墓发现有专门放置随葬器物的头龛或脚龛（图一〇）。

竖穴墓以单人一次葬居多，也有少数上下叠置（图一一）、多人并列或推挤堆置的合葬现象，其中并列合葬的墓穴一般较宽。竖穴墓比例由墓地北向南延伸逐渐减少。随葬品数量相对较少，多为2～3件，多置于头骨及躯体附近，少数置于脚端，有些墓葬填土中随葬有数量不等的猪下颌骨或牛头骨（图一二）。

B型　竖穴偏室墓。

竖穴偏室墓（或称竖穴偏洞墓，即洞室位于长方形竖穴墓道两侧，以区别于墓道与墓室呈纵向结构的洞室墓）是此墓地主要墓葬结构，主要分布于墓地北区的东西两侧、

图一〇　M13、M21

图一一　M21

墓地中区及南区，约占 70% 以上，由竖穴（墓道）和偏室（墓室）两部分组成。一般竖穴长 1.8 ~ 2.3、宽 0.6 ~ 0.9、深 1.4 ~ 2.3 米，大多数设有一个头龛，个别拥有上下两个头龛，也有部分墓葬设有侧龛或脚龛，个别既有头龛也有脚龛。竖穴墓道下部两端靠近偏室一侧多有对称的竖向“封门槽”，少数仅墓道一端有封门槽，或者不设封门槽，也有一些墓葬使用与埋藏方式相关的设施。按偏室数量可分单偏室、双偏室和多偏室三种类型。

图一二 M1508 殉牲

图一三 M1192 单偏室结构

图一四 M920 双偏室结构

Ba 型 单偏室。单偏室墓葬数量最多，墓室掏挖于竖穴墓道一侧，一般在竖穴墓道的头端有头龛，在竖穴墓道两端靠近偏室一侧有竖向封门槽，按偏室位置还可分为左偏室和右偏室（图一三）。

Bb 型 双偏室。双偏室墓葬数量相对较少，按偏室位置也可再分为左、右偏室和位于同一侧的上、下偏室（图一四）。

Bc 型 多偏室。多偏室墓葬数量最少，主要分布于墓地中区东部，竖穴左、右两侧皆有偏室，其中一侧或两侧为上、下偏室。个别偏室有上、下层之分（图一五）。

竖穴偏室墓以多人合葬居多，也有部分单人葬。不计竖穴部分，合葬人数为 2 ~ 16 人不等，成人、儿童皆有，有些墓葬还存在侧龛埋人的现象（图一六）。偏室宽度差异较大，一般在 0.6 ~ 1.3 米之间，且多数口窄内宽，两段长于竖穴墓道。

（3）墓上标志

磨沟墓地发现一些墓葬存在墓上标志，一种是在

图一五　M344 多偏室结构

图一六　M336 侧龛结构

竖穴的前端或侧旁使用竖石（图一七）；另一种是墓上用封丘作标志，封丘为椭圆形或略呈圆形，由不同颜色的黄土或用黄土、碎陶片、鹅卵石分层堆起，较坚硬，剖面近似梯形，中间高四周低。有些封丘下叠压一座墓葬，有些封丘下有两三座墓葬，还有些封丘下同时有竖穴墓和火葬墓（图一八）。

（4）埋葬方式

磨沟墓地葬俗有土葬和火葬，埋葬方式主要以土葬为主，也发现有 10 余例火葬墓或

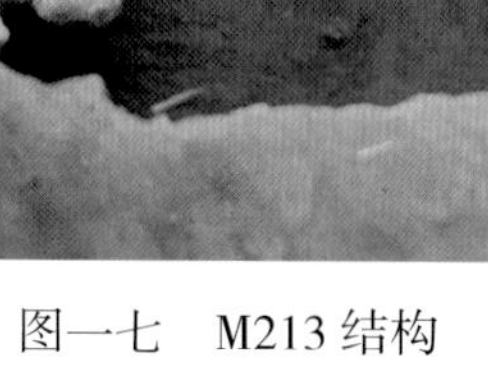

图一七　M213 结构

图一八　M932 封土结构

图一九　M1227 竖穴墓合葬现象

图二〇　M625同穴异室二次葬

个别土葬与火葬混合埋葬的现象。

1）土葬

按照人骨出土状况和放置特点，土葬可分为一次葬、二次葬、迁葬、扰乱葬及人骨推挤现象，且这几种葬俗或现象常常存在于同一墓葬之中。

① 一次葬

一次葬根据被葬者身份不同有仰身直肢葬、俯身直肢葬和侧身屈肢、直肢葬等几种状况。除了竖穴土坑单人葬外，合葬墓中无论是两具或更多尸骨也具有一次葬特征（图一九），有少数侧身屈肢（含微屈）一次葬。侧身葬既有女性，也有个别男性。俯身直肢葬或屈肢葬多位于竖穴偏室墓竖穴底部。头向既有与墓葬方向一致者，也有与墓葬方向相反者。殉人埋葬方式，一般在墓道底部紧贴偏室侧挖一圆角长方形浅坑，浅坑内置一具成年女性或男性，多俯身或屈肢。

② 二次葬

二次葬有迁出葬、迁入葬，从发掘过程中观察，二次葬多属竖穴偏室墓，存在几种情况：其一，由于二次使用偏室葬入死者时，发现原偏室坍塌不能继续使用，将偏室二次整理后对被葬者进行二次安葬；其二，因偏室严重塌陷而被废弃，在墓道另一侧相对较高位置新置偏室或龛对原偏室内的被葬者再次安葬；其三，偏室在使用过程中由于竖穴处于半封闭或未封闭状态，之后由于某种原因发现其中进水及淤泥，被葬者尸体或骨骼被淹，在其偏室异侧相对较高位置开挖偏室并对原偏室内的被葬者二次埋葬。进行二次葬时按照一定的程序和方式摆放人骨，人骨摆放整齐有序，基本是按照人体结构错位堆放，头向西北，规律性很强（图二〇）。

③ 扰乱葬

扰乱葬是甘青地区史前文化普遍存在的一种葬式，磨沟墓地这种葬式多存在于竖穴

图二一　M1388 整体扰乱

图二二　M230 人骨推挤

偏室合葬墓，有局部扰乱和整体扰乱。这种扰乱方法可能是在埋葬后，过一段时间将其墓再次打开，把尸体或骨骼拉出来扯乱，然后将扰乱的尸体或骨骼同填土一起重新回填（图二一）。

④ 人骨推挤现象

人骨推挤现象是在发掘中逐步认识的一种埋葬方式，也是磨沟齐家墓地合葬墓多人多次使用的一种形式。在合葬墓中，普遍存在人骨被推挤现象，虽经二次扰动但目的并不在于重新按一定方式转移安葬被扰动的人骨，其目的就是在有限的偏室内为埋葬后来

图二三　M934 火葬墓

者获取必要空间，将先前葬入者的尸体或骨骼整体或局部向内推挤，有整体推挤和局部推挤两类（图二二）。

2）火葬

火葬是指尸体经焚烧、骸骨经碎化处理后再盛入陶器即火葬罐内后埋葬。一般是先挖一长方形或方形小坑，用扁平石块或石板围置成长方形或方形浅竖穴，然后内置盛入烧骨的火葬罐，再在顶部平铺盖石片，火葬罐 1 ~ 5 件不等（图二三）。另有个别是双偏室墓的火葬现象，即把焚化、碎化处理后的骨渣、骨灰成堆置于左偏室之中，在偏室外侧靠近墓道部分放置陶器，个别陶器内也放置有烧骨，右偏室是一具土葬骨骼。

（5）人殉及殉牲现象

磨沟墓地人殉现象较普遍，多数人殉埋入竖穴墓偏室墓道中，但墓道人殉的埋葬时间和过程不尽一致，既有墓葬营建时初始埋入的，也有在墓葬使用过程中或填埋墓道时埋入的。人殉埋葬方式多变，殉人不同的埋葬位置和葬式，可能代表某个墓葬不同的使用阶段。一般是在竖穴墓道底部向下掏挖一长方形浅坑埋入，然后踩实踏平，或者直接放于墓道底部或墓道填土中，多人相互叠压或随墓葬的埋葬过程分层埋葬。人殉 1 ~ 4 人不等，头向既有和墓向一致的，也有和墓向相反的，以俯身葬、侧身葬为主，也有仰身直肢葬，还出现侧身屈肢双手掩面者、蹲坐状（图二四）、跪拜状，甚至出现捆绑、挣扎姿态以及与殉牲同葬的现象。人殉多为未成年人或成年女性。一些墓葬存在殉牲现象，有完整的狗、羊等动物，也有用牛头骨或羊、鹿、猪的下颌骨。

（6）随葬器物

1）随葬器物位置

磨沟墓地由于墓葬结构形制复杂，随葬品的放置位置复杂多变。一般竖穴土坑墓由于结构单一，放置随葬品的位置也较固定，多数置于头骨及躯体附近，少数置于脚端或

图二四　M888 人殉

图二五　M1202 器物组合

头龛内，随葬品数量相对较少，多为 2 ~ 3 件；而竖穴偏室墓因结构复杂，涉及墓道、头龛（或侧龛与脚龛）、不同偏室乃至坟丘底面等等，不同随葬品放入的不同位置可能与该墓葬的使用过程有关。

2）随葬器的种类

磨沟墓地出土随葬品有陶器、石器、骨器、铜器、金器、铁器等，约 13000 件（组）。

陶器数量居多，约 9000 件（组）。从随葬陶器特征来看，磨沟墓地出土的随葬器明显可以分为两大类组合，一类是以泥质橙黄陶和夹砂褐陶为主，泥质橙黄陶以素面为主，少数器物表面刷一层橘红色陶衣或施橙黄彩，纹饰有细绳纹、篮纹、附加堆纹、弦纹、戳刺纹、刻划纹等，有个别器物在腹部刻划有龟、蛇、羊、鹿等动物形象，器形以双大耳罐、腹耳罐、侈口细颈罐、豆、器盖等为代表（图二五）；夹砂陶以灰褐色为主，器形以侈口深腹罐为主，个别墓葬也出土有零星彩陶罐。另一类则以泥质灰陶双耳矮颈鼓腹罐、夹砂褐陶双耳罐等为主（图二六），泥质双耳罐颈部多刻划羽翅纹。陶质、器形两类有较大区别。

石器种类有斧、凿、穿孔磨石、细石刃、研磨器、磨棒及制陶工具等生产工具及权杖头、滑石珠、绿松石片等礼仪或装饰品等（图二七）。

骨器种类有骨柄石刃刀、匕、铲、锥、针、签、钏、管、环等生产、生活用具和装饰品（图二八）。

铜器种类有斧、削、泡、耳环、半月形项饰、管、环、珠等工具及饰件等，工具相对较少，装饰品较多（图二九）。

金器有个别耳饰件（图三〇）。

铁器主要是腐蚀严重的铁块。

图二六　M41 出土器物

图二七　石权杖

图二八　M56 出土骨匕

图二九　铜器

图三〇　M324 出土金耳环

4. 寺洼文化墓葬

磨沟遗址发掘的寺洼文化墓葬有百余座，一部分约 30 座集中分布于遗址西部，并且打破仰韶中晚期遗存，另一部分分布于齐家墓地西、南侧，其排列无规律可循，与齐家文化墓葬不乏叠压打破关系。形制有竖穴偏室墓和竖穴土坑墓，竖穴偏室墓结构与齐家文化的竖穴偏室墓基本相同，由竖穴墓道和偏室组成，是齐家文化墓葬形制的延续。竖穴土坑墓与该墓地齐家文化的竖穴土坑墓相比，形制发生了变化，土坑变宽、加长且较深，大多口小底大，多数竖穴土坑墓有棺椁葬具，填埋方式既有一次性填埋，也有较为复杂的多人多次葬（图三一）。

随葬器物有陶器、石器、骨器、铜器几类，以陶器为大宗。陶器有马鞍口双耳罐、双耳深腹罐、双耳鼓腹罐、深腹罐、鼓腹罐等（图三二）；石器有斧、凿、穿孔砺石等生产工具及滑石珠、绿松石珠等项饰品；骨器有凿、匕、针等生产或生活用具及臂钏、管、牌、珠等装饰用品；铜器见于少数墓葬，有斧、镞、泡、耳坠、小管、小环等。

三　初步认识

（1）磨沟西区仰韶中晚期遗存的发掘说明仰韶文化中期已进入洮河中上游地区，而非之前学者们普遍认识的仰韶文化中期只到渭河流域，这为仰韶文化分布范围、影响程度等方面的研究积累了新材料。

（2）磨沟东区马家窑文化早期遗存的发掘对认识洮河中上游马家窑早期文化的文化内涵、分布范围及马家窑文化的起源、发展、传播等研究意义非凡。

（3）磨沟齐家文化墓地的发掘，一是丰富了齐家文化的文化因素，磨沟齐家文化墓地出土的陶器除有典型的齐家文化泥质双大耳罐、高领篮纹罐、腹耳罐、侈口细颈罐、夹砂侈口绳纹罐、陶豆等，另有一些在陇东地区、河湟地区及河西走廊地区的齐家文化遗存中鲜见的陶器，如器表捏塑细线堆纹的夹砂双耳罐、器表绘较密红彩几何纹的彩陶罐、泥质厚胎双耳瓮及肩部戳压联珠纹的泥质厚胎喇叭口罐等，这类陶器仅出现在洮河流域的齐家坪、磨沟齐家文化墓葬中，是齐家文化晚期的新内容，丰富了齐家文化，对齐家文化的文化内涵有了更全面的认识。二是磨沟齐家文化墓地的发掘从一些墓葬不同位置出土的陶器种类、器形分析判断齐家文化墓葬随葬的陶器类型、组合较为固定，但并非日常使用陶器的全部器类。三是磨沟齐家文化墓地的发掘从墓葬形制、葬俗、出土两类陶器的变化及组合等关系对研究齐家、寺洼文化的关系，齐家文化的下限年代、去向和寺洼文化的上限年代、起源问题提供了更加科学的实物证据。

图三一 M649 结构

四 学术价值

磨沟遗址包含仰韶文化、马家窑文化、齐家文化不同时期的遗存，对研究三种文化在洮河流域的分布、延续、变异及互动模式有重要的参考价值。

磨沟齐家文化墓地是迄今发掘最大的齐家文化墓地，也是墓葬数量多、墓葬形制复杂、合葬墓比例高、合葬人数多、葬俗较为复杂、内涵丰富的齐家文化遗存，是目前基本完整发掘的齐家文化墓地。通过科学系统的考古发掘，对齐家文化复杂的墓葬形制、灵活的埋葬方式、多变的埋葬习俗及复杂的合葬现象等方面有了新认识，有利于更深层次探讨人群组成、亲缘关系、婚姻状况、家庭结构及社会组织结构、等级制度、社会发展阶段、复杂社会化等问题。为研究甘青地区史前葬仪葬俗、复杂化社会进程及其与中原地区文化关系等重大学术问题提供了非常难得的新资料，对推动中国文明起源不同模式的研究有着深远的影响；对认识洮河流域及黄河上游地区的文化格局变迁，进一步认识齐家文化的内涵、性质及年代的重新建构具有重要意义；对研究主要分布于甘肃中部和东南部地区寺洼文化和齐家文化的关系提供珍贵资料；对重新理解早期东西方文化交流、技术传播、族群迁徙、生产生活状况、贸易往来、早期青铜器起源与制作技术以及甘青地区新石器文化向青铜文化过渡现象具有重要价值；为进一步确认甘青地区在中华文明起源发展进程中的作用及理解不同环境下不同文明的发展模式具有重要意义。

图三二 M709 随葬陶器

执笔：毛瑞林

山那树扎遗址

一 遗址概况

山那树扎遗址位于甘肃省定西市岷县县城北10千米茶埠镇洮河西岸的二级台地上。东临洮河，南为将台小学，西为树扎村，北为山那村。遗址东西长1000、南北宽500米，面积50万平方米（图一）。1982年，山那树扎遗址被公布为省级文物保护单位。

为配合兰渝铁路基本建设工程，甘肃省文物考古研究所分别于2012和2013年，在兰渝铁路占用范围进行了抢救性发掘。两次共布10米×10米、方向342°的探方14个，发掘面积1400平方米（图二）。共清理各类遗迹196处，其中灰坑184个、房址2座、灰沟3条、灶6座、窑1座。出土陶、石、骨、玉各类遗物3800余件。

图一 遗址全景（北—南）

图二　发掘现场（南—北）

二　主要遗迹

山那树扎遗址地层堆积相对统一，一般可分5层，第1、2层为垫土或耕土层，第3～5层为文化层，内含大量陶片、石块及动物遗存等。灰坑依其平面形制可分为圆形、椭圆形、圆角长方形、不规则形等几类。灰坑内堆积深浅不一，大部分包含物丰富，多为陶片、兽骨及石器。有些灰坑系利用自然地形直接倾倒形成，亦有部分灰坑直接打破生土，形制规整，多呈袋状。其中，H63较大，平面呈椭圆形，直壁斜坡底，长径6.75、短径6.1、深1米。坑内堆积分两层，第1层为深灰色土，较疏松，厚0.7米，出土大量陶片、陶环、石盘状器、石刀及较多的骨笄、骨针、动物骨骼等物；第2层为浅褐色土，土质较硬，厚0.3米，出土物较少，为淤土堆积。H63底部铺有一层大小均等、不连续分布的鹅卵石，结合卵石层上的淤土堆积，推测该灰坑可能与水池、池塘等蓄水性设施相关（图三）。

房址均为近方形的半地穴式单间建筑，其中F2保存较好。F2由主室、门道、柱础石及附属设施，三个灶（Z1、Z2、Z3），三个储藏坑（K1、K3、K4）组成（图四）。长5.42、宽5.08米，面积约25.5平方米。F2有四层活动面，第1层活动面为黄色黏土，土质干净，厚3～5厘米，部分遭破坏。属于第1层活动面的附属设施有Z1及K1，Z1位于第1层活动面中部偏南，为近圆形灶台，经过多次使用，直径1.06、高0.3米。第2层活动面为红色烧土，厚3～5厘米，火烧地面应为专门加工，以达到防潮的目的。第3层活动面为灰褐色土，表面较平整，厚约5厘米。属于第3层活动面的附属设施有

图三 H63（东北—西南）

图四 F2（西—东）

Z2、K3 及 K4，Z2 位于第 3 层活动面中部偏北，为近圆形灶坑，经过多次使用，直径 0.9、深 0.5 米。第 4 层活动面为黄色土，土质纯净，之下为黄褐色垫土。门道位于北部居中，部分遭到破坏。

灰沟皆为长条形，其中 G1 堆积较深，可分四层，沟壁不甚规整，多凹坑及坡状小台，沟底有起伏，不平整，可能是利用自然地形经过长期堆积形成。

灶有独立灶坑和灶台两类，平面多呈圆形或椭圆形。5 座灶台，经解剖其堆积一般分三层，第 1 层为灶台的使用面，依其使用情况，有 4 ~ 24 小层不等，每层厚 1 ~ 1.5

图五　灶台（南—北）

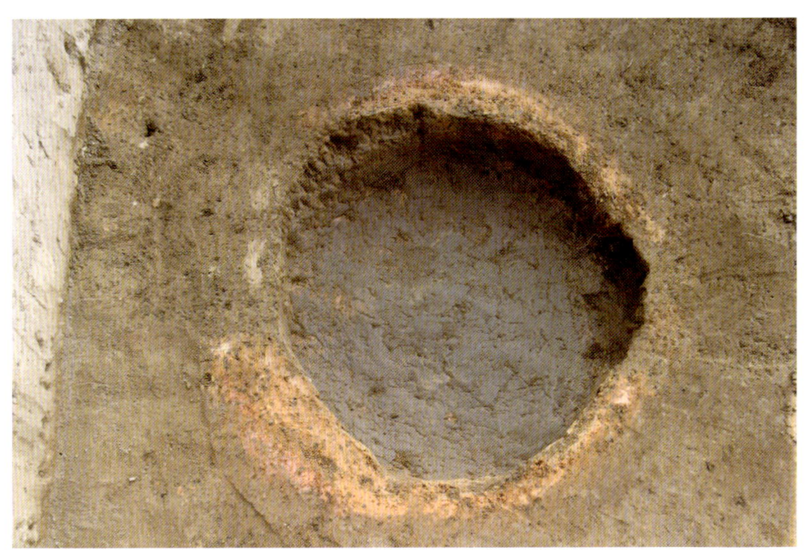
图六　灶坑（南—北）

图七　Y1（南—北）

厘米，红色草拌泥烧结硬面，光滑平整。第 2 层为石铺灶底，厚 2 ~ 3 厘米，石块大小均等，均匀的铺设于最底层使用面下。第 3 层为红烧土层，厚 3 ~ 4 厘米，土质较硬。大部分灶台在近外壁处横置 1 个夹砂红褐陶罐，陶罐口部面向灶台，内含灰褐色土，或为灶台的火种罐（图五）。Z5 是唯一的一座独立灶坑，保存基本完整，圆形，斜弧壁，平底（图六）。直径 0.8、壁厚 0.2、深 0.12 米。灶坑内堆积为深灰色土，夹杂大量的灰烬，无遗物出土。灶坑有 5 ~ 8 层火烧痕迹，应是多次抹泥使用的结果，每层烧土厚 1 厘米左右。

窑只残存窑室及工作面，平面形状椭圆形。窑壁北、南、西端皆为草拌泥烧土硬面，厚约 4 ~ 6 厘米。东端窑壁为光面釉质流渣，厚约 20 ~ 28 厘米。北、南两壁中部各附加窑壁三层，每层厚 2 ~ 4 厘米，应为反复使用时修补之故。窑底平整，厚约 10 厘米。紧邻 Y1 东壁外侧有一圆形柱洞，直径 22、深 50 厘米。在窑室东侧残留一东西宽 0.8、南北长 1.6 米的生黄土台，推测为工作面（图七）。

三　主要遗物

山那树扎遗址出土遗物以陶器为主，兼有大量石器和骨器，玉器及蚌器较少。陶器有夹砂和泥质两类，陶色以红陶、灰陶及橙黄陶为主，彩陶占有一定比例，有内彩和外彩，纹饰多样，构图精美。主要纹饰有平行宽、细带纹及旋涡纹、圆点纹（图八）、垂弧纹、弧边三角纹（图九）、网格纹、垂帐纹、变体蛙纹（图一〇）、蝌蚪纹、圆点“十”字形纹（图一一）、锯齿状三角纹等。可辨器类有曲腹盆、宽平沿盆、卷沿盆、重唇口尖底瓶、敛口钵、平底瓶（图一二）、缸、罐、甑（图一三）、壶（图一四）、碗、器盖、器座、陶刀、陶纺轮、陶钩（图一五）、陶环、陶球、陶笄、陶塑人像等。其中，陶环、陶钩形制多，数量大，但鲜有完整器。石器有打制和磨制两种，器类有石锛、石刀（图一六）、石纺轮、石斧、石环、石球、石网坠、石叶（核）、石凿、盘状器等。骨器多为磨制，有骨笄、骨柄刀、骨匕、骨梭形器、骨针、骨锥和骨镞。玉器仅发现玉刀及少量磨制玉料。蚌器有穿孔蚌壳及残损的窄长条形穿孔蚌饰。

四 学术价值

2012、2013 年发掘区位于整个山那树扎遗址区的东南部，清理出土的遗迹绝大多数为灰坑，房址较少，部分灰坑系利用自然地形长期倾倒形成，形状多不规整，故该区域可能为遗址的边缘区。通过对出土陶器的分析，尤其是彩陶的观察，山那树扎遗址包含有三类文化因素：第一类为仰韶中期庙底沟类型文化因素，以圆点弧三角纹曲腹盆为代表器物；第二类为仰韶晚期文化因素，以退化重唇口尖底瓶为代表器物；第三类为马家窑类型文化因素，以颈肩部绘平行宽细带纹、口沿绘锯齿状三角纹平底瓶及内彩绘制爪

图八 圆点纹陶盆

图九 弧边三角纹曲腹陶盆

图一〇 变体蛙纹彩陶盆

图一一 圆点“十”字形纹彩陶盆

图一二 陶平底瓶

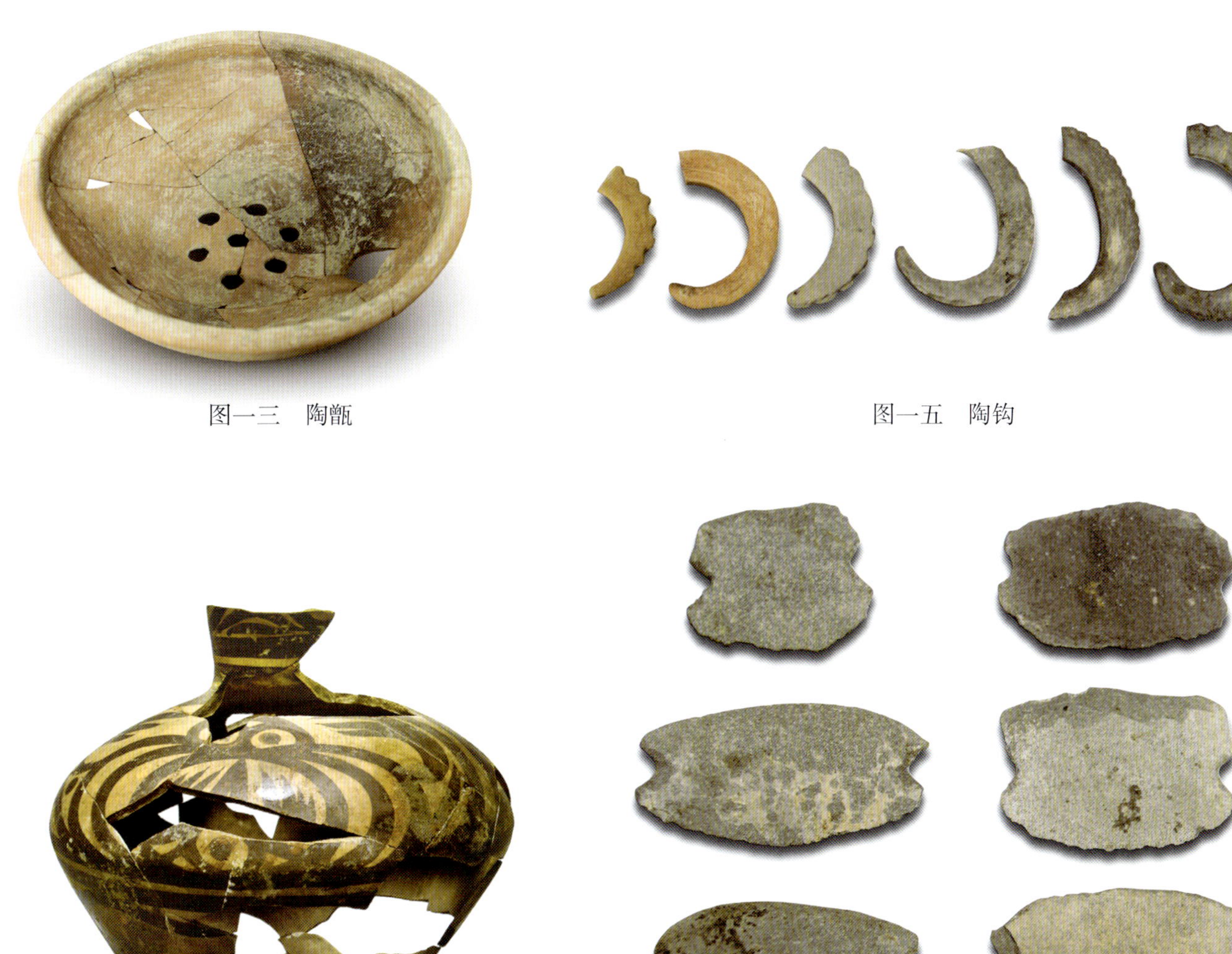

图一三　陶甑

图一五　陶钩

图一四　彩陶壶

图一六　石刀

形纹、蝌蚪纹的钵、盆等为代表器物。这三类文化因素没有直接的地层叠压和打破关系，多为共存，但所见以马家窑类型文化因素最多，仰韶晚期文化因素次之，仰韶中期庙底沟类型文化因素较少。此外，本次发掘所有单位都进行了土样采集，浮选结果显示，有相当一部分单位浮选所获炭化植物种子数量可观。出土的大量动物骨骼，经过初步的鉴定和统计，种类有大鹿、梅花鹿、狍子、牛、猪、狗、猴子、竹鼠等。这说明山那树扎人群当时在从事农业生产的同时，也进行着一定的狩猎活动。但各自所占的比重及是否从事家畜饲养尚待进一步的分析和研究。

山那树扎遗址的发掘，极大地丰富了洮河流域有关仰韶晚期至马家窑文化时期的考古资料，不仅为研究仰韶晚期文化与马家窑文化的关系及马家窑文化的来源等问题提供了新线索，也为研究洮河流域这一时期人类的生业模式，生产、生活方式及人与自然环境的关系问题等提供了重要资料。

执笔：赵雪野　蒋超年

占旗遗址

一　遗址概况

占旗遗址位于甘肃省岷县维新乡武旗村占旗社，洮河北岸台地上，距洮河约500米，与磨沟墓地隔河相望。其南、北临沟，东依大山，西为台地断崖，面积约8000平方米。为配合九甸峡水利建设工程，甘肃省文物考古研究所在2005、2007年对水库淹没区详细调查钻探的基础上，于2008年7月底～10月初对占旗遗址进行了抢救性发掘。本次发掘依地势布探沟6条、探方1个，发掘面积580平方米（图一）。

图一　发掘现场

二　主要遗迹

占旗遗址共清理墓葬70座、灰坑6个、祭祀遗址2处、房址1座、灶坑1处。其中墓葬形制为长方形竖穴土坑墓，平面为长方形，一般头部稍宽，不甚规整，部分墓葬一角或者一边为圆弧形，墓壁大部分规整，平底。长1.4 ~ 2.5、宽0.6 ~ 1.1、深0.6 ~ 1米，在早期平田整地过程中部分墓葬被破坏严重，深不到0.2米。墓葬根据有无二层台可以分为A、B两大类，A类墓葬无二层台，以M49为例（图二）；B类墓葬有二层台，以M25为例（图三）。B类墓葬的二层台形制不一，部分墓葬四周有二层台，部分墓葬头脚两端有二层台，仅M25四周为熟土二层台。二层台宽0.2 ~ 0.6、高0.2 ~ 0.5米。部分墓葬有头龛，一般位于头前或头一侧，龛为方形弧顶，壁龛一般与二层台平齐，壁龛大小不一，根据器物的大小和多少来掏挖的，壁龛内放置大量随葬品。

墓向一般为朝东或者朝北方向，北向的墓葬为5° ~ 34°，东向的墓葬为80° ~ 110°。占旗遗址墓葬流行二次葬，近一半墓葬不见人骨和腐朽骨末的痕迹，部分骨骼凌乱的堆在一起，这可能与合水九站遗址墓葬所谓的乱骨葬一样[1]。尽管大部分骨骼腐朽

[1]北京大学考古学系、甘肃省文物考古研究所：《甘肃合水九站遗址发掘报告》，《考古学研究（三）》，科学出版社，1997年，446页。

图二　M49

图三　M25

严重，但从部分骨骼保存完整的墓葬来看，流行仰身直肢葬，屈肢葬少见。部分墓葬内发现朽木的痕迹，特别是带二层台的墓葬，大部分都残存有朽木灰痕，判断部分墓葬有棺木性质的葬具。M4出土铜泡42件以及少量的铜片，有的铜泡直径在10厘米左右，散落在墓室四周，部分铜泡出自填土，从铜泡的大小和出土位置推测，可能是棺木之上的装饰物。部分陶罐内和二层台上出土有羊肢骨和羊下颌骨，可能存在殉牲。占旗遗址出土红陶马鞍口罐，全部不见使用痕迹，推测是专门的随葬器物；灰陶马鞍口罐表面大部分有烟炱，可能为实用器。部分陶器器形很小，制作粗糙，器形不规整，可能是专门的随葬器物。

灰坑平面形状为圆形或近圆形，筒状或锅底状，出土有完整的寺洼文化陶器和寺洼文化陶片。祭祀遗址平面呈圆形，地表被火烧，上面保存有大量的木炭和红烧土颗粒，烧面之上放置器形较大的寺洼文化陶器，周围还散布有兽骨（图四）。F1平面形状为方形，半地穴式，坐南朝北，由房屋主体、门道、火烧面（灶）、柱洞及活动面（局部保存白灰面）组成。根据白灰地面及房内堆积中包含泥质橙黄篮纹陶片判断，为齐家文化时期房址。

三　主要遗物

占旗遗址出土随葬品丰富，包括陶器、铜器、石器、骨器、装饰品等，共500余件，以陶器为大宗。陶器以夹砂陶为主，泥质陶少见，夹砂陶又可分为夹粗砂和夹细砂两种，

图四　JS1

陶色主要有红、灰、红褐和少量的橙黄陶，由于受烧造原因的影响，部分陶器表面呈红褐色或者灰褐色斑块。大部分陶器器表有轮修痕迹，部分陶器表面磨光，大部分夹砂陶表面都经细泥抹光。红陶基本上为素面，只有个别器物上饰有简单的红彩，常见波浪纹；橙黄色陶器饰有黑彩，常见有双钩纹、平行条带纹、竖条带纹等；灰陶饰有刻划纹饰，常见的有菱形纹、波折纹、旋涡纹、回纹和绳纹等，部分饰有附加堆纹，一般在肩部饰有一道直线型或者弧形的附加堆纹，耳部饰有一道竖的附加堆纹，附加堆纹为泥条贴塑。陶器组合以平口罐、马鞍口罐、壶三类为主，部分随葬分裆袋足鬲（图五、六）。

出土铜器共124件，铜泡最多（图七），其次是青铜兵器，包括戈、剑、镞等（图八至一〇），使用工具主要包括刀和斧（图一一、一二），装饰物包括臂钏（图一三）、串饰、铜片饰等。出土石器共41件，主要包括斧、纺轮、戈、铲、凿、刀等（图一四、一五）。出土骨器5件，包括锥、笄（图一六）和纺轮等。装饰品包括绿松石、玛瑙、铜串饰和料珠饰等（图一七）[2]。

[2] 甘肃省文物考古研究所：《甘肃岷县占旗寺洼文化遗址发掘简报》，《考古与文物》2012年第4期；杨谊时：《岷县占旗寺洼文化墓地研究》，西北大学2014年硕士学位论文，15～34页。

[3] 甘肃省文物考古研究所、西北大学文化遗产与考古学研究中心：《甘肃临潭磨沟齐家文化墓地发掘简报》，《文物》2009年第10期，23～24页。

四　主要认识

根据墓葬开口层位、打破关系、墓葬方向、典型陶器的演变规律和共存关系，墓葬可以分为早、中、晚三期。不同方向的墓葬排列布局特征反映了墓葬的早晚关系，早期墓葬大部分为向东；中期墓葬基本上向北，部分墓葬打破早期东向墓葬；晚期墓葬大部分向东，有个别墓葬打破中期墓葬。

通过占旗遗址典型器物与洮河流域其他遗址和墓地出土同类器物比较，占旗墓地早期阶段应早于寺洼山一段遗存，占旗墓地中、晚期遗存与寺洼山二段早、晚期遗存年代相当。占旗遗址典型的马鞍口罐与磨沟墓地乙类器物比较[3]，占旗遗址晚于磨沟乙类器

图五　M29出土陶器

图六　M18 出土陶鬲

图七　M4 出土铜泡

图一〇　M20 出土铜短剑

图八　M20 出土铜镞

图九　M25 出土铜戈

图一一　M15 出土铜刀

图一二　M24 出土铜斧

图一三　M4 出土铜臂钏

图一四　M7 出土石纺轮

图一五　M33 出土石斧

图一六　M15 出土骨笄

图一七　M65 出土装饰品

物，磨沟墓地典型寺洼文化器物与占旗墓地早、中、晚年代相当。与洮河流域其他遗址相比较，以大族坪、苞儿遗址为代表的遗存同样早于占旗墓地，白塔山、红崖、白土梁遗址为代表的遗址与占旗墓地年代接近。占旗遗址晚期部分马鞍口罐已经出现双马鞍口的雏形，形制早于徐家碾和九站遗址典型的双马鞍口罐，因此占旗晚期遗存应该早于徐家碾遗址和九站遗址[4]。

通过对占旗墓葬人骨测年，M10 年代为公元前 1100 ~ 前 950 年，磨沟墓地人骨测年结果年代最晚为公元前 1366 ~ 前 1129 年[5]，M10 为占旗遗址中期遗存，因此占旗墓地早段上限应该与磨沟墓地寺洼文化墓葬年代相当，占旗遗址年代上限不早于磨沟墓地年代下限公元前 1400 年[6]。占旗遗址晚期年代早于徐家碾遗址和九站遗址，结合早年徐家碾和九站人骨测年结果，占旗遗

[4] 杨谊时：《岷县占旗寺洼文化墓地研究》，西北大学 2014 年硕士学位论文，34 ~ 39 页。

[5] Xinyi Liu，Emma Lightfoot，Tamsin C. O'Connell，et al.，From necessity to choice: dietary revolutions in west China in the second millennium BC，*World Archaeology*，（September 2014），pp.661-680.

[6] 陈建立、毛瑞林、王辉等：《甘肃临潭磨沟寺洼文化墓葬出土铁器与中国冶铁技术起源》，《文物》2012 年第 8 期，47 ~ 55 页。

图一八　M48 出土彩陶双耳罐

址年代下限应该在公元前 900 年前后[7]。测年结果结合墓葬分期判断，占旗遗址绝对年代为公元前 1400 ~ 前 900 年。占旗遗址出土的部分铜器与中原地区和北方草原出土同类器物比较，占旗遗址出土的铜戈与老牛坡遗址和安阳出土的铜戈相似，占旗墓地铜镞与灵台白草坡墓地带铤双翼镞形制一致，占旗遗址出土的铜泡、铜刀、带耳竖銎斧与欧亚草原青铜时代中期遗址中出土器物相似，特别是带耳竖銎斧，不论是造型还是纹饰，与欧亚草原的赛伊玛—图尔宾诺遗存同类器物一致[8]。从典型铜器判断，占旗墓地的绝对年代应该在公元前 1400 ~ 前 900 年。

占旗遗址出土的部分器物可能受到其他考古学文化的影响。辛店文化与寺洼文化面貌除了保持相对稳定性与独立性，同时存在相互影响的一面[9]，占旗墓地彩陶罐和彩陶杯不论器形还是纹饰与辛店文化同类器物一致（图一八），当非本地的传统，很有可能是从辛店文化直接传入的器物。除了陶器外，占旗墓地出土的铜泡、铜刀在辛店文化遗址都能找到相同和相似的器物，说明这两个文化关系密切。占旗遗址出土的平口双耳罐、分裆袋足鬲在齐家文化、辛店文化、卡约文化普遍出土，说明寺洼文化占旗遗址与上述文化之间有密切的关系。占旗墓地出土的铜器在中原地区、欧亚草原地区同时期遗址能找到相同和相似的器物，说明随着公元前两千纪后半叶欧亚大陆人群互动和文化交流密切，寺洼文化受到中原地区商周文化和欧亚草原文化的影响[10]。

占旗遗址典型陶器根据陶质、陶色可以明显的分为 A、B 两组，A 组以各式平口鼓腹双耳罐、微马鞍口罐、深腹马鞍口罐组成，以夹砂灰陶和灰褐色陶为主；B 组为典型马鞍口罐，以夹砂红陶、橙红、红褐陶为主。从分期结果可以看出，早期墓葬含有大量的灰陶罐，特别是早期个别墓葬是单纯的 A 组器物，以平口、微马鞍口的灰陶、褐陶组成，到了中晚期 A 组、B 组器物大量共存，橙红、红褐陶马鞍口罐逐渐成为主流。占旗墓地为代表的早期寺洼文化遗存与周边地区其他遗存比较，磨沟墓地以泥质灰陶为主的乙类

[7] 水涛：《甘青地区青铜时代的文化结构和经济形态研究》，《中国西北地区青铜时代考古论集》，科学出版社，2001 年，229 页。

[8] E.H. 切尔内赫、C.B. 库兹明内赫（著），张良仁、王博、李明华（译）：《欧亚大陆北部的古代冶金：塞伊玛—图尔宾诺现象》，中华书局，2010 年。

[9] 南玉泉：《辛店文化序列及其与卡约、寺洼文化的关系》，《考古类型学的理论与实践》，文物出版社，1989 年，104 ~ 107 页。

[10] 王辉：《甘青地区新石器—青铜时代考古学文化的谱系与格局》，《考古学研究（九）》，文物出版社，2012 年，230 ~ 231 页。

器物[11]，发展为洮河流域以大族坪遗址[12]为代表的夹砂灰陶和陶色斑驳的橙红、红褐夹砂双耳罐共存的一类遗存；大族坪遗址的夹砂灰陶演变为占旗墓地A组器物，大族坪遗址陶色不纯的橙红、红褐色微马鞍口罐，发展为占旗墓地B组典型马鞍口罐。

五　学术价值

占旗遗址作为寺洼文化的早期遗存，结合近年洮河流域寺洼文化新的考古发现，对认识寺洼文化分布范围、完善寺洼文化的分期断代、寺洼文化的源头等研究具有重要意义。寺洼文化出土的部分陶器和铜器，对探讨寺洼文化与周边地区齐家文化、卡约文化、辛店文化之间的关系，乃至探讨与中原地区商周文化和欧亚草原文化之间的文化交流具有重要的意义。

执笔：杨谊时　陈国科

[11] 钱耀鹏、毛瑞林：《甘肃临潭磨沟齐家文化墓地发掘及主要收获》，《考古学研究（九）》，文物出版社，2012年，656页。

[12] 张天恩：《新见寺洼类文化遗存的初步认识》，《早期丝绸之路暨早期秦文化国际学术研讨会论文集》，文物出版社，2014年，34～42页。

马家窑遗址

一　遗址概况

马家窑遗址位于甘肃省定西市临洮县马家窑村西侧的台地上，东距洮河约1千米，南临巴马峪沟（图一），东北距县城约10千米。遗址的发现与瑞典学者安特生密切相关，20世纪20年代，为验证“仰韶文化西来”假说，安特生在中国西北地区开展一系列考古工作，于1924年发现马家窑遗址，并在此进行了初步考古工作。1945年，夏鼐在西北科学考察期间对马家窑遗址进行过考察，但未开展实际发掘。1947年，裴文中在甘肃进行田野调查，对马家窑遗址进行了考察和试掘，确认台地顶部的瓦家坪亦属遗址分布

图一　遗址周边环境（东—西）

图二　发掘区位置图（西北—东南）

范围。1949 年，夏鼐正式提出“马家窑文化”的命名，并为学术界所接受。1957 年，甘肃省文物管理委员会对马家窑遗址进行了详细调查，发现了马家窑文化马家窑类型叠压在类似仰韶文化庙底沟类型遗存之上，以及齐家文化叠压在马家窑文化马家窑类型之上的地层关系。1988 年，马家窑遗址被国务院公布为第三批全国重点文物保护单位。

二　主要发现

2012 ~ 2013 年，中国社会科学院考古研究所联合甘肃省文物考古研究所在当地有关部门配合下，对马家窑遗址进行了系统的调查和钻探，认定遗址范围约 40 万平方米，重点分布在面向巴马峪沟的台地南部。2014 ~ 2017 年，双方组成联合考古队，对马家窑遗址进行四次考古发掘（图二），地点选在遗址南部面临巴马峪沟的几处台地和瓦家坪顶部，揭露面积近 2000 平方米，清理出不同时期诸多遗迹、遗物，并采集了大量自然科学样品，以下择要介绍。

1. 马家窑文化灰沟

G1（图三至七），位于第Ⅰ发掘区中部，大致呈东—西走向，局部偏北或南，东起断崖，向西逐渐变浅，直至近山坡处消失，已知长度约 130 米。2016、2017 年，考古队

图三　G1 全景

图四　G1 东部解剖点航拍

先后选择两处地点重点解剖，其中 2016 年解剖点口部宽 8 ～ 8.5 米，两侧斜收，坡度较陡，近底略平，宽 3.5 ～ 4.5 米。沟口至底部深 3.5 ～ 4 米，堆满不同形状和性质的堆积，可分为 6 大层 7 小层。其中，第 1 层主要为马家窑文化及齐家文化遗物；第 2 ～ 7 层多

图五　G1 东部解剖点剖面

图六　G1 西部范围航拍

出土马家窑文化遗物。2017 年解剖点口部宽 8 ~ 8.5 米，底部宽 3.5 ~ 4.5 米，沟口至底部深 2.5 ~ 3 米。沟内堆积与前述基本一致。除此之外，为重点解决灰沟向西延伸的走向、范围等问题，2017 年将灰沟最西端全部揭露至灰沟口部，基本确定了此条灰沟自东部断

图七　G1 出土遗物（G1③：1）

崖向西延伸，并最终消失的全貌。综合前述钻探、解剖等各方面的资料，此条灰沟应是当地先民有意识使用的一项大型设施，马家窑文化时期即已存在。

2. 齐家文化墓葬

M2、M9（图八），位于 2016 年第Ⅰ发掘区东南部，发现于第 4 层下，打破 H22 及次生土、生土。墓葬均为长方形竖穴土坑墓，M2 墓口长约 2.2、宽约 0.6 米，深 0.4 ～ 0.5 米。墓壁较直，局部略有起伏，墓底平。墓主 1 人，位于墓坑中部，除胸部外，骨骼保存较好。仰身直肢，一次葬。头向西北、面向上略偏南。男性，年龄约 40 岁。未见葬具。幕主右肩部见有 2 块玉料（图九、一〇）。M9 墓口长约 1.9、宽约 0.6 米，深 0.8 ～ 0.86 米。墓壁较直，局部略有起伏，墓底平。墓主 1 人，位于墓坑中部，人骨保存较好。仰身直肢，一次葬。头向西略偏北、面向上略偏北。女性，年龄约 40 岁。未见葬具及随葬品。从出土遗物和相邻层位关系可大致推测这两座墓葬应属齐家文化时期。

图八　M2、M9

图九　M2 局部

图一〇　M2 出土玉料（M2：1、2）（左—右）

三　主要认识

马家窑遗址堆积相对复杂，包含了类似仰韶文化庙底沟类型以及马家窑文化、齐家文化等不同时期和性质的遗存，其中以马家窑文化马家窑类型遗存最为丰富，其次为齐家文化遗存。从发掘情况看，马家窑类型遗存主要分布在台地南部面向巴马峪沟一侧偏东部以及瓦家坪顶部，遗存主要包括文化层、灰坑、房址、灰沟等。齐家文化遗存主要分布在瓦家坪及西侧更高处的坡地上，遗存主要包括灰坑、房址、墓葬等。

四　学术价值

马家窑遗址作为马家窑文化的命名地，是西北地区一处重要的史前文化遗址。多年以来，考古学者在此开展工作，取得了一些重要成果。早期学者确立了马家窑文化的命名，讨论并厘清了一些重要学术问题，成为构建西北地区史前文化基础框架的重要一环。近些年马家窑遗址的调查和钻探工作，使学术界进一步明确了遗址的分布范围以及不同时期遗存的分布情况。重点地区的发掘工作则使研究者进一步了解到马家窑遗址不同区域文化层的堆积情况，遗迹、遗物的分布、保存情况及其自身特点，丰富了学术界对相关问题的认识。不同遗迹单位出土的大量遗物，尤其是彩陶上的丰富图案则揭示了马家窑文化从仰韶文化中独立出来，逐步形成自己独特文化面貌的过程。大量多学科样品的采集和分析为学术界研究这一时期的环境变迁、动植物资源利用以及技术传播提供了新的线索。总之，马家窑遗址的考古工作大大促进了马家窑遗址的保护、利用及相关学术问题的研究。

执笔：郭志委　周静

寺洼遗址

一　遗址概况

寺洼遗址位于甘肃省定西市临洮县衙下集镇，东临洮河，东北距县城约 20 千米（图一）。20 世纪 20 年代，安特生首先在此开展调查及试掘工作。1945 年，夏鼐在遗址近中部开设两条探沟，清理出诸多马家窑文化遗存和寺洼文化墓葬。1947 年，裴文中亦在此试掘。新中国成立后，考古工作者多次调查该遗址，后经夏鼐提出，确立其为寺洼文化命名地。2006 年，寺洼遗址被国务院公布为第六批全国重点文物保护单位。2018 年，中国社会科学院考古研究所联合甘肃省文物考古研究所启动“洮河流域新石器时代晚期

图一　遗址周边环境

图二　发掘区位置

至青铜时代聚落与社会”项目，并选择寺洼遗址作为首个考古发掘点，重点探寻马家窑文化大型聚落及墓地、寺洼文化居址及墓地，以及一些关键生业技术如农作物种植、家畜驯养、冶金术等在洮河流域的发展与演变，取得重要收获。

二　主要发现

寺洼遗址的田野工作目前已开展两次，地点选在遗址北部鸦沟两侧的三处台地上（图二），其中，2018 年揭露面积 475 平方米，2019 年揭露面积 425 平方米，部分探方未清理至生土，有待继续发掘。两次发掘共清理出大量马家窑文化时期灰坑、房址、灰沟以及寺洼文化墓葬等重要遗迹（图三），以下择要介绍。

H37（图四），位于鸦沟东侧发掘区，T1535–8790 南部，发现于第 3 层下，被 H16、H20、H31、H36 打破，打破第 4 层。平面形状近圆形，长径 2.4、短径 1.9 米，深 0.92 米，坑壁北部略呈袋状，南部斜壁，坑底平整。坑内堆积可分为 5 层：第 1 层，厚 1 ~ 15 厘米，灰褐色，土质致密，颗粒略粗；第 2 层，厚 10 ~ 50 厘米，黄褐色，土质致密，颗粒细；第 3 层，厚 1 ~ 30 厘米，黄灰色，土质疏松，颗粒略粗；第 4 层，厚 1 ~ 20 厘米，灰色，土质疏松，颗粒略粗；第 5 层，厚 1 ~ 30 厘米，土色深黄，土质较密，颗粒细。各层堆积大多包含炭屑、红烧土粒（块）及零星料姜石。坑内出土大量可复原陶器及标本（图五），根据器形及纹饰，并结合地层关系可基本确定其为马家窑文化。

M1（图六），位于鸦沟西侧发掘区，T1315–8750、T1320–8750 内，发现于第 6 层下，打破第 7 层及相邻灰坑。墓口距现地表 1.65 米，西北角被盗，向下偏离墓葬，未进入墓

图三　2019年鸦沟西侧台地发掘区

图四　H37

室内。墓葬为竖穴土坑墓，方向330°。平面呈圆角长方形，墓口稍小，长2.1、宽1.05米；墓底略大，长2.35、宽1.35米；墓壁较直，深约1.9米。墓底四周设有熟土二层台，中部发现一椁一棺（图七），保存状况一般。墓底北部设有龛，龛底低于墓底，平面大致

图五　H37 出土彩陶碗（H37 ②：1）

图六　M1

图七　M1 棺椁

图八　M1 手掌切割

图九　M1 头龛随葬陶器

呈长方形，顶部近平。龛宽约 1.05、进深约 0.47、高约 0.61 米。棺内墓主 1 人，保存较好，仰身直肢，头向西北，面部向上，双手置于身体两侧，左、右手骨有被切割痕迹（图八）。墓内发现随葬品 13 件，均出土于棺和龛内（图九），其中墓主人头骨右侧放置小陶罐和石纺轮各 1 件，右手骨上有马鞍口陶罐 1 件，左股骨外侧发现海贝 1 枚，右胫骨外侧发现羊腿骨 1 段（图一〇）。头龛内出土陶器 9 件（图一一）。根据墓葬形制、层位关系以及随葬品，可以判断此墓是寺洼文化墓葬。

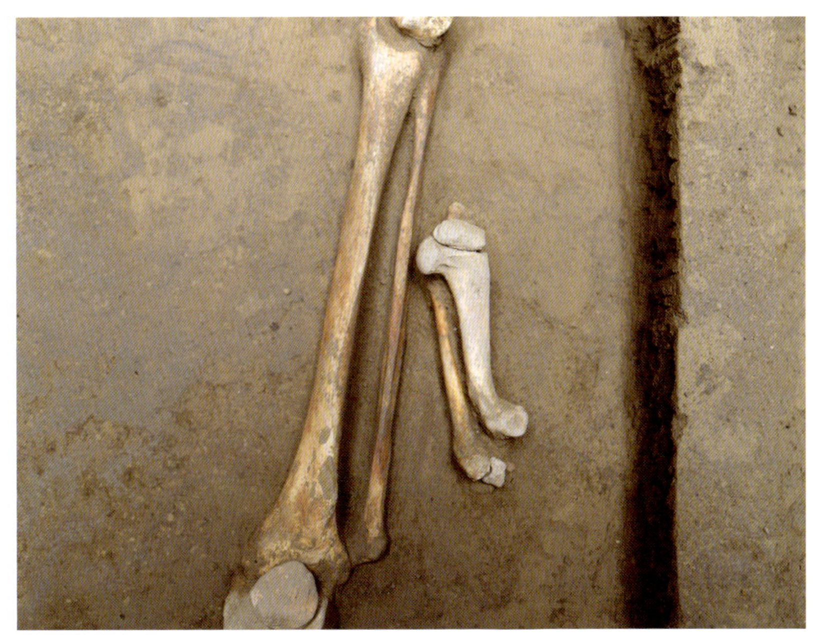
图一〇　M1 随葬羊骨

图一一　M1 出土陶鬲（M1：12）

三　学术价值

2014 ~ 2017 年，中国社会科学院考古研究所联合甘肃省文物考古研究所在临洮马家窑遗址开展四次考古发掘，并在周边进行了多次考古调查，对洮河流域新石器时代晚期至青铜时代的各类遗址及聚落形态有了一些新的认识。2018 ~ 2019 年寺洼遗址的田野发掘是上述工作的继续，现已清理出大量马家窑文化灰坑，发现了房址、窑址以及疑似早期壕沟的线索，对探索洮河流域马家窑文化大型聚落具有重要意义。寺洼文化墓地的范围已基本明确，清理出诸多寺洼文化墓葬，发现了一些新的重要现象，对探讨寺洼墓葬本身及寺洼文化与齐家文化、辛店文化的关系具有重要意义。发掘过程中，课题组全方位提取多学科样品并进行分析，对探索与之相关的古代环境、农业种植、家畜驯养、冶金术等一系列问题具有重要意义。

执笔：郭志委　周静

大崖头遗址

一　遗址概况

大崖头遗址位于甘肃省定西市临洮县洮阳镇边家湾村湾底五社北 50 米的大崖头上，南距县城约 10 千米（图一）。遗址处在临洮县和广河县的交界处，位于黄河上游支流的洮河下游西岸的二级台地上。遗址呈东西向带状，东至堡河、南至盘龙寺寺头顶、西至临洮与广河县境界桩、北至台地边沿，东西长约 490、南北宽约 120 米，面积约 5.88 万平方米。遗址包含马家窑文化和齐家文化两类遗存，已发现的遗迹包括房址、灰坑及墓葬等。该遗址尚未核定保护级别。2015 年，中美联合考古队对遗址进行了大面积地表采

图一　遗址远景

图二　地磁探测理论讲解

集调查、地磁探测及 RTK 地貌测绘。调查期间，甘肃省文物考古研究所与美国哈佛大学人类学系合作举办了“考古地磁培训班”（图二至四）和“地理信息系统培训班”（图五、六）。作为中美合作“甘肃洮河流域新石器至青铜时代文化与社会之演进”项目实施的重要遗址之一，2018 年中美联合考古队对该遗址进行了小规模试掘。

二　主要发现

2018 年 5 ~ 6 月，甘肃省文物考古研究所与北京大学考古文博学院、美图哈佛大学人类学系组成联合考古队，对大崖头遗址进行了首次试掘。试掘位置选择在遗址东部，发掘面积 29 平方米。据磁力仪探测结果，在 3 个地点布设探方或探沟，发掘确认地层堆积较为简单，耕土层下即暴露遗迹，遗迹均为马家窑文化马家窑类型。T1 位于遗址东部边缘，规格为 2 米 ×2 米，清理灰坑 2 个，其中 H1 出土大量木炭，并收集大量陶片、兽骨、石块和小件等。T2 位于遗址东部（图七），距 T1 西约 80 米，规格为 1 米 ×15 米探沟，根据发掘需要在其东北角扩方 1.5 米 ×1.25 米，扩方区域定为 T4，T2、T4 内清理灰坑 6 个，出土了大量陶片、兽骨和石料等（图八），其中 H14 内出土人骨 1 具（图九），初步鉴定为一个 23 岁以下的男性个体。T3 位于遗址东部，距 T2 东南侧约 10 米，规格为 1 米 ×8 米的探沟，清理灰坑 5 个、沟 2 条，出土了大量陶片、兽骨和石料等。

三　主要认识

选择在遗址东部进行试掘，是基于前期调查工作积累的大量信息。整体来看，大崖头遗址东侧主要为马家窑文化马家窑类型遗存，西侧以齐家文化遗存为主，两者之间有

图三　地磁探测现场操作

图四　考古地磁培训班学员合影留念

图五　地理信息系统培训

图六　考古地理信息系统（ArcGIS）短期培训班学员合影留念

较为清晰的区域划分，但中间存在交叉区域。试掘的主要目的是为了获取能够与齐家坪遗址、灰嘴山遗址进行跨时空对比的材料，因此选择清理马家窑类型遗存。发掘过程中，我们注重动植物遗存的提取和分析，并对各类型遗物进行详细记录以便为后续的综合研究提供资料基础，为了进一步掌握遗址所在区域的地貌环境信息，我们邀请环境专家对遗址周边地貌环境进行考察，了解遗址所在台地的地貌环境和演变过程，为复原遗址地貌及古环境提供了重要依据。

图七　T2

图八　T2 出土陶片

图九 H14人骨

四 学术价值

大崖头遗址文化内涵丰富、整体保存状况较好，并具有马家窑文化与齐家文化两种类型的遗存，其所处位置与齐家坪遗址仅一沟之隔，两个遗址内的齐家文化遗存内涵较为一致。目前，我们尚未在齐家坪遗址确认齐家文化窑址、铜器铸造作坊等手工业生产遗迹，导致齐家文化时期技术变革方面的信息始终不够完善，而大崖头遗址齐家文化遗存丰富，我们寄希望于该遗址的后续工作能够带来技术演进方面的突破。

执笔：周静　傅罗文

齐家坪遗址

一 遗址概况

齐家坪遗址最早由瑞典学者安特生于1924年发现，该遗址位于甘肃省临夏回族自治州广河县齐家镇（原排子坪乡）齐家坪社，处于东临洮河的二级台地上（图一）。1945年和1957年进行过调查。1975年，甘肃省博物馆文物工作队两次发掘了齐家坪遗址，清理118座墓葬和其他遗迹，所清理的遗迹、遗物几乎都属于齐家文化。2008年，甘肃省文物考古研究所为评估地下遗存的完整性，对齐家坪遗址进行了系统勘探。2014年，

图一 遗址周边环境

图二　地表采集遗物

中美联合考古队对遗址进行了大面积地表采集调查、地磁探测及 RTK 地貌测绘（图二至四）。1996 年公布为全国重点文物保护单位。作为中美合作“甘肃洮河流域新石器至青铜时代文化与社会之演进”项目实施的重要遗址之一，2016 ~ 2017 年中美联合考古队对该遗址进行了两次小规模试掘。

二　主要发现

2016 年 7 月，甘肃省文物考古研究所与北京大学考古文博学院、美国哈佛大学人类学系组成联合考古队，对齐家坪遗址进行了首次试掘。遗址南、北部各一处试掘点，试掘面积 17 平方米，面积虽小却收获颇丰。南部布设 5 米 ×2 米探方，根据需要向西、向南扩方，试掘面积 13 平方米。发现窑址 1 座、灰坑 2 个，灰坑属于齐家文化，窑址尚未清理完成，时代不明。Y1 呈东西向，顶部被破坏，仅对窑室北侧局部进行清理，深约 0.7 米，堆积 3 层，但尚未清理至底部。北部布设 2 米 ×2 米探方，试掘面积 4 平方米（图五）。确认灰坑 2 个，编号 H1 和 H2，H1 打破 H2。H1 为现代垃圾坑。H2 近圆形，直径约 1.8、深约 1.2 米，出土大量齐家文化陶片、石块及兽骨等，其下部堆积清理出有明显烧灼痕迹的卜骨 2 件，均为羊肩胛骨（图六）。

2017 年 5 ~ 6 月，合作三方再次试掘齐家坪遗址，延续上一年度试掘区域开展工作。

图三　地磁探测遗迹

图四　遗址地貌测绘

南部试掘点继续清理2016年未完成的Y1，最终确认窑址包括操作间和窑室两个部分（图七）。操作间平面呈圆形，窑室平面呈圆角长方形，窑室底面平整，三条火道留有使用后的红烧土痕迹，三条火道尾端与窑室后壁上的左右中对称分布的三条烟道相连，并经窑室后壁上部相连形成一个完整烟道。从窑室及烟道出土瓷片等遗物判断，应属于宋代

图五　16GQ-T2

窑址。北部试掘点选择在 2016 年发掘位置北侧约 20 米处布设 2 米 ×2 米探方（图八），清理齐家文化灰坑 2 个，同样出土了大量陶片、石块及兽骨等遗物（图九）。

三　主要认识

齐家坪遗址两个年度的试掘工作取得了重要收获，主要体现在三个方面：首先，试掘区域遗迹分布的特征与地磁探测结果基本一致，加之以钻探确认，充分验证了地磁探测技术在西北地区黄土高原地带应用的可靠性；第二，遗址内宋代窑址的发现在洮河流域尚属首次，虽然与项目围绕齐家文化技术演进的研究目标有一定距离，但其对于宋代手工业发展及西北疆域控制等方面的研究具有重要作用；第三，试掘所获的陶片、石块、动物骨骼等遗物，对于齐家文化时期聚落布局结构、手工业生产、动植物资源利用及社会等级观念等方面的研究提供了重要资料。

四　学术价值

齐家坪遗址是齐家文化的命名地，也是研究洮河流域齐家文化技术传统最为理想的遗址。初步研究显示，齐家坪遗址聚落内部功能区布局规律明显，但值得注意的是，在居址区中心的台地也分布有墓葬，且年代与遗址内墓地年代一致，这一现象的内在

图六　出土卜骨

图七　17GQ-T1-Y1

图八　17GQ-T2

图九　17GQ–T2–L11 出土陶片

机制是什么还需要进一步探讨。齐家文化在东西文化交流中扮演着使者一般的角色，作为齐家文化的典型遗址，齐家坪遗址的诸多现象还需进一步阐释。

执笔：周静　傅罗文

灰嘴屲遗址

一　遗址概况

灰嘴屲遗址最早由瑞典学者安特生于1924年发现，该遗址位于甘肃省定西市临洮县太石镇沙塄村庄北面约300米的灰嘴屲上（图一），处于洮河东岸的二级台地上。1947年，裴文中在洮河流域调查时对该遗址进行过记录。遗址北临草泉沟，南临后头沟，东至白崖湾，西至台地边沿，东西宽234、南北长82米，分布面积约19190平方米。遗址位于一处山崖顶部，地表分布着大量陶片、石块等，其中绝大多数陶片为辛店文化彩陶。此外，

图一　遗址远景

图二　地表采集遗物

图三　遗址地貌测绘

地表也发现盗洞痕迹，并有棺木暴露。1981 年公布为省级文物保护单位。2015 年，中美联合考古队对该遗址进行了大面积地表采集调查、地磁探测及 RTK 地貌测绘（图二、三）。作为中美合作“甘肃洮河流域新石器至青铜时代文化与社会之演进”项目实施的重要遗址之一，2017 年中美联合考古队对该遗址进行了小规模试掘。

二　主要发现

2017年5 ~ 6月，甘肃省文物考古研究所与北京大学考古文博学院、美国哈佛大学人类学系组成联合考古队，对灰嘴疙遗址进行了首次试掘。我们选择了一处地磁反应强烈的地点布设了一处2米 ×2米的探方，试掘面积4平方米（图四）。虽然试掘面积很小，但确认了具有打破关系的辛店文化灰坑4个，出土了大量陶片（图五）、动物骨骼和石块等，并出土了1件有明显烧灼痕迹的卜骨，经鉴定属于羊的肩胛骨（图六），与齐家坪遗址出土卜骨使用材料一致。

三　主要认识

灰嘴疙遗址的重要收获体现在以下两个方面：首先，辛店文化以往较少发现墓葬遗存，本次试掘的灰坑中的遗物为辛店文化内涵的揭示提供了丰富的实物资料；第二，发掘所获的卜骨与齐家坪遗址出土卜骨均为羊肩胛骨，说明两个不同文化阶段的礼仪用器习惯一直得到保留。

图四　T1

图五　出土陶片

四　学术价值

灰嘴峁遗址是一处较单纯的辛店文化遗址，由居址和墓地两个部分组成。以往发现的辛店文化遗存基本为墓葬，而居址方面的信息确实一直制约着该文化内涵的深入揭示。目前所知，辛店文化是以畜牧业为主的经济形态，遗址规模整体偏小，但对于该文化的生业模式、社会组织结构、社会分工程度等方面的研究还不够深入，灰嘴峁遗址恰好是一处兼有居址和墓地的聚落，适合通过大规模发掘来揭示其内涵，为辛店文化的深入研究提供重要支撑。

执笔：周静　傅罗文

图六　出土卜骨

大梁峁遗址

一 遗址概况

大梁峁遗址位于甘肃省庆阳市华池县林镇乡四合台村西梁自然村（图一），海拔高度约 1530 米，遗迹主要分布在大峁梁、小疙瘩、西梁和边家山四个台地上，以大峁梁台地最为丰富。该遗址为第三次全国文物普查新发现遗址，现为庆阳市市级文物保护单位。三普资料显示，遗址处在北洛河上游支流的葫芦河上游，处在西梁自然村的大峁梁和小疙瘩峁两条山梁至沟底，山顶至沟底长 1393、宽 936 米，总面积约 120 万平方米，包含仰韶文化中晚期、龙山时代和青铜时代三个阶段的文化遗存。因人工修造梯田，导致遗

图一 遗址远景

图二　试掘区域航拍

图三　Y1

图四　H1 剖面堆积

迹暴露于台地断面，可见窑洞式、半地穴式房址及袋状灰坑等遗迹。遗址内地表散落尖底瓶、盆、罐等器物残片，纹饰主要有绳纹、篮纹、刻划纹和指甲纹等，也散见石器及动物骨骼等遗物。为配合“河套地区聚落与社会研究”项目实施，2018 年 9 ~ 11 月，甘肃省文物考古研究所与北京大学考古文博学院合作对该遗址进行了小范围试掘。

二　主要发现

试掘区域位于大峁梁台地顶部东南边缘，布设 5 米 ×5 米探方 4 个，试掘面积 100 平方米（图二）。清理龙山时期窑址 1 座（图三）、灰坑 17 个（图四至六）和现代活土

图五　H14

图六　H17

坑1个。出土遗物以陶片为大宗，并有少量石块、动物骨骼和白灰面残块等，收集了陶器、玉石器、骨角器和贝蚌等各类不同质地的遗物100余件（组）（图七至一〇）。

灰坑以圆形袋状为主，个别呈椭圆形或不规则圆形，堆积普遍较厚，且大部分灰坑内筛出大量料姜石。窑址被灰坑围拢于中间，形制也较为特殊，其火膛和操作间利用一圆形袋状灰坑的原始结构，通过对灰坑进行改造形成操作间，并在操作间和窑室之间通过人工堆砌纯黄土的方式建造火膛。由于灰坑本身的直径较大，因此建造者先通过人工填埋垫土，然后在垫土中下挖所需要的操作空间的方式建造操作间。由于窑室破坏较甚，结构不太明确，功能亦无法判断。但从其周围灰坑内包含大量料姜石的现象来看，该窑址很有可能用于烧制石灰。

三　主要认识

遗址内出土的遗迹、遗物以龙山时代早期为主，并包含少量仰韶文化半坡类型和青

图七　半坡类型彩陶

图八　带柄陶杯

图九　陶豆

图一〇　玉环

铜时代早期的遗物，结合该遗址发现的少量泥质、夹砂红陶系的素面或横向篮纹陶器来看，遗址的文化内涵与陇东地区西部的常山下层遗物存在密切关系，同时该遗址超过95%的泥质、夹砂灰陶系陶器又与陕北、内蒙古南部龙山时代晚期的遗存极为相似。整体来看，试掘区应属于作坊区，清理的窑址、灰坑和出土的大量陶片、兽骨及玉石制品，为我们了解甘肃陇东地区龙山时期的考古学文化面貌提供了重要的实物资料。

四　学术价值

遗址位于陇东地区的东部，对其文化面貌的揭示有助于与陇东地区西部黄土地带同时期遗址的文化面貌进行对比研究，借以了解东部山地遗址与西部黄土台地遗址之间的差别。仰韶文化半坡类型彩陶的发现，为该遗址所在区域的新石器时代考古学文化上限的界定提供了新资料。

执笔：周静

桥村遗址

一 遗址概况

桥村遗址位于甘肃省平凉市灵台县西北约20千米的西屯镇北庄村桥村社（图一）。第三次全国文物普查资料显示，遗址西至居民聚居区、东至芦子沟上沿、北至驼沟南侧、南至碾场沟北侧，南北长约1000、东西宽约700米，总面积约70万平方米。遗址范围内断面上暴露有多处马蹄形灰坑，文化层堆积厚2～3米，并出土过槽型板瓦、筒瓦等重要遗物，现馆藏的齐家文化玉器大部分也出土于该遗址。1978年，甘肃省博物馆对该

图一 遗址远景

图二　考古调查现场

遗址进行了小范围试掘，试掘面积95平方米，清理袋状灰坑7座，出土了大量陶器、骨器、石器及卜骨等重要遗物。此次试掘获得了大量齐家文化遗物，同时发现甘肃陇东地区的齐家文化遗存与陕西龙山文化的关系极为密切，为这两种文化类型关系的探讨提供了重要的实物资料。2013年该遗址被公布为全国重点文物保护单位。为配合“河套地区聚落与社会研究”项目实施，甘肃省文物考古研究所与北京大学考古文博学院合作，2018～2019年已连续开展了两个年度的考古调查与发掘。

二　主要发现

2018年，借助考古调查与勘探地理信息系统，对桥村遗址所在台地南部约11.45平方千米的范围进行系统调查（图二）。采集剖面记录点255处、地表记录点16处，采集陶片记录点149处、土样与植硅石记录点80处、木炭记录点8处、骨骼记录点28处、各类小件记录点21处。确认的遗迹包括房址、陶窑、灰坑和墓葬四类，采集陶器标本有瓦、鬲、斝、豆、罐及缸等（图三）。调查显示桥村聚落的分布总面积约630万平方米，包括边缘区与核心区两个组成部分，其中核心区面积约100万平方米。聚落核心区内遗迹分布与地貌类型存在高度相关性，主要集中于极陡—高凸度的地貌类型中。聚落内部可能在相对海拔最高的台塬边缘平坦区域设置具有一定宗教祭祀功能的公共场所，而在海拔相对较

图三　调查采集复原陶罐

图四　考古勘探现场

图五　考古发掘现场

低的陡坡则选择类窑洞式建筑作为居址区。

勘探工作围绕桥村社东北侧塬顶边缘台地展开，勘探面积约 1 万平方米（图四），确认了灰坑、白灰面房址和墓葬等多种遗迹，并探明多处大范围分布的带夯垫土区。随即开展的发掘工作便围绕带夯垫土区进行，发掘面积 400 平方米（图五）。清理不同时期房址1座、长方形坑18个、灰坑21个、灰沟2条，收集了陶、石、骨、角、贝蚌等各类标本200余件（组），并发现个别玉璜和卜骨（图六），也有少量汉代铜、铁器等遗物。此外，还收集了槽型板瓦、筒瓦等建筑材料标本50余件（组）。需要强调的是，此次发掘确认的长方形坑成排分布，呈现较为一致的排列方向和布局规律，而非单体坑状遗迹，这在桥村遗址尚属首次发现。

2019年度发掘区延续上一年度发掘范围向东、北、西侧布设探方，本年度发掘面积575平方米。清理的遗迹主要为长方形坑、柱洞、柱础和灰坑，以及个别汉代灰坑、祭祀坑等。通过两个年度的发掘，初步确认了长方形坑的布局规律（图七、八），确认长方形坑101处，柱础14个（包括圆形和方形），柱洞3个，不规则圆形灰土范围2处，黄土台基、硬土面和红烧土范围各1处，还清理了汉代灰坑和祭祀坑各1座。此外，发掘过程中对2018年发掘区域内的遗迹重新进行判断，新确认柱础3个、柱洞4个。出土遗物以龙山时代的泥质、夹砂陶片为大宗，同时收集了不同时期的陶、石、骨、角、铜、铁、玛瑙、贝蚌等各类小件259件（组），初步统计槽型板瓦、筒瓦及瓦扣等建筑材料标本142件（图九）。此外，还采集了木炭样品36份、浮选土样20份、植硅

图六　出土遗物

图七　2018 ~ 2019 年发掘区航拍照

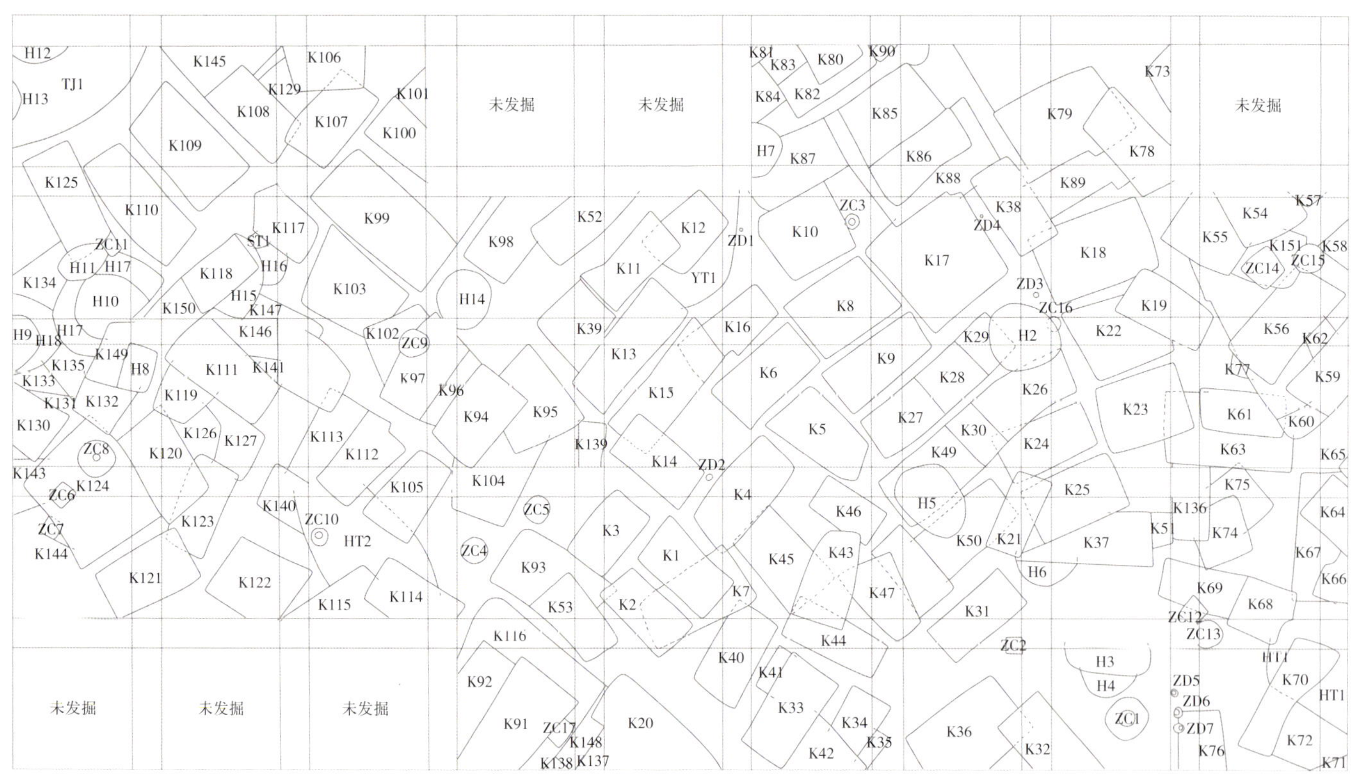

图八　2018 ~ 2019 年发掘区平面图

图九　出土遗物

体样品 6 份。

三　主要认识

遗址现有发掘区域紧邻台地东侧边缘，发掘区周围的较低处台地断面上密集分布房址、灰坑和陶窑等各类遗迹，与现有发掘区内的遗迹类型差异显著，尤其是排列规律的长方形坑特征更为明显，尽管这类坑内的堆积以包含陶片等各类遗物的疏松灰褐土为主，但初步判断其为非灰坑类堆积，推测其性质和用途可能与建筑的基础结构有关。

根据发掘区的遗迹特点，清理过程中主要对第 1 ~ 3 层堆积进行揭露，第 3 层下即暴露长方形坑这类遗迹（图一〇）。目前，清理工作主要集中于坑的布局规律揭示方面，并未对已确认的坑进行整体揭露，仅对 2018 年度已部分发掘的个别长方形坑进行解剖，以便了解早于坑的地层堆积和遗迹类型（图一一）。整体而言，长方形坑呈现由东南向西北的延伸性布局，显示了分块夯筑的特点，初步判断为大型建筑的基础结构，发掘确认的少量柱洞和柱础也验证了其为建筑基础的可能性。此外，部分长方形坑的解剖清理确认，被槽形坑打破的第 4 层堆积存在白灰面房址残迹，第 4 层堆积下还有更早的黄土、红黏土夯土堆积，因此整个台基不排除分层分块夯筑的可能性，并且存在不同阶段夯筑建筑台基并持续反复使用的特征。

五坝墓地

一　墓地概况

五坝墓地位于甘肃省民乐县六坝镇五坝村，西南距六坝镇约 6.5 千米，东北约 9 千米处即为著名的东灰山四坝文化遗址。墓地现大部分被压在村民居住区下，致使前期考古调查及勘探工作无从开展，墓地范围不清。正由于墓地所处地理位置的特殊性，墓地不同程度上遭到了人为破坏。据当地村民介绍，他们在挖自来水管道及窖坑时多次出土陶罐、陶壶等一类器物。现部分收藏于民乐县博物馆，时代特征上看多为马厂时期。

2009 年 9 ~ 11 月，在“村村通”工程中，甘肃省文物考古研究所、张掖市文物保护研究所、民乐县博物馆联合对墓地所在一条东西向道路进行了近两个月的抢救性发掘（图一）。布探沟 5 条，发掘面积约 200 平方米（图二）。共发现新石器—青铜时代墓

图一　发掘现场

图二 T1 ~ T3

葬 53 座（其中 14 座墓葬时代特征不明，这里从略）。

二 墓葬概述

五坝墓地发掘墓葬规模小，埋葬浅，墓向各异，墓地未有一定规划性。墓葬形制以竖穴土坑墓为主，另发现少量偏洞室墓。其中竖穴土坑墓又可分带龛与不带龛两类。体现在墓葬文化类型上，2 座半山墓葬中，1 座为竖穴土坑墓，1 座为偏洞室墓（图三）；马厂墓葬为墓地主体遗存，共发现 33 座，其中偏洞室墓 4 座，带龛土坑墓 4 座（图四），不带龛土坑墓 25 座；3 座“过渡类型”（西城驿文化）墓葬中，2 座为竖穴土坑墓，1 座为偏洞室墓（图五）；齐家墓葬仅 1 座，为竖穴土坑墓。

墓室空间狭小，未发现葬具，仅容一人或双人合葬。合葬墓都是成年女性与小孩的合葬，仅发现 3 例，其中 2 座为半山类型墓葬（图六），1 座为马厂类型墓葬。可以看出，五坝墓地马厂期，葬式发生了深刻变化，小孩已不随成人合葬，有了独立埋葬之区域。单人葬中，儿童墓基本呈现出二次葬的特征，成人墓亦有此例，但发现较少。这构成了甘青地区史前文化二次葬的基本特征。陈洪海在《甘青地区史前文化中的二次扰乱葬辨析》一文中认为，兰州以西至贵德的黄河及其支流两岸是其中心区；陇西、河西走廊，湟水中上游、共和盆地构成其基本区；陇东以及宁夏南部、青海湖周围等东西两边的外围地区则是其影响区域[1]。

依墓葬文化类型分布来看，TG1、TG2（自东向西依次编号）单纯分布马厂墓葬；TG3 除马厂墓葬外，过渡类型墓葬发现 1 座；TG4、TG5 情况比较复杂，有半山、马厂、齐家墓葬，且多存在叠压打破关系。依墓葬形制分布来看，6 座偏洞室墓分布在 TG4、

[1] 陈洪海：《甘青地区史前文化中的二次扰乱葬辨析》，《考古》2006 年第 1 期，65 页。

TG5；6座带龛竖穴土坑墓，集中分布于TG1、TG2。从葬式分布情况看，3座合葬墓分布于TG4、TG5，二次葬多集中分布于TG2、TG3。从成人墓与儿童墓分布来看，TG2、TG3的第3层下为小孩埋葬聚集区；整个探沟第4层下基本为成人墓区。

三　随葬品组合特征

半山类型墓葬2座，出土器物比较丰富，组合如M44以罐、壶为主，泥质彩陶为橙黄陶黑（红）彩，以几何纹组合图案填充，多与永昌鸳鸯池半山类型器物相似。夹砂陶有素面和器表饰以凸棱两种，个别器物腹部发现乳突，另外，其器物口沿处有双鋬饰戳印纹很有特色（图七）。骨器发现较多，有骨针、骨料、骨牌饰、骨珠、骨锥、骨笄、骨臂饰等，其中骨臂饰最有特色，是用长约16.5、宽0.3 ~ 1.1厘米的小薄骨片黏附在一

图三　偏洞室墓（M48）

图四　带龛土坑墓（M3）

图五　偏洞室墓（M47）

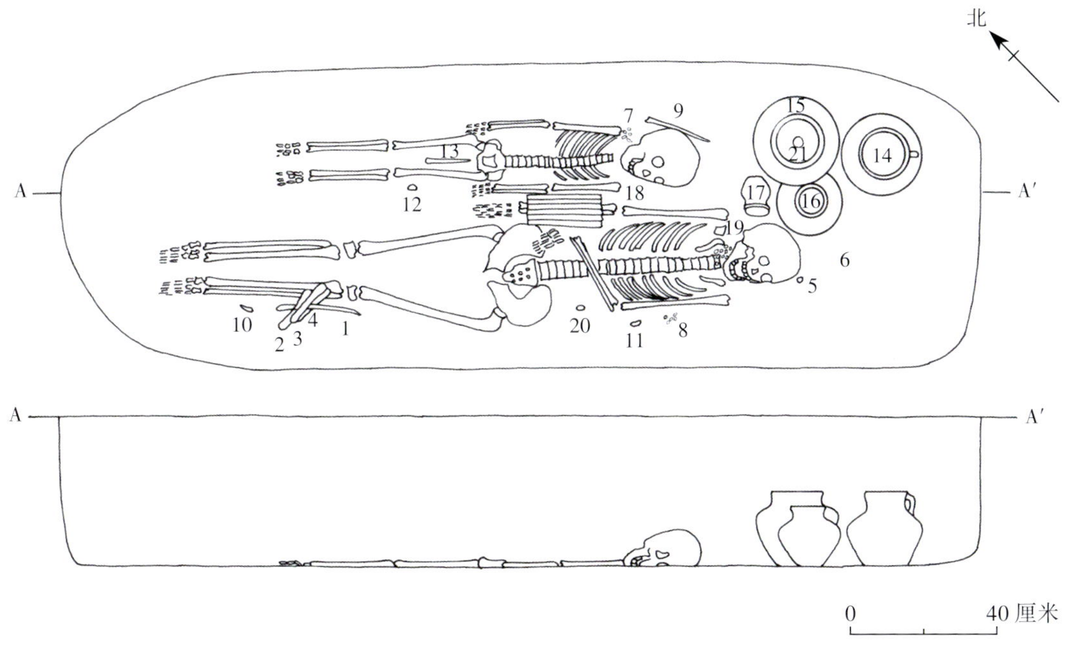

图六　半山类型合葬墓（M44）

1. 骨柄石刀　2 ~ 4. 骨料　5、6. 骨针　7. 骨串饰　8、19. 骨珠　9、10、12. 骨笄　11. 动物下颌骨　13. 骨锥　14. 陶单耳瓶　15. 双耳大口彩陶罐　16、17. 夹砂陶罐　18. 骨臂饰　20. 骨牌饰

种胶状物上，呈半环形的装饰品（图八）。

马厂类型墓葬发现较多，陶器组合上儿童墓仅见罐、杯的组合，不见罐、盆（杯）的组合，相反在成人墓里发现几例。泥质彩陶多橙黄陶黑彩，以回纹、网格纹、波折纹、三角纹、八卦纹等几何纹饰组合图案填充，少见或基本不见河湟地区马厂类型典型的蛙纹、神人纹、四大圆圈等纹饰（图九、一〇）。夹砂罐器表上多施凸棱，有横向、竖向、

交错，形式各异，很有地域特色。另外大型器如瓮、壶一类器物相对河湟地区发现较少。

齐家文化墓葬1座。仅出土1件夹砂红陶罐，侈口，圆唇，斜直颈，溜肩，腹部微鼓，小平底，通体纹饰为竖向细绳纹。

西城驿文化墓葬3座，M47出土泥质彩陶罐2件（图一一、一二），M38出土泥质彩陶壶1件。从纹饰及器形上看，类似于武威皇娘娘台遗址乙类陶器性质，李水城据此认为属于“过渡类型”遗存。近年来，随着河西走廊史前冶金考古调查，特别是张掖西

图七　M44出土陶器

图八　M44骨臂饰

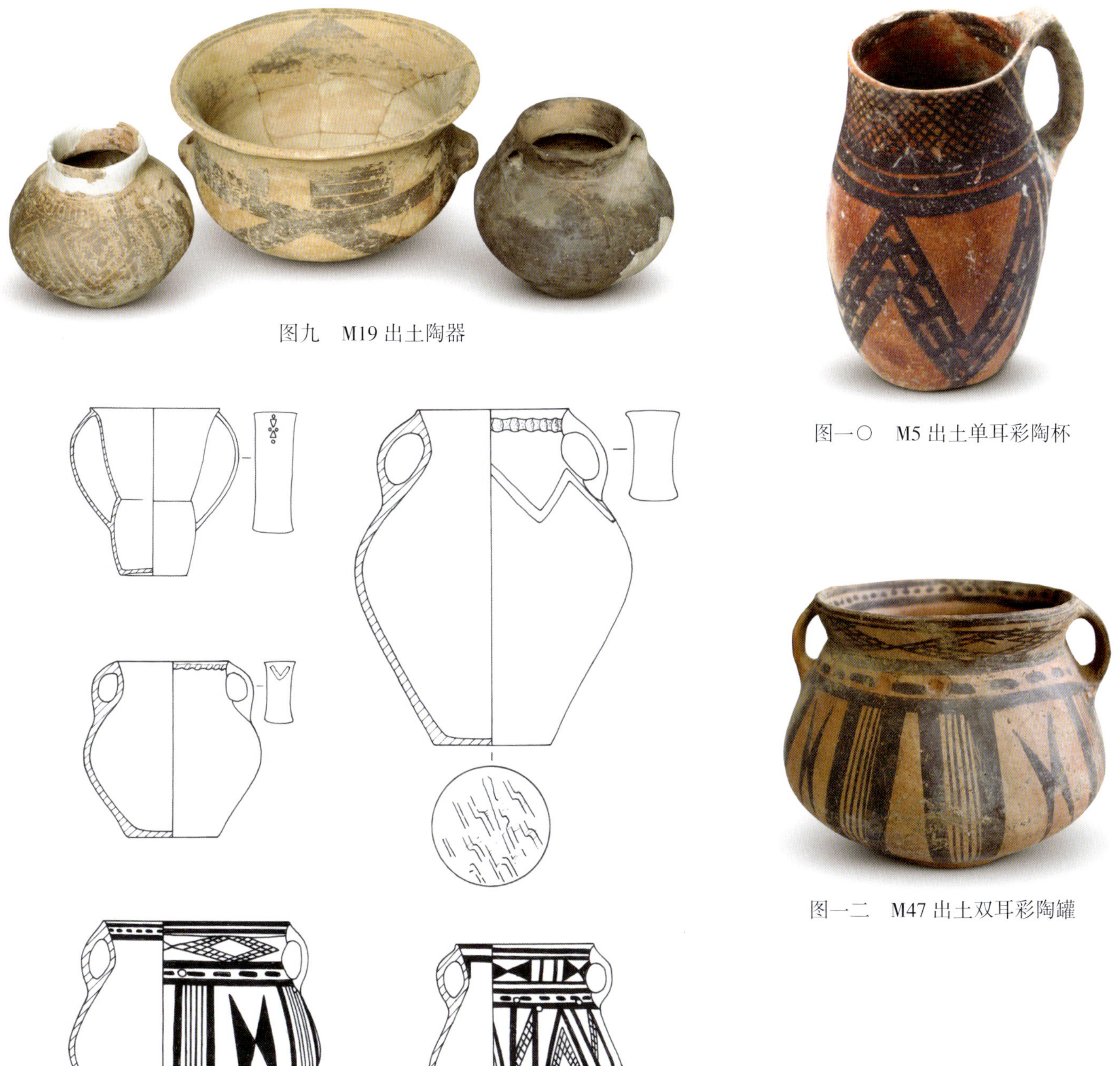

图九　M19 出土陶器

图一〇　M5 出土单耳彩陶杯

图一二　M47 出土双耳彩陶罐

图一一　M47 出土陶器

城驿遗址的发掘，从文化层位上指出了“过渡类型”遗存时间上的延续性，这也证实了李水城对于皇娘娘台乙类彩陶假想分 A、B 两组的科学性[2]。夹砂罐口沿下饰以附加堆纹，侈口，（尖）圆唇，（圆）溜肩，器形较瘦长，有齐家文化因素及特征。M26 简报上定为“过渡类型”遗存，陶器组合上为 1 盆、1 壶（图一三、一四）。其纹饰是用纤细的几何线条描绘折线、横线、网格等纹样。通过对其器形和花纹的观察，可定到西城驿文化早期阶段。此类组合及单个陶器特征在张掖西城驿遗迹单位皆有发现，发掘者将其定到马厂晚段，大致属同一时期。

[2] 李水城对武威皇娘娘台遗址乙类彩陶分 A、B 两组，实际上就是前后两期说。见甘肃省文物考古研究所、北京大学考古文博学院：《河西走廊史前考古调查报告》，文物出版社，2011 年，180 ~ 202 页。

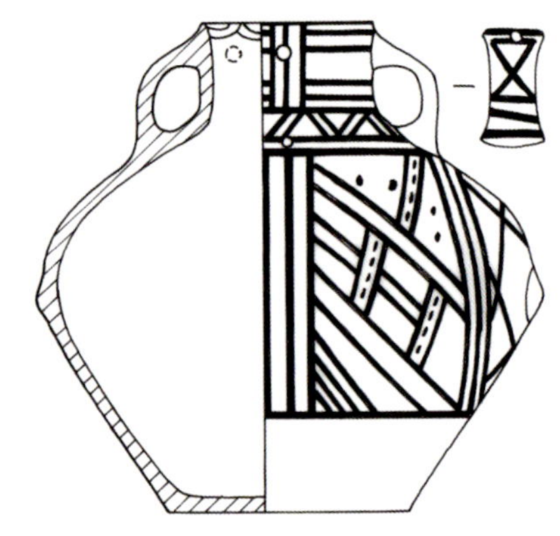

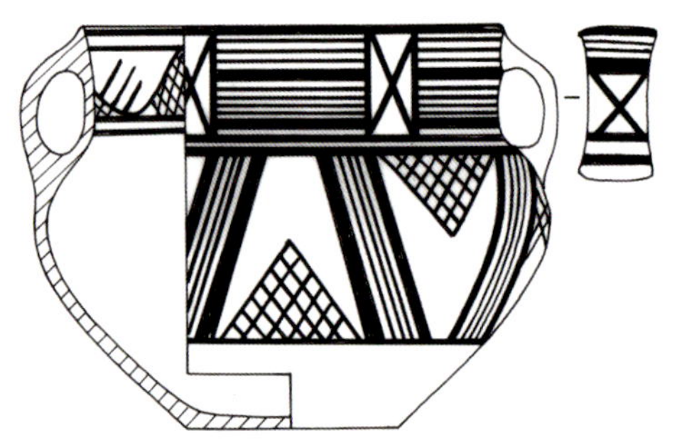

图一三　M26 出土陶器

图一四　M26 出土彩陶盆

四　初步认识

1. 偏洞室墓

偏洞室墓共发现 6 座，其中半山 1 座、马厂 4 座、西城驿 1 座。这种葬制相较竖穴土坑实填，有其先进性，因它有一定的建筑空间，且与墓道分开，隐蔽性较强，故在之后玉门火烧沟四坝文化遗址及永昌西岗柴湾岗、三角城、蛤蟆墩沙井文化遗址等都盛行偏洞室墓。谈起源头，有学者认为甘青地区半山类型发现少许偏洞室与宁夏菜园文化诸如切刀把、瓦罐嘴、寨子梁、二岭子湾等墓地中的大量洞室墓应纳入北方传统，称之为“甘青宁”支系，都受其以东海河、西辽河流域雪山一期文化的影响。此外，伊犁河流域诸文化发现较多在新疆时代上最早的偏洞室墓，陈戈认为其来源于沙井文化[3]，而持不同观点的韩建业指出其源头在中亚阿姆河流域的萨帕利文化和瓦克什文化[4]。两位学者的观点都是基于新疆未发现早于公元前 2000 年的洞室墓，晚于甘青地区洞室墓的这个事实。本文同意韩之说法，甘青地区和伊犁河流域的偏洞室墓可能不是一个系统，从族属上看，甘青地区偏洞室墓是羌戎民族初创的一种墓葬形制。它与黄河中下游的仰韶文化、龙山文化、二里头文化及二里岗、殷墟周原等商周文化所盛行的竖穴墓形成鲜明的对比。

2. 与四坝文化渊源探讨

从近年发掘资料看，四坝文化较早源头应在黑河流域，不过谈及其渊源，马厂类型和齐家文化各自所扮演的角色，仍需新的考古资料证实。

五坝墓地共发现 6 座有龛墓，时代上除 1 座西城驿外，其余为马厂类型。特征上马厂类型带龛，4 座为脚龛，1 座为侧龛。相较之，东灰山墓地 249 座墓葬中，有龛墓 55 座，按其位置又分为端龛墓、侧龛墓和端侧龛墓三种，另外还有一种穴壁有龛、墓底有坑的龛坑墓，放置随葬品，形制较为复杂，追其源头，应是五坝墓地马厂期带龛墓给予的影响。另外，该墓地发现的 6 座偏洞室墓，在火烧沟四坝文化墓地被继承下来。葬式方面，该墓地小孩盛行典型的二次葬，同样在东灰山和干骨崖四坝文化墓地发现较多。

陶器特点上，早在民乐东灰山报告里已指出其 3 件器物具有马厂文化风格，并与永昌鸳鸯池墓地相关器物进行了比较，来说

[3] 陈戈：《新疆伊犁河流域文化初论》，《欧亚学刊》第二辑，中华书局，2000 年。

[4] 韩建业：《中国先秦洞室墓谱系初探》，《中国历史文物》2007 年第 4 期，20 页。

明四坝文化与马厂类型的渊源关系。五坝墓地简报中，半山、马厂、西城驿墓葬或多或少发现陶器（多为夹砂陶）腹部施两乳突，如 M44：17 夹砂罐，因此四坝文化典型陶器腹部施乳突特点应是继承半山、马厂类型而来。四坝文化夹砂陶器颈部通常附加一周或几周花边堆纹，在五坝墓地半山墓葬可见到其雏形。四坝文化有发达的器盖，如东灰山墓葬发现 248 件，依形态和器表装饰又分十型。在五坝墓地马厂墓葬就有少量发现，如 M48：2，可归到东灰山器盖 Aa 型。西城驿文化、四坝文化夹砂陶器肩腹部通常饰凸折线纹等特征，在五坝墓地半山、马厂陶器可见到其祖型。一些特有器如四坝文化里的四系罐同样在五坝墓地可见到，而四耳或双耳带盖罐这种典型四坝文化的特有器形，同样在兰州刘家坪马厂遗址有发现。彩陶构图上，如四坝典型的竖向宽带纹附加三道线纹的装饰在五坝墓地半山墓葬彩陶瓶可见到原型。另外从彩陶颈部所饰纹饰可看出一定的规律性，马厂类型器物腹部可见菱形网格纹，至西城驿文化菱形网格纹已移至器颈，很有特色。这种纹饰肩部往往另搭配锯齿纹，并间隔有圆窝来镶嵌一些装饰品。到四坝文化其颈部菱格纹内已填实，至最后通常又连成一线。此外，一些细部特征，如四坝文化器耳上贴圆饼状乳丁、颈部或肩部的圆窝等特征都是继承马厂类型而来。

由于河西马厂类型较之河湟地区该遗存年代提前结束，由东而来的齐家文化往往在河西地区遗址上与马厂类型共存，而同个遗迹单位里又多与西城驿遗存共存。因此在肯定四坝文化主流是马厂类型演变而来的情况下，齐家文化亦起到了一定的作用。事实上，四坝文化的不少器形及纹饰风格，都与齐家文化同类制品极其近似。如五坝墓地齐家墓葬 M45 出土绳纹罐（M45：1），另绳纹堆纹罐如皇娘娘台 T11：13、秦魏家 M86：1、齐家坪 M58：3 类似东灰山绳纹堆纹罐 M9：1、M181：2，可见四坝器物饰绳纹及口沿饰附加堆纹等特点都来源于齐家文化的影响。

五 学术价值

五坝墓地是黑水河流域继民乐东灰山遗址、张掖西城驿遗址后正式发掘的一处重要史前遗址。其内涵丰富，包括半山类型、马厂类型、齐家文化、西城驿文化，对于构建黑水河流域史前文化发展序列，乃至探索河西走廊地区史前各文化或类型间的相互关系提供了新的考古学资料。其中半山类型墓葬的发现，意义重大，对于其西界分布需重新认识。过去考古学界一般认为，半山类型墓葬以鸳鸯池遗址为代表，大致在永昌一线。此次发现无疑把半山类型的分布又向西推至民乐一线。

执笔：王永安

西河滩遗址

一　遗址概况

西河滩遗址位于甘肃省酒泉市清水镇中寨村，坐落于一条自南而北流向的季节性河流东岸二级阶地上（图一）。据我们调查得知，遗址面积约 180 万平方米。

为配合国家重点工程西气东输管道施工建设，甘肃省文物考古研究所与西北大学文博学院联合，于 2003 ～ 2005 年，对西河滩遗址进行了三次考古发掘（图二），揭露面积 11000 余平方米，同时进行了大范围考古钻探，取得了有意义的成果。

二　重要遗迹

西河滩遗址包括史前和汉至魏晋等几个时期的遗存。其中史前时期遗存为该遗址主体遗存，其发掘收获具有重要学术意义。

房屋基址共发掘 50 多座，有半地穴式和地面式两种。半地穴式房址平面皆呈长方形，

图一　遗址发掘前

图二　发掘现场

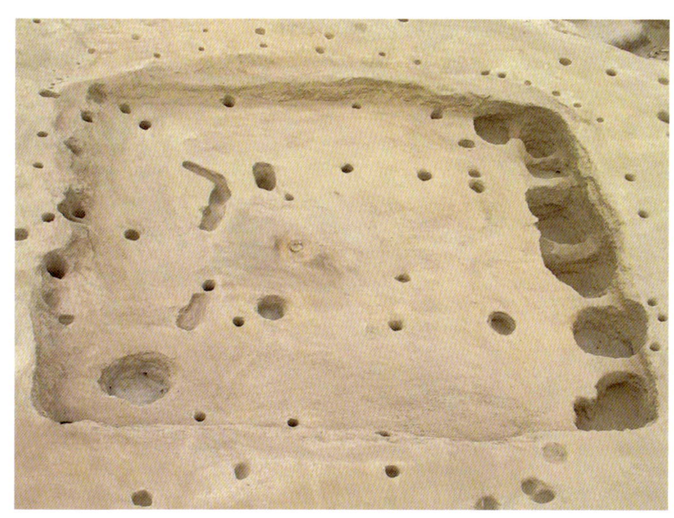

图三　半地穴式房屋基址

图四　地面式多间房屋基址

地穴深度在 0.25 ~ 0.6 米之间，室内地面均经硬化处理，并有一至数个烧烤坑和数个储藏坑。地穴周壁或外围排列有疏密不等的柱洞，多设有门道，门的朝向多为东、南（图三）。地面式房址平面形式较复杂，有长方形的单室，也有长方形主室附加半圆形或长方形后室和侧室的多室形式（图四）。地面式房址的地面也经硬化处理，墙体为木骨泥墙，房门亦多为东、南向，有的门开于北面者，在门前设有挡风墙。面积一般为 20 平方米左右，最大者超过 100 平方米，小的不足 10 平方米。有的做了组合式的安排（图五）。房屋排列有一定规律，说明是经过有意安排的。以往在戈壁沙漠地区的遗址发掘中，房屋基址仅有少量发现，使相关问题的研究存在一定困难。本次发掘的房屋遗迹，不但数量大、

图五　地面组合式房屋基址

图六　大型烧烤坑

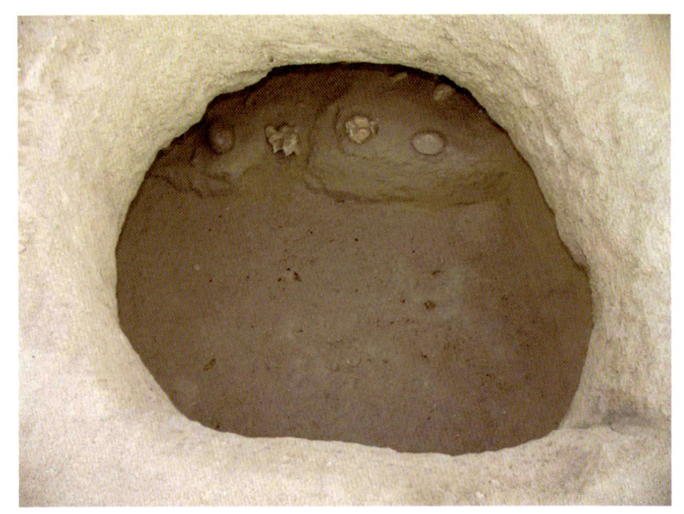

图七　袋状储藏坑

类型多样，而且收集信息全面，不能不说是一个重要突破。

发掘出400多个烧烤坑，形式多样，平面形状有圆形、长条形和不规则形，坑壁多内斜，平底或圜底。口径多为1米左右，大的有超过2米者，小型者有的不足0.2米。烧烤坑内一般保留有大量灰烬，坑壁多经烧烤而形成坚硬的红烧土层。坑内出土有陶器、石器和动物骨骼，有些动物骨骼被烧烤成黑色。有的坑内还埋有供生活储水的陶水缸（图六）。

发掘出储藏坑180多个，一般置于屋内，也有在户外的。有大、小型两类。小型者居多，作筒状，直径一般0.6米左右，深度0.6 ~ 0.8米。出土物有陶器、石器、骨器以及动物骨骼等，由此可知其功用主要是储藏日常生活类用品。在一座房屋旁边的一个储藏坑中，沿坑壁一侧高出于坑底约20厘米的台阶上，遗留较多的动物头骨、肋骨等，放

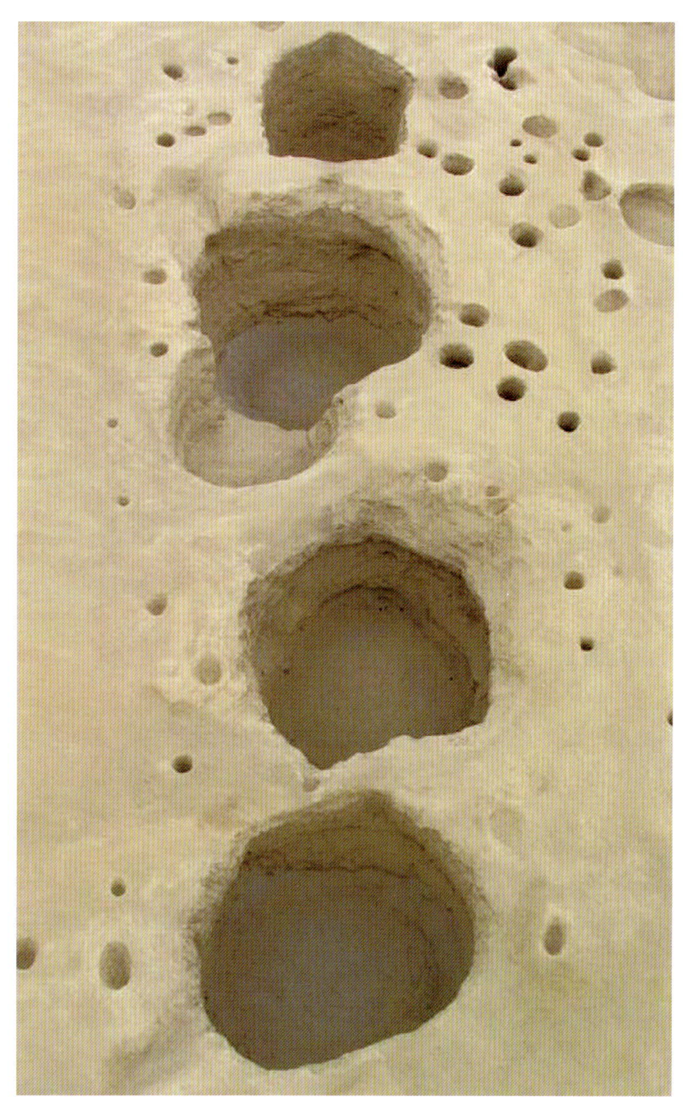

图八　仓库式储藏坑

图九　祭祀坑

图一〇　组合式陶窑

置有序，应是当时人储藏待用的肉食品未及取用而形成的遗存（图七）。大型储藏坑平面皆为圆形，直径多在2米左右，深度一般为1.5米左右。有数坑组合排列在一起的现象，大约为具有专门用途的仓库类储藏设施（图八）。如此多数量、多种类的储藏坑的发现，从一个侧面反映出史前西河滩人富有特色的生活方式。这是耐人寻味和有待深入研究的。

祭祀坑共发现20余个，皆设于房屋建筑内或其近旁，多以整羊或附带有陶器等器具埋祭（图九）。根据祭祀坑的位置推测，有的属于奠基性质，有的可能是由于某种宗教礼仪活动需要而设的祭祀坑。

陶窑发现有7座，其中以一组组合式陶窑最富特色，在一个坑口约2米 ×1.5米、深2米左右的长方形坑的西、北两边，设有窑室平面为圆形或不规则形的陶窑6座（图一〇）。窑内发现的陶器与该遗址其他各类遗迹中出土的大部分陶器风格一致，说明当时人们日常使用的陶器基本上是就地烧制的。陶窑散置于居住区内，未划分出专门的制陶区。对西北地区史前时期陶器制作的技术水平、生产规模、产品属性等方面问题的讨论，增添了有价值的新资料。

图一一　墓葬

图一二　牛蹄印遗迹

发掘墓葬5座，为竖穴土坑墓，墓主人骨骼较乱，应属于迁葬所致（图一一）。随葬器物有陶器、玉器、石器、骨器等。墓葬数量虽然不多，但保留下了当时埋葬习俗等方面的宝贵信息。

畜圈遗存发现于遗址北部居住区近旁，在面积约200平方米的范围内，分布着密集的牛、羊蹄印，周围有数量较多的柱洞（图一二），我们认为这很可能是当时圈养牲畜的畜圈遗存。为我们了解和认识史前西河滩人的经济生活方式，进而探讨古代家畜饲养发展情况以及与之相关的问题，提供了珍贵信息。

图一三　双耳彩陶罐

三　主要遗物

发掘出土大量的陶器和陶片。陶质以夹砂陶为主，泥质陶少见；多为褐色陶，其次有红陶及橙色陶等。素面陶比例较大，有一定数量的彩陶。器类以罐最常见，其中夹砂褐陶鼓腹双耳罐数量最多，其次为双耳或单耳彩陶罐及器盖（图一三至一六），还有单耳彩陶杯、彩陶盆、纺轮等。彩陶大致可分为白地红彩和红地黑彩两大类，花纹常见三角折线、横直线、短直斜线以及三角形等几何纹样（图一七），有些彩陶的器表打磨光亮，堪称精美。石器出土数量众多，主要是细石器，有石叶、刮削器、尖状器等，制作精致。大型石器中有打制的石斧（图一八）、盘状器及磨制石刀、石凿、石纺轮。骨器也有较多出土，如复合工具的刀柄（图一九）等。并发现有少量铜器残块（图二〇）。

图一四　双耳彩陶罐

四　学术价值

陶器等文化遗物反映出，西河滩史前时期遗存包含有马厂类型文化因素、齐家文化因素、四坝文化因素和西河滩史前遗存的

图一五 双耳陶罐

图一六 单耳陶罐

图一七 彩陶片

图一八 长柄石斧

图一九 骨刀柄

本土因素，其中以西河滩本土因素为主。四坝文化是主要分布于河西走廊西部的早期青铜时代的考古学文化，年代约为公元前2千纪至前1千纪中叶，其文化特性与文化渊源等为学术界所关注。有观点认为，四坝文化是在马厂类型的基础上，吸收齐家文化某些因素发展而来。西河滩史前遗存似显示出其由河西马厂类型向四坝文化的过渡性形态，具有一定特色。此类文化遗存在河西走廊西部地区有较普遍发现，而西河滩遗址的此类遗存最为丰富，因此，我们提出西河滩遗存的概念，用于指代较广泛分布于河西走廊西部地区的此类考古学文化遗存。西河滩遗址是河西走廊西部首次发掘的一处史前大型聚落遗址。其规模之大、文化内涵之丰富，为我国西北戈壁沙漠地区所少见。对河西走廊史前考古学文化谱系的建立，进而全面认识我国西北地区史前考古学文化的类型与分布等，提供了新的重要资料。同时它也是西北地区聚落考古研究的一个难得的典型案例。通过该遗址的发掘，还为今后客观地认识我国西北部戈壁沙漠地区古代遗址的状况及其内涵，包括发掘方法方面，均获得了启示性的积累，具有学术史的意义。

图二〇 铜器残块

执笔：赵丛苍

磨咀子遗址

一 遗址概况

磨咀子遗址位于甘肃省武威市凉州区新华乡缠山村磨咀子村南500米。墓葬分布在一片土山形成的丘陵台地上，汉代墓群多分布在二级台地上。南北长约1000、东西宽约700米，面积约70万平方米。遗址南邻杂木河，西有高山环抱。1956年3月，磨咀子遗址被甘肃省文管会兰新铁路文物清理组发现[1]。磨咀子遗址除了汉代以降的墓葬外，还有新石器时代马家窑文化马家窑和马厂时期的遗址[2]。2013年被国务院公布为第七批国宝单位。

1956年，甘肃省博物馆考古队在磨咀子遗址调查中采集到了马家窑及马厂类型遗址的陶片标本。马家窑期遗存仅有遗物而无灰层，主要有彩陶片和夹粗砂红陶片。马厂期有灰层，但遗存甚少，且堆积较薄，除彩陶片、夹粗砂红陶片和夹细砂灰陶片外，还有木炭、朽木、毛草结物、草绳[3]。文化层厚约1.2米。采集有夹砂、泥质红陶片及彩陶片，

[1] 党国栋：《武威县磨嘴子古墓清理记要》，《文物参考资料》1958年第11期。

[2] 甘肃省文物考古研究所、日本秋田县埋藏文化财中心、甘肃省博物馆：《2003年甘肃武威磨咀子墓地发掘简报》，《考古与文物》2012年第5期。

[3] 甘肃省博物馆：《甘肃武威郭家庄和磨咀子遗址调查记》，《考古》1959年第11期。

图一 2003年发掘区全景（西—东）

图二　2004 年发掘区Ⅰ区全景

多为素面或饰附加堆纹，彩陶纹样有圆圈纹、菱形纹、变体蛙纹等，器形有罐、钵、盆等[4]。

1955 ~ 1957、1972 年，甘肃省博物馆仅对汉代墓葬区进行了考古发掘，先后共清理了 72 座墓，有土洞墓和砖室墓。出土有竹、木简，陶、木、漆器及丝织物等大量文物。其中尤以 26 枚“王杖诏书令”木简、“王杖十简”、《礼仪》简、推算天文历数的木质仪器式盘及木鸠鸟更为珍贵。还出土了 200 多件木俑雕刻品，反映了汉代木雕工艺的水平相当高超[5]。

2000 年，甘肃省人民政府与日本秋田县签订了“十年文化交流”的协定。经国家文物局批准，自 2003 ~ 2005 年，由甘肃省文物考古研究所、甘肃省博物馆、日本秋田县埋藏文化财中心与武威市考古研究所组成联合考古发掘队，历时 3 年，有效发掘日约 200 天，对磨咀子遗址进行了考古发掘（图一、二）。

二　主要遗迹

本次发掘面积共计 800 平方米，发现遗迹 208 个。其中带斜坡墓道的土洞墓 32 座、竖穴土坑墓 71 座、瓮棺葬 26 座、灰坑 71 个、窑址 8 个。

1. 带斜坡墓道土洞墓

由墓道、墓门、照墙、甬道和墓室五部分组成。墓道均为长方形斜坡墓道，墓向多朝东或朝西，也有少量朝南或朝北。墓道填土为花土，其中包含物有大石块、小石子等。照墙多斜直，墙面较平整，照墙下面紧贴的是墓门，位于墓道底部，墓门顶部多呈拱形。墓门和墓室之间由甬道连接。墓室平面多呈长方形，底部较平整，有的墓室有塌落，墓室内四壁较平整，个别墓室壁上有彩绘。多为双人合葬墓，也有单人墓。仰身直肢葬。大部分有木棺。随葬品有泥质红陶器、泥质灰陶器、釉陶器、漆木器、铜器、铁器、竹编器、琉璃玛瑙串珠及种子等（图三、四）。

2. 竖穴土坑墓

主要为马厂类型墓葬，也有少量汉以后的墓葬。大多数墓坑长、宽仅能容纳一人仰

[4] 国家文物局：《中国文物地图集 · 甘肃分册（下）》，测绘出版社，2011 年。

[5] 国家文物局：《中国文物地图集 · 甘肃分册（下）》，测绘出版社，2011 年。

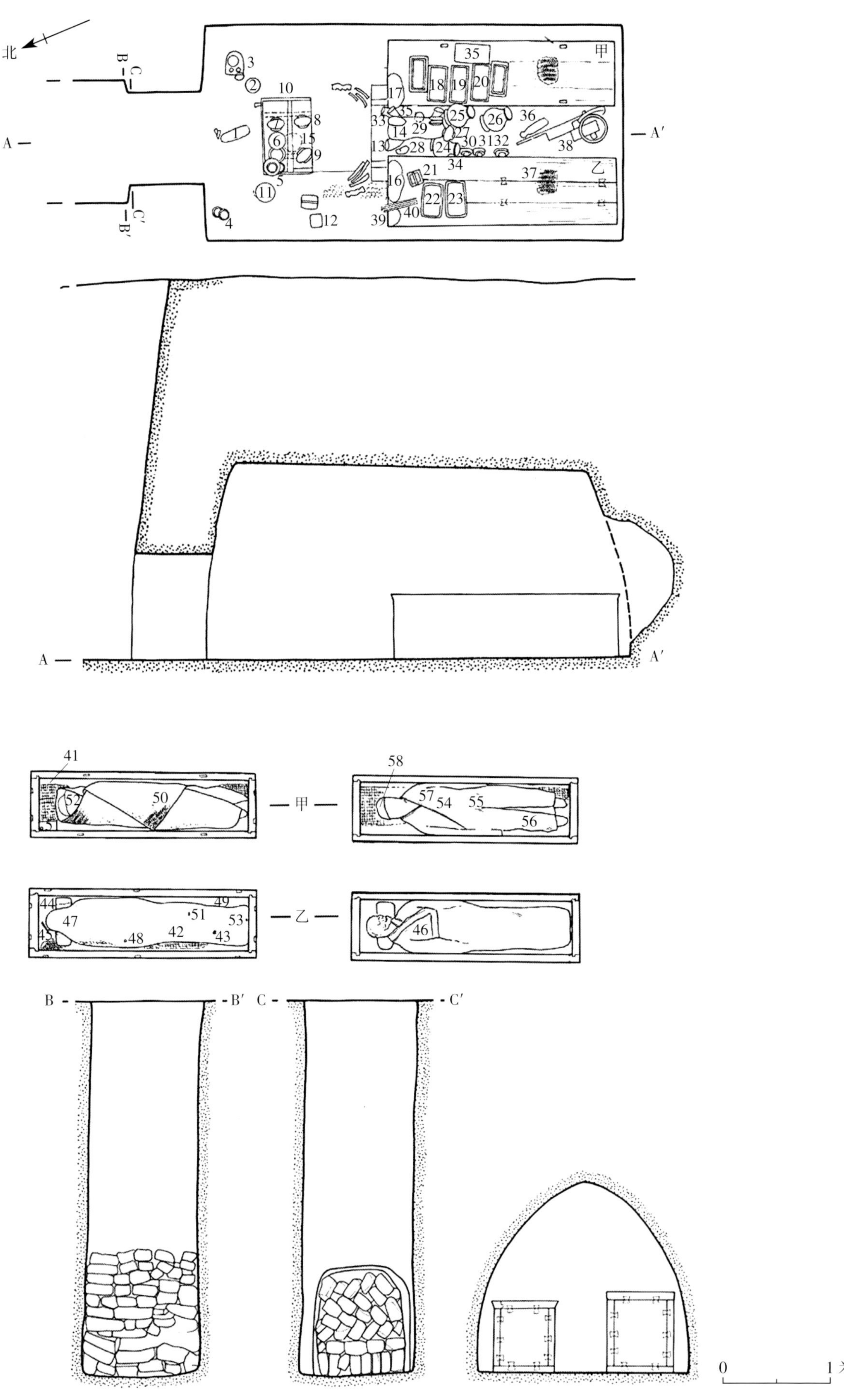

北
甲
乙
A
A′
B
B′
C
C′
0
1米

图三　2003 年磨咀子 M6 平、剖面图及出土器物

1. 独角兽　2、11、15. 陶碗　3. 陶灶　4、5. 三足陶罐　6. 陶樽　7 ~ 9、27. 漆耳杯　10. 漆盘　12. 陶仓　13. 木几　14. 木马　16、17. 种子、丝绸　18、19、20. 漆盒　21. 木鸡　22、23. 竹盒　24 ~ 26. 陶壶　28. 木狗　29. 博山炉　30 ~ 32、34. 木俑　33. 铜衔　35. 木车挡板　36. 木牛　37、49. 种子　38. 木车　39. 丝绸　40. 麦秆　41、42. 竹席卷　43、51、53. 铜钱　44. 耳珰　45. 竹发卡　46. 衣　47、52. 覆面　48、54、55. 麻衣　50、57. 棉衣　56. 棉裤　58. 帽

图四　2003 年磨咀子 M6 墓室

图五　2004 年发掘区Ⅰ区 M28

图六　2004 年发掘区Ⅰ区 W21

身直肢葬。人骨架大部分有扰动或迁葬的迹象。多无随葬品，仅少量墓葬有一两件陶器随葬，随葬品一般放置在墓主人的头骨两侧（图五）。

3. 瓮棺葬

葬具为泥质红陶或夹细砂红陶瓮，也有部分为彩陶瓮。埋葬方法为先挖一圆形坑，将罐口朝下或朝上，口朝下的罐先将底部削下，再将底覆其上（图六）；口朝上的未发现覆盖物。由于只在一座瓮棺内发现了幼儿骨骼，其余均无骨骼痕迹，故这些埋藏的瓮是不是瓮棺葬具，有待进一步研究。

图七　陶器

1. 小口彩陶瓮（04WM Ⅰ M9：1）　2. 双耳彩陶罐（04WM Ⅰ M7：1）　3. 双耳带流彩陶罐（04WM Ⅰ M68：1）　4. 单耳彩陶杯（04WM Ⅰ M78：1）　5. 双耳红陶罐（04WM Ⅰ M57：1）

4. 灰坑及窑址

灰坑均为马厂时期遗迹，多为不规则椭圆形袋状，也有少量其他不规则形状的灰坑。有少量包含物，主要为夹砂红陶片、彩陶片和兽骨等。

共发现 8 座窑址，均位于 2005 年发掘Ⅲ区。Ⅲ区为现代墓区，因现代取土使地表遭到严重破坏。这 8 座窑址开口距地表非常浅，故遭到严重破坏，仅残存窑底局部，结构不清。

三　主要遗物

马厂类型遗迹出土可复原器物有彩陶器 25 件、夹砂红陶器 32 件、夹砂灰陶器 4 件，

图八 陶器

1. 釉陶壶（03WMM18：3） 2. 红陶壶（03WMM9：14） 3. 灰陶壶（03WMM14：5） 4. 釉陶壶（03WMM6：26） 5. 釉陶仓（03WMM6：12） 6. 釉陶灶（03WMM6：3）

还有少量的石器、细石器和骨器。彩陶有小口瓮、双耳罐、单耳杯、双耳带流罐等。夹砂红陶主要有双耳罐、钵等，陶色不均匀，有烟炱。彩绘以黑色单彩最多，也有少量黑红复彩。彩绘图案多为圆圈纹、折线纹、菱形网格纹、方块纹、斜线纹、波浪纹等。纹饰主要绘制在口沿内侧、领部和上腹部。有的夹砂红陶双耳罐口沿外侧有附加堆纹（图七）。

汉代墓葬出土随葬品共计 1231 件，其中陶器 289 件、漆木器 120 件（大部分已残朽）、铜器 12 组、铜钱约 800 枚、铁器 10 件（多已残朽），还有少量琉璃玛瑙串珠和丝织物。陶器以釉陶为主，也有泥质红陶器、泥质灰陶器。釉陶主要以黄绿釉陶壶、奁、耳杯、仓、井、灶、炉等为主。釉陶除了底部外，外壁通体施釉，釉料薄厚均匀，有透

图九　彩绘木马（03WMM6：14）

图一〇　木器

1. 彩绘木鸟（03WMM6：21）　2. 彩绘木俑（03WMM6：30）

图一一　其他器物

1. 日光铜镜（03WMM12：19）　2. 铜镳斗（03WMM11：6）　3. 竹编筐（03WMM12：11）　4. 琉璃、玛瑙串珠（03WMM11：5）

明玻璃质感，部分绿釉陶器出土后呈现不同程度返碱现象，表面泛白，多数口沿或底部有明显的支烧点痕迹。泥质红陶器和灰陶器均为素面陶，器形古朴自然，器物种类和釉陶器相似（图八）。漆木器也占有一定比例，主要有彩绘木几、案、木马、独角兽、牛车、狗、鸡、斑鸠、梳、犁及人俑等（图九、一〇）。青铜器比较少见，器类有弩机、镳斗、釜、镜、车马构件及铜钱。丝织品以随葬衣物为主。其他器物有竹编筐、玛瑙琉璃串珠等（图一一）。

四　主要认识

通过三个年度的发掘，我们对磨咀子遗址及墓群有了更深入的认识。该遗址除了有汉代墓群外，还有马厂类型的墓群及聚落。

马厂类型墓群的最大特点是随葬品极少或没有，多数墓葬骨架零乱或缺失，有些墓葬甚至只有墓穴，空无一物。普遍存在扰乱和迁葬的现象。瓮棺葬所有葬具均为小口瓮，口朝下埋葬居多，在26座瓮棺中，只发现1座有幼儿骨骸。这26座瓮棺有的坑口清楚，有的则无法找到与之对应的遗迹，似为置于当时的地表。灰坑为袋状，其底部及壁面都较平整坚硬。根据出土遗物分析，其和马厂类型第二期遗存[6]——青海柳湾、永昌鸳

[6] 李水城：《半山与马厂彩陶研究》，北京大学出版社，1998年。

鸯池等遗址所出器物最为相似，故武威磨咀子马厂类型遗迹的相对年代应归为马厂类型第二期。

汉墓均为带斜坡墓道的土洞墓，由墓道、照墙、墓门、甬道和墓室五部分组成。墓室平面多为长方形，个别也有圆角长方形。仅 M3 以白灰涂抹四壁，且有壁画，其余墓穴未见有修饰。多为一男一女双人合葬墓，仅 M9 一座墓葬为两女一男的三人合葬墓。均为仰身直肢葬。有木棺，棺板之间由蝴蝶榫卯连接。墓葬的结构和出土随葬品均符合西汉晚期至东汉中晚期时代墓葬的特征。

五　学术价值

通过对磨咀子遗址及墓群的发掘，为武威地区新石器时代马家窑文化的研究补充了新资料，对更全面的研究马厂类型在河西走廊的传播情况和文化面貌有重要意义。汉代墓葬较全面地揭示了武威地区在两汉时期，尤其是王莽时期的墓葬结构、随葬制度以及葬式、葬俗等特点，为研究河西地区两汉时期的墓葬，随葬器物的组合及演变提供了丰富的资料。

执笔：魏美丽　赵雪野

[第三章]

河西走廊早期矿冶考古发现

河西走廊西衔中亚、东接中原，其间绿洲相连，境内有丰富的早期文化遗存。其北为天山—北山成矿省，南为祁连成矿省，境内矿产资源丰富。一系列优势为早期矿冶技术在该地区的发生和发展提供了得天独厚的条件。自 2007 年以来，甘肃省文物考古研究所联合多家单位，利用多学科方法，以冶金遗址和玉矿遗址为主要对象，开展了多年调查发掘与研究工作。

西城驿遗址

河西走廊东起乌鞘岭，西至甘新交界处，是一条位于祁连山与走廊北山之间的带状高平原，因处于黄河以西而得名。在行政区划上基本涵盖武威市、金昌市、张掖市、酒泉市、嘉峪关市及其下属县、区。走廊西衔中亚、东接中原，其间绿洲相连，境内有着丰富的早期文化遗存，是我国新石器时代和青铜时代考古学文化形成和发展的主要区域，也是早期文化相互交流和传播的重要通道。走廊自东至西，依次为石羊河、黑河、疏勒河三大内陆河水系，各水系干流明确，支流众多，水量丰沛，贯穿走廊南北。其北为天山—北山成矿省，南为祁连成矿省，境内矿产资源丰富。一系列优势为早期矿冶技术在

图一　发掘全景

该地区的发生和发展提供了得天独厚的条件。

为了探讨中国早期冶金技术及早期中西文化交流，认识河西走廊地区新石器时代至早期铁器时代文化的演进模式以及早期冶金在社会复杂化进程和文明起源研究中的作用等问题，2007 ~ 2008 年，甘肃省文物考古研究所和北京科技大学联合开展了河西走廊早期冶金遗址调查与研究工作。2010 年以来，甘肃省文物考古研究所与中国社会科学院考古研究所、西北大学、北京科技大学等联合开展了“河西走廊早期冶金遗址调查、发掘与研究”项目，对张掖西城驿遗址进行了八个年度的发掘。

一　遗址概况

西城驿遗址地处河西走廊中部、黑河流域中游，位于张掖市甘州区明永乡东北部，紧邻 312 国道，东距黑河 10 千米，是黑水国遗址群的重要组成部分。黑水国遗址是一处由西城驿史前遗址、汉代建筑遗址、南城遗址、北城遗址、古屯庄遗址、古建筑遗址以及古寺院遗址等七处不同年代、不同性质的遗址组成的全国重点文物保护单位。

通过对西城驿遗址的初步调查，确定其范围为 35 万平方米，以发掘区为中心，多次进行勘探，勘探面积约 66 万平方米，发现墓葬、灰坑、房址等遗迹现象 476 处。至 2017 年，发掘面积 5100 平方米（图一），共清理遗迹单位 929 处，其中房址 127 座、灰坑 701 处、墓葬 22 座、灰沟 39 条、墙体 24 处、烧面 16 处。出土陶器、石器、骨器、铜器、玉器及冶金遗物、动植物标本等 2000 余件（组）。

二　主要发现

1. 一期

一期遗迹单位较为单一，主要有灰坑和房屋两类。灰坑多为袋状坑，形制较为规整。房址均为半地穴式房屋，有圆形和方形两种，其中方形较多。F65，未能全面揭露，东北部、西南部被灰坑打破，平面近方形。整体为方形浅坑，由泥片筑成的矮墙将内部分隔成多间结构。矮墙表面较光滑，为花土，分层，系泥片分段筑成，每段长 34 ~ 45、宽 32 ~ 44 厘米。矮墙附近有立柱支撑屋顶。从倒塌堆积推测应是先搭木架，然后铺草席或秸秆，再抹泥以形成屋顶。房屋居住面为一层红黏土，土质非常致密，厚 5 ~ 10 厘米。地面上存留有碎陶罐（图二）。

遗物有陶器、石器、骨器及粟、黍等炭化作物，并发现少量炼铜炉渣。陶器多为泥质红陶或夹砂褐陶，泥条盘筑，主要为盆、壶、罐等（图三）。石器主要有石刀、石球、研磨棒、砍砸器等，玉器有斧和玉料，骨器主要有骨针、锥、铲等。同时出土鉴定有粟、黍等炭化作物。目前尚没有发现这一时期的铜器，但发现少量炼铜渣。

2. 二期

二期遗迹主要有半地穴式房屋、地面立柱式房屋、土坯房屋、陶窑、灰坑、灰沟、灶坑、墓葬等。灰坑在这一时期的遗迹单位中占有最大比重，有袋状、桶状、锅底状及不规则形坑。

图二　F65

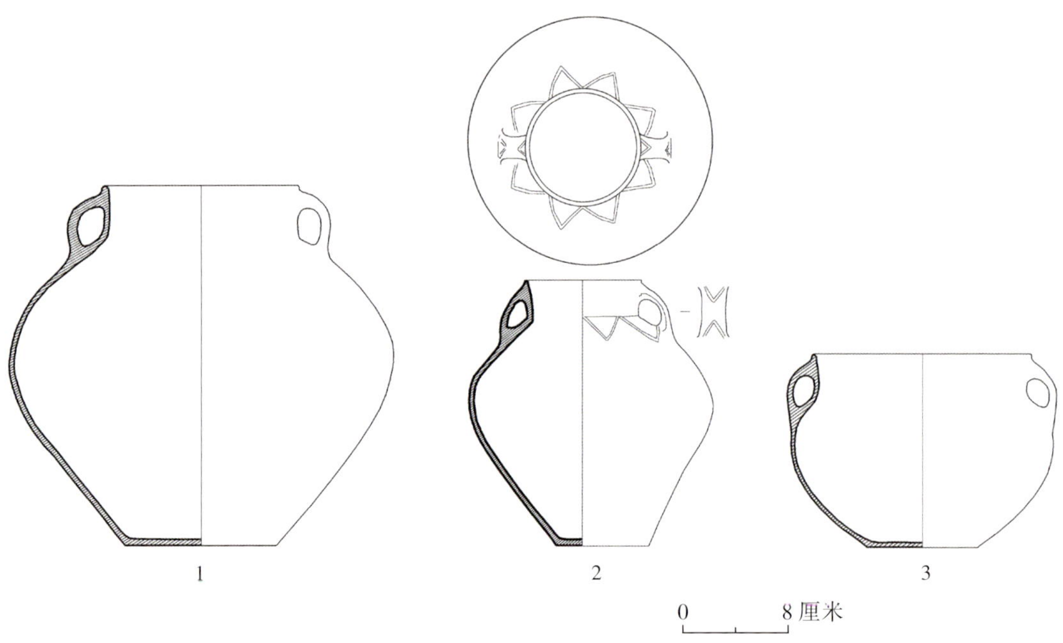

图三　F65出土陶器

1、2. 双耳罐（F65：1、F65：2） 3. 双耳盆（F65：3）

房屋主要有半地穴式、地面立柱式、土坯建筑三类。半地穴式房屋主要集中在二期早段。地面立柱式房屋平面多为方形，有单间和多间结构两种。多呈西北—东南向，门道朝向东南。其建筑方式是先垫地面，再挖柱洞，然后立柱，上部结构尚不明确。残留有柱洞、活动面、火烧面、活动堆积等，有些房间内还残留有储藏坑、储藏罐等。活动面多为红色黏土，土质致密。土坯房屋从平面形状来看有方形和圆形两种，圆形房屋多为单间，方形房屋有单间和多室结构两种。其建筑方式是垫面—挖基槽—垫墙基—起坯，上部建筑形制尚不能确定。从部分房屋残存的形制来看，很可能是土坯砌成矮墙后在墙上立柱，之后搭棚。部分房屋有大型承重柱础，局部以土坯平铺地面。个别墙体基槽内埋有石刀、石斧、陶纺轮及动物骨骼等。

墓葬多集中在二期晚段，均位于居住区内，部分在房址内，多顺墙体挖穴埋藏。皆为方形竖穴土坑墓，个别墓葬有头龛、脚龛或侧龛。以单人葬为主，以儿童墓为多，儿童墓随葬品较成人墓更为丰富，在部分墓中发现随葬有玉石块。发现有在灰坑中埋葬的情况。H646，平面近椭圆形，东北部被 H511 打破。斜直壁，壁面未有加工痕迹（图四）。底部较平整，剖面呈筒状。口部长径 2.3、短径 1.24 米，底部长径 2.1、短径 1.14 米，深 0.34 米。坑内东北部埋藏人骨 1 具，埋葬方式较为特殊，尾椎骨以下部分被折至头骨方向，头骨叠压于股骨之下。西南部出土有西城驿时期陶罐 3 件，器形完整，摆放整齐。坑内水平堆积一层绿色灰土，土质较疏松，包含大量炭屑，厚 30 ~ 34 厘米，出土陶片、动物骨骼等遗物。

二期陶器器类较为丰富，文化因素也较为复杂。可分为四组，其中以二、三组为主。第一组多为泥质红陶或夹砂褐陶，采用泥条盘筑制作。器形主要为彩陶盆和双耳罐。彩陶盆均为泥质红陶，紫红陶衣，内外饰黑彩，为马厂文化遗存（图五）。第二组以橙黄陶为主，有少量灰陶，泥质陶（夹细砂）与夹粗砂陶各占一定比例，陶质坚硬，有平底器、三足器，多采用泥条盘筑法制作，部分经慢轮修整。器形主要有双大耳罐、高领罐、

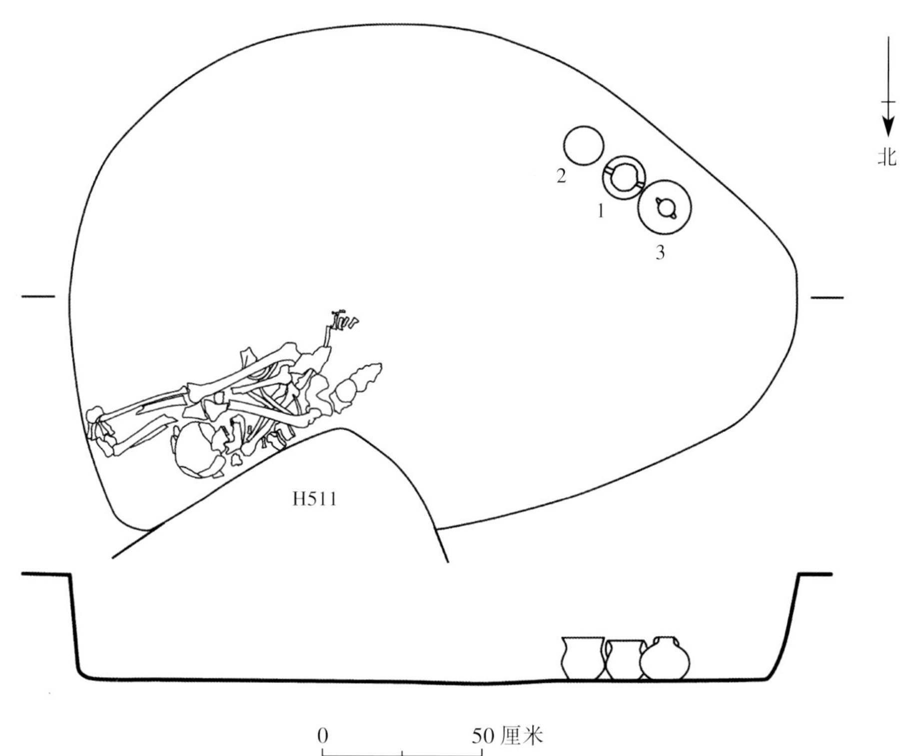

图四　H646 平、剖面图
1 ~ 3. 陶罐

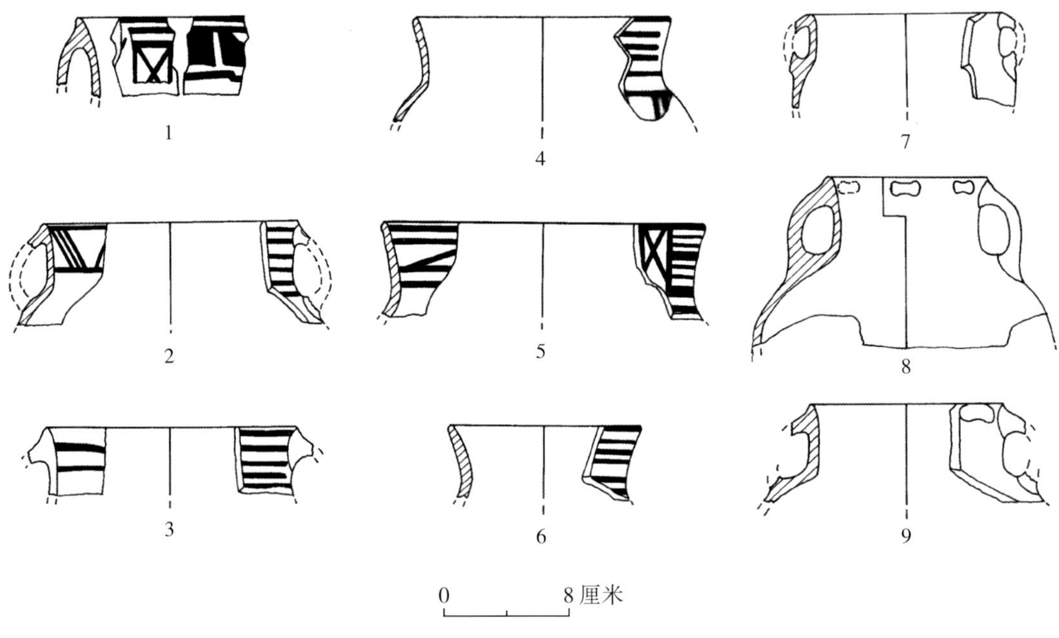

图五　马厂文化陶器

1～3. 双颈耳盆（T0301⑧c：p1、T0301H23③：p1、T0101⑦c：p1）　4～6. 无耳盆（T0301⑧c：p2、T0101⑧a：p1、T0301H8⑤：p6）　7. 无盲耳双耳罐（T0301⑩b：p2）　8、9. 有盲耳双耳罐（T0301H24①：p1、T0301H20①：p6）

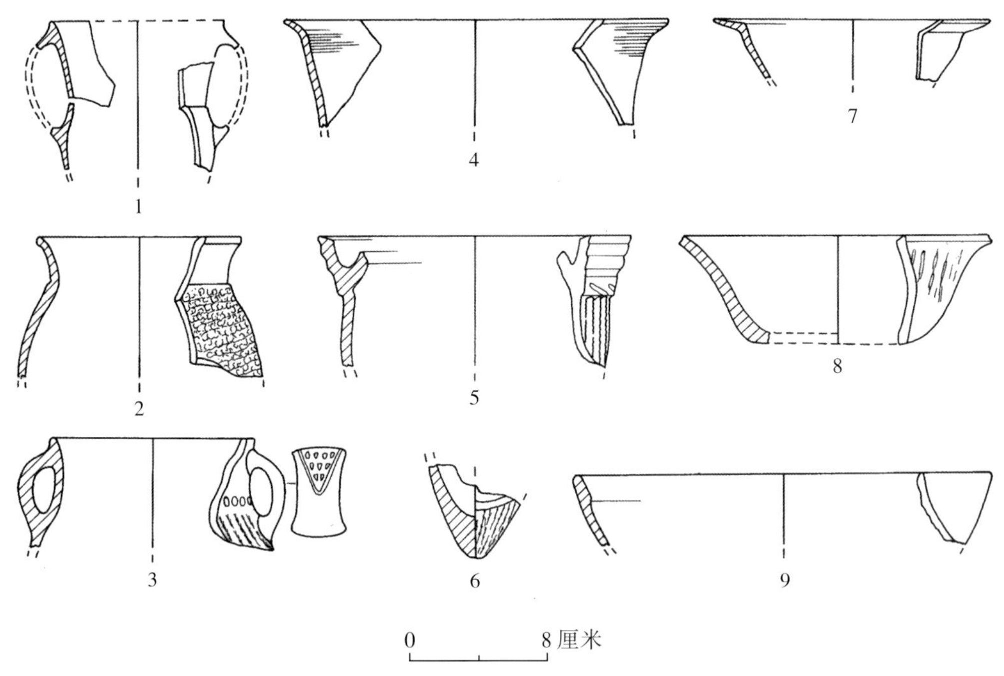

图六　齐家文化陶器

1. 大双耳罐（T0301H23③：p3）　2. 侈口罐（T0301H15④：p1）　3. 双耳罐（T0301H8⑤：p1）　4. 高领罐（T0301H15②：p4）　5. 子母口罐（H20③：p1）　6. 器足（T0301H8⑤：p10）　7～9. 盆（T0301H15①：p3、T0301⑦d：p7、T0301⑦c：p3）

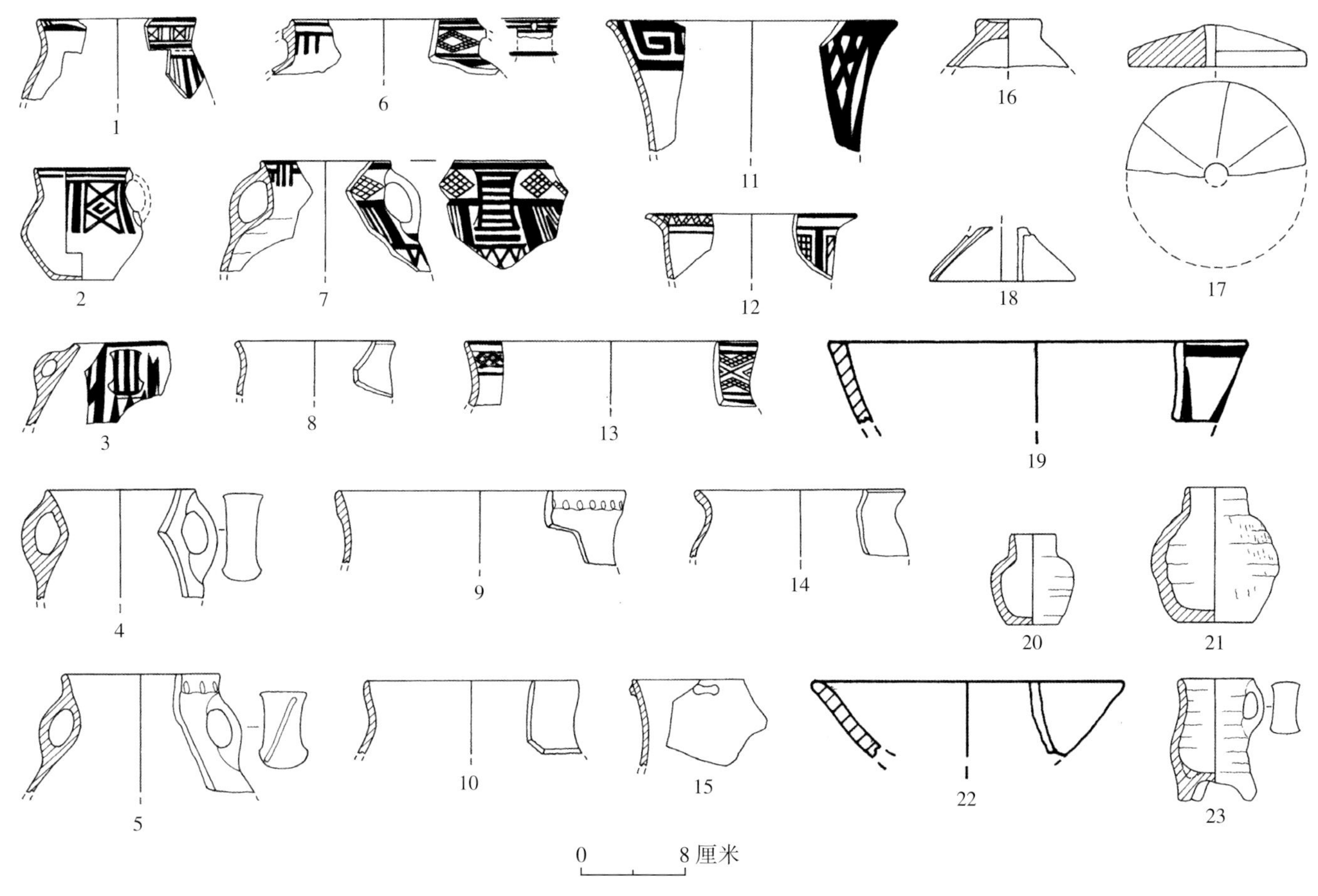

图七　西城驿文化陶器

1. 彩陶罐（T0301⑩b：p1）　2. 彩陶单耳罐（M4：1）　3、6、7. 彩陶双耳罐（T0301H20④：p5、T0301H8⑥：p1、T0301H8⑥：p4）　4、5. 双耳罐（H20：p1、T0301⑥d：p7）　8、13、19. 彩陶盆（T0301⑤b：p5、T0301⑦d：p1、T0301⑦a：p1）　9. 凸棱罐（T0301⑥e：p1）　10、15. 侈口罐（T0301⑥c：p3、T0301⑧b：p1）　11、12. 彩陶壶（T0301⑥b：p1、T0301⑥d：p6）　14、22. 盆（T0301⑨a：p1、T0301⑧b：p3）　16. 器盖（T0301H23⑧：p6）　17. 纺轮（T0302H8⑤：p12）　18. 器座（T0301H23⑧：p5）　20、21. 小罐（T0202⑤a：10、T0202H7①：1）　23. 斝（M4：2）

双耳罐、侈口罐、子母口罐、盆、器足等。纹饰以绳纹、篮纹为主，为齐家文化遗存（图六）。第三组为彩陶，泥质或夹细砂红陶，施黑彩，为手制。与耳对应的最大腹径两侧各有一乳突。在彩陶罐颈肩部及耳部有小圆坑，用以镶嵌装饰品。口沿内侧及器表饰彩，纹饰多为横道平行线、条带纹，竖道条、带纹组合，菱形格纹、菱形块纹、“X”形纹、对三角纹等。夹粗砂陶为红褐色，多素面，部分饰刻划纹、戳印纹、附加堆纹、绳纹等。器形主要有彩陶罐、彩陶双耳罐、彩陶单耳罐、彩陶壶、彩陶盆、双耳罐、凸棱罐、侈口罐、盆、器盖、纺轮以及少量三足器等，为西城驿文化遗存（图七）。第四组多为夹细砂红陶，施紫红陶衣，饰黑彩，黑彩浓厚，略凸出于器表。器形主要为彩陶盆、彩陶罐，为具有四坝文化风格的遗存（图八）。

石器主要有刀、斧、锛、球、镞、刮削器等。玉器主要有斧、绿松石珠等，并出土有玉料、绿松石料。骨器主要有骨针、骨锥、骨珠、骨饰等。冶金遗物较为丰富，除铜锥、铜环、铜泡、铜管等铜器外，还出土有石镜范、矿石（图九）、炉渣（图一〇）、炉壁残块、鼓风管等。炭化作物经鉴定主要有小麦、大麦、粟、黍等（图一一至一四）。

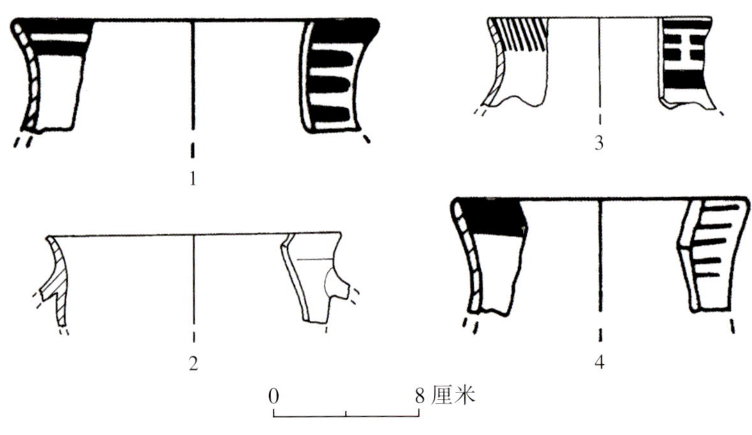

图八　四坝文化陶器

1、3、4. 彩陶罐（T0301⑤b：p4、T0301⑥c：p1、T0301⑤a：p3）　2. 彩陶盆（T0301⑥c：p5）

图九　出土矿石

图一〇　出土炉渣

图一一　出土炭化粟粒

图一二　出土炭化黍粒

图一三　出土炭化大麦粒

图一四　出土炭化小麦粒

3. 三期

三期遗存种类与二期基本相同。遗迹以房屋、灰坑、墓葬为主，房屋仅见地面立柱式和土坯建筑，基本延续了二期的建筑方式及房屋形制。F81，为 5 间结构的土坯建筑，整体呈西北—东南向，北部 1 间、南部 4 间，依次编号为Ⅰ～Ⅴ室（图一五）。Ⅰ室平面呈方形，由于被晚期的 F88 打破，西墙、南墙保存稍差。南墙残存部分与Ⅱ室相连通。北墙和东墙连接最为紧密，转角处微显弧度。而北墙与西墙连接有缺环，可能为后期破坏所致。东墙与Ⅱ室北部墙体之间有缺口，推测为进入Ⅲ室的通道。西墙长 2.8、宽 0.22 ～ 0.32、残高 0.08 米，北墙长 3.2、宽 0.24 ～ 0.32、残高 0.02 米，东墙长 3.5、宽 0.14 ～ 0.3、残高 0.02 米，面积约 10.8 平方米。Ⅱ室平面呈圆形，北部墙体保存较差，有缺口与Ⅰ室相连通。东北部同样有缺口，可以进入Ⅲ室。在房间南部墙体有一缺口，且缺口两侧有两块土坯向房址内转折，根据房间整体形制，推测该缺口为门道，方向为 137°，宽约 0.6 米。直径 4.6 米，墙体宽 0.2 ～ 0.3、残高 0.03 ～ 0.1 米，面积 16.6 平方米。室内中部偏南的位置有一砖红色的火烧面。活动面上残存有陶器底、陶纺轮、大量碎陶片及石器、铜渣等。Ⅲ室平面呈长方形，位于Ⅰ室、Ⅱ室东侧，由两道东西向南北分布的平行墙体组成，东西为缺口联通Ⅰ、Ⅱ及Ⅳ室。北墙保存较好，被晚期 F75 的柱洞打破，南墙保存较差，活动面以上部分已不存。北墙长 3.8、宽 0.18 ～ 0.22、残高 0.02 米，南墙长 3.65、宽 0.2 ～ 0.28、残高 0.01 米，面积约 4.5 平方米。Ⅳ室平面呈长方形，东南部被晚期冲沟 G24 破坏，南墙和东墙保存较差。北墙长 4.4、宽 0.22 ～ 0.28、残高 0.02 米，西墙长 5.2、宽 0.28 ～ 0.32、残高 0.02 米，南墙残长 1.2、宽约 0.24、残高 0.01 米，

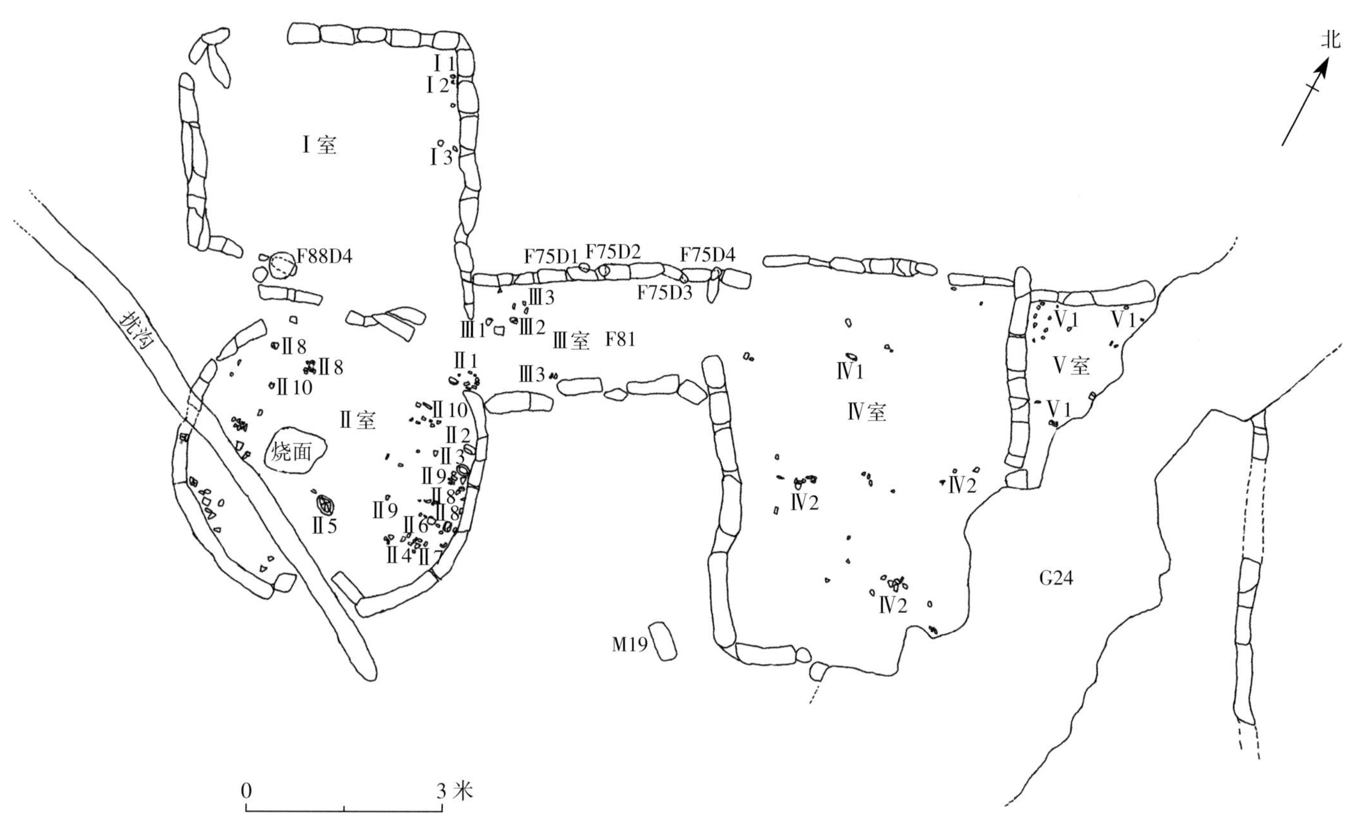

图一五　F81平面图

Ⅰ1. 石块　Ⅰ2. 骨骼　Ⅰ3. 陶片　Ⅱ1～6. 陶器底　Ⅱ7. 陶纺轮　Ⅱ8. 石块　Ⅱ9. 铜渣　Ⅱ10. 骨骼　Ⅱ11. 陶片　Ⅲ1. 石器　Ⅲ2. 穿孔陶片　Ⅲ3. 陶片　Ⅳ1. 石器　Ⅳ2. 陶片　Ⅴ1. 陶片

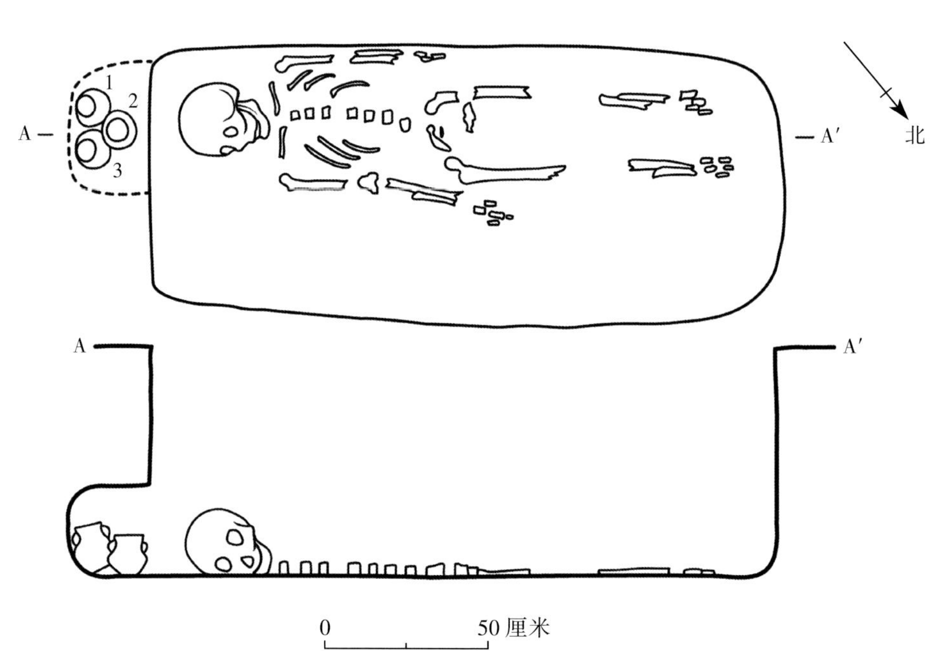

图一六　M22平、剖面图

1～3. 陶双耳罐

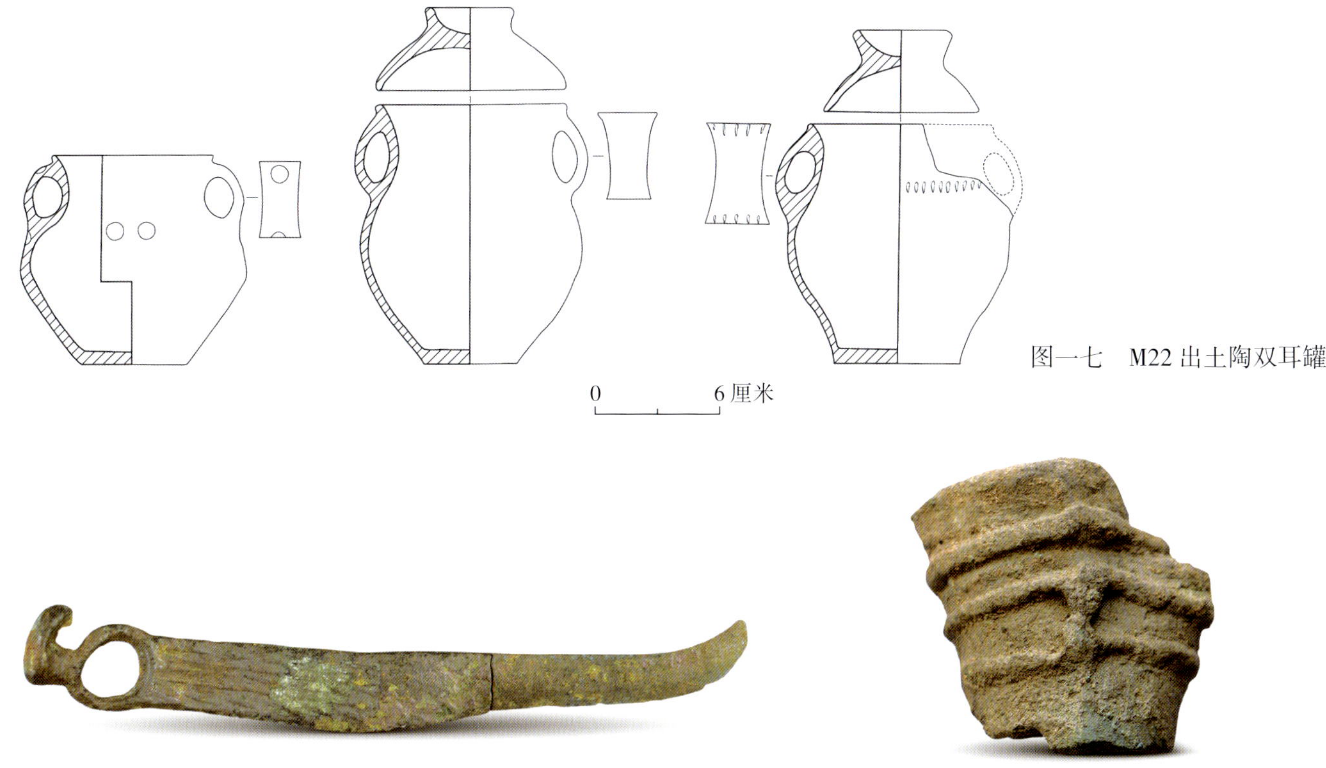

图一七　M22出土陶双耳罐

图一八　出土铜刀

图一九　出土铜权杖首

东墙残长2.8、宽0.24～0.28、残高0.02米，残存面积19平方米，推测原面积约为23平方米。屋内南部活动面上残存较多陶片。Ⅴ室平面呈长方形，大部被G24破坏。只残存北墙部分和西墙部分，西墙即为Ⅳ室东墙。Ⅴ室东部还有一道比较长的墙体，该墙体暂时归为一道院墙，Ⅴ室可能利用其北部部分作为东墙。待于继续发掘判断。北墙残长2.2、宽0.18～0.3、残高0.01～0.02米，西墙残长2.8、宽0.24～0.28、残高0.04米，残存面积约5平方米。该组房屋未发现明显的倒塌堆积，从F88等柱洞房屋房基垫土中夹杂有零星的碎土坯推测，土坯房屋的倒塌堆积可能被晚于其的柱洞房屋平整后加以利用，作了柱洞房屋垫面的原料。房址的活动面均为一层较致密的红色黏土，各室活动面上均有碎陶片、骨骼、石器等发现，其中Ⅱ室活动堆积最为明显。

三期墓葬整体来看保存较差，破坏严重，墓葬形制、葬式、葬俗与二期基本相同。M22，竖穴土坑墓，墓向113°（图一六）。墓室平面为圆角长方形，长1.84、宽0.8、深0.66米。头龛位于墓室南部，呈圆角长方形，长0.39、宽0.28、高0.24米。葬有人骨1具，仰身直肢葬，骨骼保存较差，头部附近出土白色石块1块，头龛内出土陶罐3件（图一七）。填土为五花土，土质较疏松，含少量炭屑，出土陶片、兽骨等。

出土遗物与二期基本相同，种类丰富，主要有陶器、石器、骨器、玉器、炭化作物、冶金遗物等。陶器均含砂粒，以红陶为主，灰陶较少。制法为泥条盘筑，分段套接，个别较小的器物为手捏而成。彩陶一般是施紫红陶衣，再饰黑彩，易脱落，主要纹样有平行条带纹、折线纹、菱形格纹、三角纹、网格纹、回形纹等。器形主要有各类罐、盆、壶等，器盖较多。石器以工具为主，从加工技术来看主要有打制石器、磨制石器、细石器，器形主要有刀、斧、凿、锄、铲、球、盘状器、石叶、石镞等。骨器主要有针、锥、柄、珠饰等。冶金遗物主要有铜器、矿石、炉渣、炉壁残块、鼓风管、石范、铜颗粒等，其中铜器主要有刀（图一八）、环、泡、锥、权杖首（图一九）等。

三　初步认识

1. 文化年代

根据层位学、类型学分析，结合碳 -14 测年数据，对西城驿遗址的分期及其年代有了初步认识。整体可以划分为三个大的时期，一期年代为距今约 4100 ～ 4000 年，以马厂晚期遗存为主，有零星齐家文化遗存；二期年代为距今约 4000 ～ 3700 年，以西城驿文化为主，有大量齐家文化遗存共存；三期年代为距今约 3700 ～ 3500 年，以四坝文化早段遗存为主，有少量齐家遗存共存。

西城驿文化是新提出的一支考古学文化[1]。主要分布在河西走廊，东起武威，西至瓜州、敦煌，南及民乐，北抵金塔的全部地区，甚至远达新疆东部，在青海及内蒙古也有发现。就目前所发现地点来看，主要分布在张掖、酒泉地区，集中在黑河流域。以酒泉为界，以西地区西城驿文化单独出现，如潘家庄、西土沟等，以东往往与齐家文化共存，如酒泉西河滩、金塔缸缸洼、火石梁、二道梁、一个地窝南二号、张掖西城驿、民乐五坝、武威皇娘娘台等。

马厂文化、西城驿文化、四坝文化是前后延续的几支文化，自马家窑文化以来一脉相承，可以看作是一支人群在不同时期的承继与发展。正是鉴于马家窑至四坝较强的文化传承性，有学者提出了“马家窑—四坝文化系统”的认识[2]。而齐家文化被认为是东部文化传统，其在河西走廊的出现是东部人群西进的结果。相对于前者而言，它是一个“外来者”。齐家文化与马厂文化晚期、西城驿文化、四坝文化早期都有过共存，其在河西走廊结束的时间早于洮河流域，这可能和河西走廊地区四坝文化的兴盛有关。

2. 气候环境

从西城驿遗址已鉴定的木炭来看，主要有 13 种木本植物，有柽柳、柽柳属、沙棘属、枸杞属、杨属、柳属、榆属、云杉属、圆柏属、沙拐枣属、蒺藜科等。先民对木材的利用，在一定程度上反应出当时的环境和气候。西城驿文化时期云杉属的存在指示气候温凉湿润，当时应是相对湿润的环境，柳属多分布在河流两岸的滩地、低湿地，而柳属的存在，表明遗址周围有河流。四坝文化时期，耐阳的杨属先锋树种占较高的比例[3]，家养动物牛、羊比例上升和啮齿类动物常见进一步佐证了四坝文化时期遗址周围是以干凉草原（草地）为主的自然环境[4]。距今 4100 ～ 3500 年间，该遗址区域的气候环境发生了一定变化。约以距今 3700 年为界，之前气候温凉湿润，其后气候较为干旱。从考古发现的洪积层直接证据来看，距今 4100 ～ 3500 年间，可能曾有多次洪水发生，很可能对该区域文化的发展演变产生一定影响。

河西走廊及其周边地区自然沉积物重建的环境记录表明，河西走廊距今 5000 年之后

[1] 李水城：《“过渡类型”遗存与西城驿文化》，《早期丝绸之路暨早期秦文化国际学术研讨会论文集》，文物出版社，2014 年；陈国科、王辉、李延祥：《西城驿遗址二期遗存文化性质浅析》，《早期丝绸之路暨早期秦文化国际学术研讨会论文集》，文物出版社，2014 年。

[2] 朱延平：《四坝文化陶器的两种关联因素和马家窑—四坝文化系统》，《早期丝绸之路暨早期秦文化国际学术研讨会论文集》，文物出版社，2014 年。

[3] 王树芝、李虎、张良仁等：《甘肃张掖黑水国西城驿遗址出土木炭指示的树木利用和古环境》，《第四纪研究》2014 年第 34 卷第 1 期。

[4] 宋艳波、陈国科、王辉等：《张掖西城驿遗址 2014 年出土动物遗存分析》，《东方考古》（第 13 集），科学出版社，2016 年。

逐渐走向干冷阶段。马家窑文化时期气候相对湿润，马家窑人群扩张至河西走廊地区，适宜西迁而来的马家窑文化人群种植粟黍。半山文化时期气候波动明显，温度下降不明显，但是降水明显的呈下降趋势，气候逐渐走向干旱。马厂文化时期河西走廊气候出现了短暂的好转，降水增加，温暖湿润的气候条件促使粟黍农业得到了快速发展，使得马厂文化在河西走廊出现了空前的发展。受距今4000年前后降温和变干事件的影响，距今4000年以后中国北方地区向干冷趋势发展，在河西走廊表现得也很明显，河西走廊及其周边多个环境剖面指标显示降水和温度呈持续降低的趋势，齐家文化和西城驿文化时期快速走向干冷，四坝文化时期气候持续恶化，粟黍生长所需的积温和降水不足，严重影响了粟黍农业的生产，使得粟黍作物不能满足人类的生计，大麦的耐寒特性使得四坝文化时期大麦种植得到快速发展[5]。

3. 聚落组成

河西走廊地区早期聚落的考古资料相对匮乏，相关研究工作开展较少，对这一时期的聚落形态知之甚少。目前所知者仅2处，即张掖西城驿聚落址和酒泉西河滩聚落址。由于发掘面积较小，西城驿遗址虽不能全面揭示各时期的聚落形态，但是对于了解当时的聚落组成仍具有重要意义。

通过发掘初步认为西城驿遗址是一处以从事旱作农业为主兼有饲养，并进行着冶金等手工业生产的史前聚落址。这处聚落的发展可以分为三个大的时期，一期聚落为马厂晚期，遗迹单位主要有灰坑和房屋两类，房屋主要为半地穴式。二期聚落为西城驿文化时期，遗迹单位主要有半地穴式房屋、地面立柱式房屋、土坯房屋、陶窑、灰坑、灰沟、灶坑、墓葬等。三期为四坝文化早段，遗迹以房屋、灰坑、墓葬为主，房屋仅见地面立柱式和土坯建筑，基本延续了二期的建筑方式及房屋形制。没有发现与聚落同时期的墓地，却在聚落内有墓葬的发现。整体来看，西城驿遗址聚落的房屋建筑经历了半地穴式—半地穴式、地面立柱式、地面土坯建筑—地面立柱式、地面土坯建筑的演变过程。半地穴式建筑主要集中在马厂晚期，在西城驿时期有少量存在。地面立柱建筑与地面土坯建筑大量存在于西城驿时期及四坝时期，四坝时期不见半地穴式房屋。土坯被认为最早出现在西亚、中亚地区，在我国黄淮地区、长江下游及长城地带东段的史前文化中也有发现，西城驿文化时期土坯建筑为西北地区所见年代最早者。河西走廊土坯建筑不同于我国东部土坯建筑传统，是吸取了来自中亚的土坯建筑材料形式并结合本土的土墙建造技术形成的双重技术系统[6]。

酒泉西河滩遗址的文化属性较为复杂，和西城驿遗址有些近同。西河滩遗址发现房屋基址50多座、烧烤坑400余个、储藏坑150多个、祭祀坑20余个、陶窑7座，并发现有畜圈遗存。房址有半地穴式和地面式两种。半地穴式房址平面皆为长方形，地穴深0.25 ~ 0.6米，室内地面均经硬化处理，并有一至数个烧烤坑和数个储藏坑。地穴周壁或外围排列有疏密不等的柱洞，多设有门道，门的朝向多为东、南。地面式房址平面形式较复杂，有长方形的单室，也有长方形主室附加半圆形或长方形的后室和侧室的多室

[5] 杨谊时：《河西走廊史前生业模式转变及影响因素研究》，兰州大学博士学位论文，2017年。

[6] 李晓扬：《中国早期土坯建筑发展概述》，《草原文物》2016年第1期。

形式。地面式房址的地面也经硬化处理，墙体为木骨泥墙形式，房门亦多为东、南向，有的门开于北面者，在门前设有挡风墙。面积一般为20平方米左右，最大者超过100平方米，小的不足10平方米[7]。

由于西河滩的研究工作尚未全面开展，各期的聚落形态不能明确，但就整体来看，在建筑的形制上西河滩遗址和西城驿遗址有较大差别，西河滩遗址尚未见到土坯的证据，而西城驿遗址已经存在大规模的土坯建筑，而且不仅有单间，还存在着多间相连的“套间”，在建筑技术上较西河滩遗址更具多样性。

4. 主要生业

西城驿遗址的筛选、浮选植物中有鉴定，结果显示，该遗址的农业是以粟、黍为主的旱作农业，在发展过程中农业呈现出多样化的特点。西城驿一期时种植以粟、黍为主，二期时种植有粟、黍、小麦、大麦，三期时麦类成为粟、黍之外的另一种重要作物。小麦穗轴表明麦类作物是在当地种植的。当时的加工模式可能包括脱粒—扬场的加工阶段，从西城驿文化到四坝时期没有显著的转变[8]。采摘沙棘和白刺等沙地植物果实，可能是当时先民获取植物性食物资源的一种方式[9]。西城驿遗址小麦出现的年代在距今4000年前后，同处黑河流域且与西城驿遗址性质相同的金塔缸缸洼、火石梁等遗址在这一时期也先后出现了小麦，表明河西走廊地区是小麦进入中国的一条重要通道。

近年整个河西走廊其他遗址的植物考古研究显示，河西走廊地区农业经历了三个发展阶段，马家窑文化—马厂文化时期，河西走廊继承了整个中国北方地区以粟黍旱作农业为主的传统，这与中国北方地区龙山文化时期以粟黍为主的农业生产方式一致。青铜时代西城驿、齐家文化时期，随着西亚驯化的麦类作物传入，改变了河西走廊以粟黍为主的农业传统，麦类作物开始在河西走廊种植，麦类在河西走廊西部出现后，迅速传播至走廊东部，成为齐家文化人群农业的一部分。四坝文化时期麦类已经成为当地先民最重要的种植作物，西城驿文化—四坝文化时期混合农业在河西走廊地区出现后逐步强化[10]。就整个甘青地区来看，新石器时代至青铜时代农业状况因时间、空间而存在差异，农业发展经历了由粟、黍旱作农业到农业多样化，再到多元分化格局的过程，中西交流在这一过程中发挥了重要作用[11]。

动物骨骼鉴定证明，西城驿遗址家畜有绵羊、猪、黄牛、狗，野生动物有鹿、兔、啮齿动物等，基本没有发现贝类和鱼类骨骼。其中四坝文化时期以哺乳动物为主，绵羊在先民的经济生活中占据比重较高，绵羊、猪和牛是遗址先民最主要的肉食来源。先民饲养绵羊更多的还是为了获取羊奶或羊毛等次级产品而非单纯的肉食。遗址中中型哺乳动物遗存破碎程度普遍较高，显示出先民对这些动物的利用程度较高[12]。猪的存在表明当时是一种定居性的畜牧业，当地先民很可能基本不从事捕鱼和捕捞活动[13]。

近年河西走廊系统动物骨骼鉴定表明，至迟在马厂时期西亚驯化的牛和羊已经传播至河西走廊，猪是黄河流域传统的最重要的肉食资源，马厂文化时期主要饲养黄牛、绵羊、猪和狗等家养动物，其中猪和羊是重要的肉食资源。磨咀子遗址羊占有很高的比

[7] 赵丛苍：《西河滩遗址发掘主要收获及其意义》，《西北大学学报（哲学社会科学版）》2005年5月，第35卷第3期。

[8] 蒋宇超、陈国科、李水城：《甘肃张掖西城驿遗址2010年浮选结果分析》，《华夏考古》2017年第1期。

[9] 范宪军：《西城驿遗址炭化植物遗存分析》，山东大学硕士学位论文，2016年。

[10] 杨谊时：《河西走廊史前生业模式转变及影响因素研究》，兰州大学博士学位论文，2017年。

[11] 范宪军、陈国科、靳桂云：《西城驿遗址浮选植物遗存分析》，待刊。

[12] 宋艳波、陈国科、王辉等：《张掖西城驿遗址2014年出土动物遗存分析》，《东方考古（第13集）》，科学出版社，2016年。

[13] 李志鹏博士对西城驿2010年出土动物骨骼鉴定的认识。

例[14]，说明畜牧经济占有重要的地位。结合动物骨胶原测年[15]来看，在西城驿—四坝（齐家）文化时期，牛羊的养殖得到了进一步发展，四坝文化时期马传播至河西走廊[16]。这与距今4000年后整个欧亚草原游牧化进程呈现出一致性，随着东西方文化交流的加快，西亚驯化的牛、羊和中亚驯化的马对河西走廊影响深远，河西走廊从饲养猪、狗向畜牧牛、羊的生业经济转变。

图二〇　出土玉斧

西城驿遗址人骨及动物骨骼同位素分析表明，距今4000年后C_4粟黍类植物是西城驿遗址重要的食物来源，C_3麦类作物已经开始摄食。羊已经成为重要的家养动物，高N值表明先民食肉程度极高[17]。近年对河西走廊磨咀子遗址、五坝墓地、干骨崖墓地、火烧沟墓地、西城驿遗址人骨及动物骨骼同位素研究成果表明，人和家养动物C同位素从马厂—西城驿—四坝文化阶段从早到晚发生了变化，以C_4类粟黍植物或者以粟黍为食的动物逐渐向C_3、C_4类植物或者以C_3、C_4类植物为食的动物转变的趋势，说明C_4粟黍类作物在先民摄食结构中的比重呈下降趋势，反之C_3麦类作物逐渐在先民摄食结构中所占比重增高。目前植物遗存研究显示河西走廊地区麦类作物比重在距今4000年后逐渐上升，同位素C_3信号增强，证实了人类摄食C_3麦类作物不断强化的过程。

5. 手工业生产

西城驿遗址手工业较为发达，除陶器、石器、骨器等的加工生产外，还从事玉器生产和铜冶金活动。西城驿遗址发现的陶窑虽然不多，但至少表明在聚落内部居民进行着陶器生产。西城驿文化、四坝文化夹砂陶和夹砂彩陶与马厂晚期夹砂陶的显微特征相似，夹杂颗粒种类多样、大小不等，磨圆度差，棱角分明，与风成黄土矿物组成比较接近；齐家文化夹砂陶夹杂颗粒尺寸较大，磨圆度较好，与马厂晚期夹砂彩陶相似，其胎料可能经过筛选处理后再加入掺合料。泥质胎陶器原料均经过筛选处理，西城驿文化泥质胎陶器与马厂晚期的相似，到四坝文化时期，胎料细腻程度降低；齐家文化泥质陶胎料更为细腻均匀。当时陶工可能使用红黏土或红黏土掺和一定比例的黄土制作陶器。在长期的发展中，不同文化人群相互影响，陶器生产逐渐形成了各自的特色。河西走廊马厂晚期与石岭下、马家窑、半山和马厂类型早期陶器化学组成明显不同，其制陶工艺出现了变化。筛选处理陶土使其细碎均匀，再添加掺合料的工艺，被齐家文化继承。使用夹杂各种原生矿物的陶土直接或稍微处理去除大颗粒，再进行制陶的工艺，被西城驿文化继承，并延续至四坝文化。西城驿文化与齐家文化陶器各自代表的社群可能均有独立的制陶手工业，齐家文化与西城驿文化，甚至与马厂晚期以及四坝文化之间可能存在制陶技术、陶工的交流[18]。

西城驿遗址也存在着一定的玉器加工生产，所用玉料主要有透闪石、蛇纹石、石英岩及绿松石。器物主要为玉斧（图二〇）、玉锛及绿松石珠饰等，有权杖首出土，但没有发现璧、琮等礼器性质的器物。河西走廊有着丰富的玉矿资源，目前河西走廊已发现马鬃山径保尔草场玉矿、寒窑子草场玉矿、敦煌旱峡玉矿，分处北山山系的马鬃山和祁连山山系的三危山，开采年代在公元前一千纪。我们推测西城驿治玉所用玉料可能主要

[14] 动物考古课题组：《中华文明形成时期的动物考古学研究》，《科技考古（第三辑）》，科学出版社，2011年。

[15] 张雪莲、仇士华、钟建等：《放射性碳素测定年代报告（四一）》，《考古》2015年第7期。

[16] 甘肃省文物考古研究所、北京大学考古文博学院：《酒泉干骨崖》，文物出版社，2016年。

[17] 张雪莲、张君、李志鹏等：《甘肃张掖市西城驿遗址先民食物状况的初步分析》，《考古》2015年第7期。

[18] 郁永彬、吴小红、崔剑锋等：《甘肃张掖西城驿遗址陶器的科技分析与研究》，《考古》2017年第7期。

来自于北山和祁连山地区。

铜冶金是西城驿遗址最具代表性的手工业，也是河西走廊地区新石器时代晚期至青铜时代最具特色的文化现象。河西走廊地区的冶金活动在距今约 4100 ~ 4000 年的马厂文化晚期就已存在，至距今约 4000 ~ 3700 年的西城驿文化时期，冶炼活动规模空前，西城驿文化和齐家文化在冶金遗址多有共存，二者冶金面貌难以区分，形成“西城驿—齐家冶金共同体”。这一共同体在冶金格局、冶金规模、技术特征、器物形态等方面已呈现出自身特色，在河西走廊地区形成了一个独特的冶金区域。当时冶炼所用矿石主要来自走廊北部的北山地区。矿料分两种，一种数量较多，为仅含铜的氧化矿石，有些残留一定的硫化矿物。一种数量较少，但对合金配制起关键作用，为含砷、铅、锑等合金元素的矿石。当时使用了“氧化矿—铜”的冶炼工艺，以冶炼红铜为主。存在先冶炼纯铜，在冶炼流程后段添加含砷、锡等合金元素的矿石炼制青铜合金的技术。铜器均为小型器物，器类主要为工具、饰品，工具主要有锥、刀、钻、长条形器等，饰品主要有指环、耳环、管、泡、铜镜等。材质有红铜、砷青铜、锡青铜、锑青铜，以红铜为主，砷铜次之。加工技术以热锻为主，铸造次之，逐渐形成石范铸造传统。这一时期的冶金聚落主要分布在黑河以西靠近北山的宽阔地带。各冶金聚落都以从事农业为主，兼有饲养，并进行着制陶、治玉等各类手工业生产，与同时期不存在冶金活动的聚落之间在聚落组成和生业形态方面存在一些差异，体现出一定的先进性。推测当时各冶金聚落独立进行冶金活动，难以看出聚落间存在何种支配关系。当时采矿遗址和冶炼遗址相分离，矿石远距离运输到各聚落冶炼。从冶炼红铜，到后期添加含合金元素矿石，再到器物生产，都在聚落内完成，冶炼活动有相对独立的空间，但尚未实现冶炼和铸造的空间分离，形成了与辽西、中原迥然不同的早期冶金格局。这一时期，西城驿人群在冶金技术的传播上发挥了主要作用。至距今 3700 年前后，四坝文化冶金技术进一步发展，与欧亚草原冶金交流加大，出现了一些新因素，如喇叭口耳环、竖銎斧、权杖首等。齐家文化将从西城驿、四坝文化人群那里获得的冶金产品或冶金技术带到了走廊以东地区，可能对二里头的冶金技术产生了一定影响。在河西走廊地区早期冶金发展中，马家窑—马厂—西城驿—四坝人群是冶金技术的主要掌握者，齐家文化正是通过与这支人群在不同阶段的接触和交流，获取并广泛传播了冶金产品或冶金技术，从而对中国其他区域早期冶金技术产生不同程度的影响[19]。

6. 社会组织

学者认为分节社会（部落）一般较流动的狩猎采集群更大，但是其成员很少超过几千人，他们的食物和生计大部分依赖栽培的植物或驯化的动物。比较典型的是他们都是定居农人，但也可以是流动的畜牧人，拥有一种以强化利用牲畜为基础的、十分不同的流动型经济。总体来说，这些是多社群的社会，以个别社群通过亲缘关系融合到较大的社会中去。分节社会（部落）典型的聚落形态是一种定居的农庄或村落。其特征是没有一个聚落支配该地区的任何其他聚落[20]。从西城驿遗址所反映出的种种特征来看，从

[19] 陈国科：《西城驿—齐家冶金共同体——河西走廊地区早期冶金人群及相关问题初探》，《考古与文物》2017 年第 5 期。

[20] 科林·伦福儒、保罗·巴恩：《考古学理论、方法与实践》，上海古籍出版社，2015 年，156 页。

马厂晚期以来，在很长时间里，部落是这一区域的主要社会组织形式。在西城驿遗址二期发现了石质权杖首，三期发现了石权杖首、铜权杖首及权杖首石范，在火烧沟墓地也曾发现有石质权杖首及四羊头青铜权杖首。权杖首被认为是礼器性质的器物，体现着社会的分层，四坝时期权杖首的集中发现，可能意味着在四坝文化时期，河西走廊的社会结构又发生了一定的变化。

四　学术价值

多年来西城驿遗址发掘工作立足传统考古，密切结合科技考古，积极开展文化史的研究，并努力通过聚落考古的理念进行社会史的研究。做出了一些努力，取得了一些认识，但是西城驿遗址本身保存的状况及其考古发掘的有限揭露，要想弄清聚落结构、演变及开展横向的比较研究等仍存在较大的困难，还需要更深入的工作。目前我们只能得出这样一个基本认识，张掖西城驿遗址是一处聚落址，年代为距今约 4100 ~ 3500 年。当时在聚落中生活着两支人群，即马厂—西城驿—四坝人群和齐家人群。先民以农业种植为主，畜牧业占有一定比重，并进行一定的狩猎采集。手工业发达，在从事陶器烧制及石器、骨器、玉器等加工生产的同时，从事着铜冶金活动，并与周边区域有着频繁的交流和互动。而在当时，冶金产业链条较为简单，冶金活动在当时的社会中尚未成为获取权利的重要手段，它也未能在这类社会中产生像大型礼器在中原社会中所发挥的那种作用。

执笔：陈国科　王辉　杨谊时

缸缸洼遗址

一　遗址概况

缸缸洼遗址位于甘肃省金塔县大庄子乡永丰村，东南距永丰村8千米，西南距金塔县城约35千米，东北距火石梁遗址10千米。经调查，遗址位于沙垄之上，遗址周围沙漠化严重，被沙丘包围。由于受到风沙侵蚀覆盖影响，遗址被分割成条带状，东西长300、南北宽150米。遗址下部已被沙丘掩埋，上部文化层风化侵蚀严重，遗址表层被陶片、矿石、矿渣等遗物覆盖（图一）。为配合“河西走廊早期冶金遗址调查、发掘与研究”项目，2017年9月对该遗址进行试掘。

图一　遗址航拍影像

图二　T1911F1

图三　T1911H6

二　主要发现

缸缸洼遗址总共发掘32平方米，总共清理房址2座、灰坑9个。房址为地面立柱式建筑，T1911F1平面呈长方形，由柱洞、活动面和火烧面（灶址）组成。活动面为黄土垫面，厚约20厘米。火烧面位于房址近中部，3个柱洞成排分布，部分柱洞内残存腐朽的木柱（图二）。灰坑多为圆形或不规则形（图三）。

出土遗物包括陶器、石器、骨器、铜冶金遗物、炭化植物遗存和动物骨骼遗存等。陶器从陶质、陶色可分为泥质橙黄陶、泥质红陶、夹砂红（褐）陶和夹砂灰陶，以夹砂红陶为主。纹饰常见刻划纹、绳纹和戳印纹、篮纹，彩陶部分饰红色或紫红色陶衣，彩绘纹饰有条带纹、倒三角纹、菱形网格纹、折线纹等（图四、五）。陶器类型包括双耳罐、盆、器盖等。铜冶金遗物主要包括矿石、炉渣、炉壁（图六、七），石器主要为石刀和细石器（包块细石叶和石核）（图八），骨器主要是骨针和骨锥等。同时采集和出土了少量的碎玉料和绿松石料。

三　主要认识

从文化层及出土器物判断该遗址可以分为两期，早期为马厂文化晚期，相当于西城驿遗址一期遗存；晚期为西城驿文化时期，相当于西城驿遗址二期[1]。早期出土的施紫红色陶衣陶片应该为马厂晚期典型遗物，结合碳-14测年结果判断，其年代为距今4200～4000年；晚期地层出土大量陶片与西城驿遗址二期出土陶器形制和纹饰一致，结合

[1] 甘肃省文物考古研究所、北京科技大学冶金与材料史研究所、中国社会科学院考古研究所等：《甘肃张掖市西城驿遗址》，《考古》2014年第7期；陈国科、王辉、李延祥：《西城驿遗址二期遗存文化性质浅析》，《早期丝绸之路暨早期秦文化国际学术研讨会论文集》，文物出版社，2014年。

图四　T1911F2 出土马厂文化晚期陶器

图五　T1911 ③出土西城驿文化陶器

图六　T1911 ②出土炉渣

图七　T1911 ②出土矿石

碳 –14 测年结果判断，其年代为距今 4000 ~ 3800 年。同时，早、晚期文化层都出土有典型齐家文化篮纹陶片，说明齐家文化与马厂文化晚期和西城驿文化共存。

文化层基本为夹炭屑和草木灰的黄沙层（图九），遗址最下层开口的遗迹单位 T1911F2 叠压在黄沙之上，说明当时人群生活环境为沙漠环境。结合遗址低洼处钻探结果，黄沙之下为湖相沉积物，判断遗址周边早期有湖泊存在，历史时期该区域为白亭海[2]，推断先民生活在湖泊附近，以适应当时的沙漠环境。

出土植物遗存经鉴定主要包括粟、黍和小麦，动物骨骼主要包括猪、狗、牛、羊等家畜和鹿、兔等野生动物，说明该遗址从事粟黍和麦类混合农业，兼家畜饲养，同时存在狩

[2]《元和郡县图志》卷 40 载“白亭海，在县东北一百四十里。一名会水，以众水所会，故曰会水。以北有白亭，故曰白亭海。方俗之间，河北得水便名为河，塞外有水便名为海”。

图八　T1911F2 出土石核

图九　T0101 北壁

猎经济的成分[3]。第 1 ~ 4 层出土大量炉渣、矿石等，据这些铜冶金遗物判断马厂晚期可能不存在铜冶炼活动，西城驿文化时期才大规模从事冶金活动。综合判断认为缸缸洼遗址是一处从事农业兼有饲养，并进行冶金等手工业生产的青铜时代早期聚落遗址。

从出土植物遗存、动物遗存、冶金遗物、陶器证实距今 4000 年前后黑河是东西文化交流的重要通道。西亚驯化的麦类、牛、羊随着西亚文化因素东渐的进程传播至河西走廊，顺走廊地区进一步向东传播至黄土高原和青藏高原，东亚驯化的粟、黍、猪、狗和彩陶技术伴随着马厂文化和齐家文化向西扩张的步伐，沿河西走廊传播至黑河下游地区，进一步向北传播至北方草原地区。同样河西走廊黑河流域冶金技术可能受到欧亚草原冶金术的刺激，西城驿文化时期铜冶金技术达到了高峰期[4]。

四　学术价值

缸缸洼遗址的发掘进一步确认了黑河下游的考古学文化内涵，黑河下游地区经历了马厂晚期—西城驿地层序列，丰富了西城驿文化的文化内容，为认识黑河流域的文化谱系提供了新材料。该遗址出土的铜冶金相关遗物为研究河西走廊地区铜冶金手工业研究提供了新资料，出土的小麦、牛、羊等遗存是西北地区时代较早的遗存，为探讨农业传播和东西方文化交流提供了重要的材料。

执笔：杨谊时　陈国科

［3］杨谊时：《河西走廊史前生业模式转变及影响因素研究》，兰州大学博士论文，2017 年；Pia Atahan，John Dodson，Xiaoqiang Li，et al.，Subsistence and the isotopic signature of herding in the Bronze Age Hexi Corridor，NW Gansu，China，*Journal of Archaeological Science*，ⅩⅩⅩⅧ（2011），pp.1747-1753.

［4］John R. Dodson，Xiaoqiang Li，Xinying Zhou，et al.，Origin and spread of wheat in China，*Quaternary Science Reviews*，2013，72: pp. 108-111；Li Jaang，The Landscape of China's Participation in the Bronze Age Eurasian Network，*Journal of World Prehistory*，ⅩⅩⅧ（2015），pp.179-213.

火石梁遗址

一 遗址概况

火石梁遗址位于甘肃省金塔县大庄子乡头墩村，东距头墩村约12千米，西南距金塔县城约50千米，西南距缸缸洼遗址10千米。经调查，遗址位于新月形沙丘之上，遗址周围沙漠化严重，遗址东北部低洼处现在开垦为农田，从调查和钻探结果判断，遗址所在沙丘下存在湖相沉积物。遗址顺沙丘顶部分布，东西长220、南北宽120米。遗址下部已被沙丘掩埋，上部文化层风蚀严重，遗址表层被陶片、矿石、矿渣等遗物覆盖，特别是遗址西部堆积一层较厚的铜炼渣（图一）。为配合“河西走廊早期冶金遗址调查、发掘与研究”项目，2017年9月对该遗址进行试掘。

图一 遗址航拍影像

二　主要发现

火石梁遗址总共发掘32平方米，总共清理房址5座、灰坑41个、墓葬2座、红烧面1处。房址均为地面立柱式建筑，从残存平面形制判断呈方形，由柱洞、活动面和火烧面（灶）组成，其中活动面为黄土垫面，厚10厘米左右；火烧面位于房址的近中部，可能是灶址；3 ~ 5个柱洞成排分布，部分柱洞内残存腐朽的木柱（图二）。在居址内发现墓葬2座，皆为竖穴土坑，M1为侧身屈肢葬，无随葬品。M2为仰身直肢葬，出土铜刀1把、骨针1枚（图三）。灰坑形制多样，灰坑之间相互打破，平面形状包括方形、圆形、不规则形等（图四）。从房址、灰坑、墓葬相互打破关系判断，该遗址经历了人类长期活动而形成。

出土遗物包括陶器、石器、骨器、铜冶金遗物、炭化植物遗存和动物骨骼遗存等。

图二　F4

图四　H39

图三　M2

陶器从陶质、陶色分为泥质橙黄陶、泥质红陶、夹砂红（褐）陶和夹砂灰陶，以夹砂红陶为主。纹饰常见刻划纹、绳纹、戳印纹、篮纹，彩陶常见条带纹、倒三角纹、菱形网格纹、折线纹等。陶器类型包括双耳罐、腹耳罐、盆、器盖等（图五）。铜冶金遗物主要包括矿石、炉渣、炉壁和铜器（图六），铜器主要为小件的铜锥和铜刀（图七）。石器主要有纺轮、石刀和细石器（包括细石叶和石核）（图八）。骨器主要包括骨针和骨锥等。同时采集和出土了少量碎玉料和绿松石料。经鉴定植物遗存包括小麦、粟、黍和小麦穗轴，动物遗存包括猪、狗、牛、羊等。

三 主要认识

从遗迹单位及出土器物判断该遗址为西城驿文化遗存，相当于西城驿遗址二期遗存[1]、缸缸洼遗址晚期西城驿文化遗存，出土大量陶片与西城驿遗址二期和缸缸洼遗址晚期出土陶器形制、纹饰一致，结合碳－14测年结果判断，其年代为距今3900～3700年。同时该遗址出土大量典型的齐家文化篮纹陶片，说明齐家文化与马厂文化晚期和西城驿文化长期共存。

发掘过程中发现部分灰坑直接打破生土（风成沙），灰坑壁较规整（图九），同时房址直接叠压在黄沙之上。在高孔隙度和渗透率的沙丘之上挖取规整的灰坑，说明当时沙丘比较潮湿，同时遗址内出土了大量白色钙结核，可能是遗址长期在水作用下形成，结合遗址钻探和调查分析，该遗址较低的地方可能存在湖泊沉积物。综合上述现象，说明当时遗址所在区域虽然为沙漠分布区，但是水资源比较丰富，适合人类生存。

综合出土遗物判断缸缸洼遗址是一处以从事农业兼有饲养，并进行冶金等手工业生

[1] 甘肃省文物考古研究所、北京科技大学冶金与材料史研究所、中国社会科学院考古研究所等：《甘肃张掖市西城驿遗址》，《考古》2014年第7期；陈国科、王辉、李延祥：《西城驿遗址二期遗存文化性质浅析》，《早期丝绸之路暨早期秦文化国际学术研讨会论文集》，文物出版社，2014年。

图五　H33出土西城驿文化陶器

图六　T1007⑫出土炉渣

图七　M2出土铜刀

图八　T1007⑥出土石刀

图九　H4打破黄沙剖面

产的早期青铜时代聚落遗址。出土植物遗存主要包括粟、黍和小麦，出土动物骨骼主要包括猪、狗、牛、羊等大家畜和鹿、兔等野生动物，说明从事农业兼畜牧经济。该遗址从早到晚的遗迹单位出土了炉渣、矿石、炉壁等，部分遗迹单位出土了小铜器，说明西城驿文化时期存在大规模冶金活动[2]。同时该遗址出土的植物遗存、动物遗存、彩陶及铜冶金遗物证实距今4000年后黑河是东西方文化交流的重要通道[3]。

四　学术价值

火石梁遗址的发掘进一步确认了黑河下游的考古学文化内涵，丰富了西城驿文化的文化内容，为认识黑河流域的文化谱系提供了新材料。该遗址出土的铜冶金相关遗物为研究河西走廊地区早期铜冶金手工业研究提供了新资料，出土的小麦、牛、羊等遗存是西北地区时代较早的遗存，为探讨农业传播和东西方文化交流提供了重要材料。

执笔：杨谊时　陈国科

[2] 杨谊时：《河西走廊史前生业模式转变及影响因素研究》，兰州大学博士论文，2017；Pia Atahan，John Dodson，Xiaoqiang Li，et al.，Subsistence and the isotopic signature of herding in the Bronze Age Hexi Corridor，NW Gansu，China，*Journal of Archaeological Science*，ⅩⅩⅩⅧ（2011），pp.1747-1753；Xiaoqiang Li，Nan Sun，John Dodson，et al.，The impact of early smelting on the environment of Huoshiliang in Hexi Corridor，NW China，as recorded by fossil charcoal and chemical elements，*Palaeogeography Palaeoclimatology Palaeoecology*，CCCⅤ（May，2011），pp.329-336；John Dodson，Xiaoqiang Li，Ming Ji，et al.，Early bronze in two Holocene archaeological sites in Gansu，NW China，*Quaternary Research*，LⅫ（November，2009），pp.309-314.

[3] John R. Dodson，Xiaoqiang Li，Xinying Zhou，et al.，Origin and spread of wheat in China，*Quaternary Science Reviews*，2013，72: pp.108-111；Li Jaang，The Landscape of China's Participation in the Bronze Age Eurasian Network，*Journal of World Prehistory*，ⅩⅩⅩⅧ（2015），pp.179-213.

马鬃山玉矿遗址

马鬃山玉矿遗址地处甘肃省河西走廊西北部。河西走廊东起乌鞘岭，西至甘新交界，南部为祁连山，北部为北山，整体呈带状高平原。北山山系从西至东依次为马鬃山、合黎山、龙首山。马鬃山玉矿正处于马鬃山山区，行政区划上属于酒泉市肃北蒙古族自治县马鬃山镇，东邻内蒙古额济纳旗，西临新疆哈密市，北界蒙古人民共和国，南靠玉门市和瓜州县。马鬃山地区整体地处蒙新高原，地势西南高、东北低，平均海拔 2000 米左右，呈中低山和残丘地貌，面积 3.8 万平方千米。山间有分布较广的荒漠半荒漠草原，属戈壁荒漠气候，矿产资源丰富。

一 遗址概况

马鬃山玉矿遗址包括径保尔草场玉矿和寒窑子草场玉矿两处玉矿点。2007 年，甘肃省文物考古研究所和北京大学考古文博学院在甘肃肃北进行了早期玉石之路调查，发现了径保尔草场玉矿遗址。2008 年，甘肃省文物考古研究所和北京科技大学在开展河西走

图一 径保尔草场玉矿遗址发掘后全景

图二　径保尔草场玉矿遗址矿坑（东—西）

廊早期冶金遗址调查时对径保尔草场玉矿遗址进行了复查，之后刊发了调查简报，引起国内学者的广泛关注。鉴于该遗址在开展早期玉文化研究中的重要价值，自 2011 年以来，甘肃省文物考古研究所承担了国家文物局“甘肃肃北马鬃山玉矿遗址发掘”“甘肃肃北马鬃山玉矿遗址群考古调查、发掘与研究”项目，连续开展了多年度考古调查发掘工作（图一），2014 年新发现了马鬃山寒窑子草场玉矿。

寒窑子草场玉矿遗址，位于马鬃山镇东北约 37 千米处的寒窑子草场，面积 50 万平方米。主要遗存有矿坑、矿井、石料堆积、防御型建筑等。矿脉呈东西走向，各类遗存依矿脉走向分布于山麓两侧。目前确定矿坑 6 处、斜井 1 处、石料堆积 2 处、防御性建筑 1 处。在矿坑周边及山麓两侧采集到大量碎玉料、石锤、砺石、陶片、瓷片等。

径保尔草场玉矿遗址，位于马鬃山镇西北约 20 千米的河盐湖径保尔草场。调查确定遗址南北长约 5400、东西宽 1400 ~ 1850 米，周长 13500 多米，面积约 600 万平方米。发现地面遗存 383 处，其中矿坑 290 处（图二）、房屋 33 处、防御性建筑 31 处（图三）、石料堆积 29 处。各类遗存沿矿脉走向整体呈西北—东南向分布。2011 ~ 2017 年，发掘面积 5400 余平方米，清理房址 124 座（图四）、灰坑 112 处、石料堆积 43 处。

二　主要遗存

从径保尔草场玉矿遗址发掘情况来看，遗迹主要有矿坑、矿沟、岗哨、房址、灰坑、灰沟、石料堆积等，其中以房址最为典型。房址主要有半地穴式、地面式两大类，以半地穴式为主。

图三　径保尔草场玉矿遗址防御性建筑（南—北）

半地穴式房屋，平面多呈方形，有单间和套间两种，结构基本相似，主要由柱洞、门道、储藏坑（台）、土台（炕）、操作坑（台）、灶台等几部分组成，部分操作台之上有砺石。部分房屋有多次使用改变房屋结构的情况。

单间房屋如 F3（图四），坐西朝东，整体呈方形。主要由门道、储藏坑、土台、操作台（坑）、灶台等几部分组成。主室平面近方形，地面由东南向西北倾斜，呈缓坡状。局部砌有石块护边。门道位于房屋东侧南端，为长方形浅坑，呈斜坡状，东高西低。储藏坑 2 个，1 号储藏坑位于房屋外、房屋东侧北端，与门道几近对称，平面为圆角方形，南北壁各有一小坑向两端突出，可能为脚窝。坑壁较为规整，坑口北部边缘砌有半圈石块。2 号储藏坑位于主室内东南部，东接门道，西连灶台。平面近长方形，利用房屋东、南两壁及灶台形成其东、西、南三壁，土石砌成北壁，底部不甚平整。灶台位于主室内西南角并利用房屋西南角，由土、石堆砌而成，平面呈扇面形，西北部被破坏。圆形火塘，烟道顺主室西南角而上，烟囱呈圆形，由黏土堆砌而成。操作台位于灶台北部，由黄黏土堆砌而成，平面整体近圆形，上有以黄土堆砌的土棱两周。西部与房屋西壁相接，北部与土台相连，边缘被一小坑打破。砌筑方式可能是先在地面堆砌土台，在土台上再堆砌凸棱，形成坑状，以便收集磨制玉料时产生的石料碎屑及废水。土台位于房屋内北部，整体呈长方形，由黄黏土堆砌而成。其西北端被破坏形成浅坑，南部边缘因破坏呈斜坡状。在屋外南部发现 3 个柱洞。

套间如 F33（图五），整体为不规则形，有 Ⅰ、Ⅱ 两室。房屋在使用过程中有改造结构的现象。早期结构由 Ⅰ 室、Ⅱ 室、门道 1、门道 2、门道 3、储藏坑 2、储藏坑 3、储藏坑 4、储藏坑 7、储藏台、灶 1、灶 2、操作台、灰烬堆积、柱洞组成。Ⅰ 室平面呈不规则形，Ⅱ 室平面呈正方形，两室由通道连接。门道 1 位于 Ⅰ 室东北，平面呈椭圆形，

图四　F3 ~ F5

方向为北偏东 50°；门道 2 位于Ⅱ室东北，平面呈长方形，正东方向；门道 3 位于Ⅱ室东南，平面呈长方形，正东方向。储藏坑 2 位于Ⅰ室西北，平面呈不规则形；储藏坑 3 位于Ⅰ室西南角，平面呈不规则形；储藏坑 4，位于Ⅱ室外东侧，平面呈椭圆形；储藏坑 7 位于Ⅰ室西北，平面为东西向不规则形。储藏台位于Ⅰ室西北，南侧紧邻储藏坑 7，平面为圆形，北侧边缘有矮石墙围堵，石墙内抹有黄黏土。灶 1 位于Ⅱ室西北，已毁；灶 2 位于Ⅰ室东南，已毁。操作台位于Ⅰ室南，介于灶 2 与储藏坑 3 之间，紧邻灶 2，是用石块和黄黏土围砌成，近长方形。后期将Ⅱ室门道 2、门道 3 用石块封堵，改造成储藏坑（即储藏坑 5、6），并在Ⅱ室西南角用石墙封堵改制成一个储藏坑（即储藏坑 1），折尺形石墙叠压灶 1 灰烬，可见灶 1 是在后期使用时毁掉的。

半地穴式房屋有一类形制较为特殊，由各种坑组成。如 F10（图六），主要由 H39、H40、H41 三个坑组成，H39 形制不甚规则，西部有大量石块堆积；H40 位于 H39 东南角，圆形，桶状，底部有一土石堆砌灶坑，坑底垫面厚约 0.1 米，地表堆有大量石屑及大石块，地面及部分石块上火烧痕迹明显；H41 位于 H39 东北部，圆形，袋状，其内堆积有大量玉料。从平面形制及各部位出土的遗物来看，H41 为储藏坑，H40 为灶坑，H39 为加工场。

地面式房屋有地面柱洞式和地面砌墙式两种。地面柱洞式如 F6（图七），仅存柱洞及部分活动面，其具体形制尚难确定，地面未见倒塌墙体，仅残存部分灰白色地面，局部有火烧痕迹。地面砌墙式如 F90（图八），平面呈正方形，由墙体、门道、土台子、操作台、灶以及 4 个储藏坑组成。墙体系双排石块垒砌，门道位于西侧偏南，为东西向长方形；土台子位于房屋北侧，平面呈长方形；操作台位于房屋东北角、土台东侧，长方形，系由黄泥堆筑而成，台上置大砺石一块；灶位于屋内东南角，平面近扇形，已残；

图五　F33（东—西）

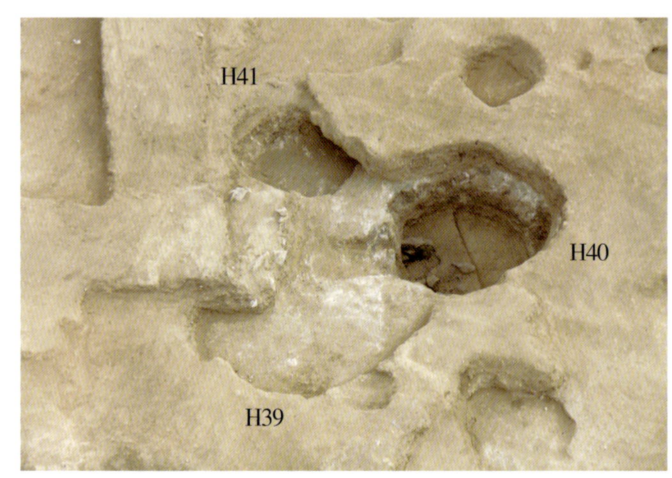

图六　F10（西—东）

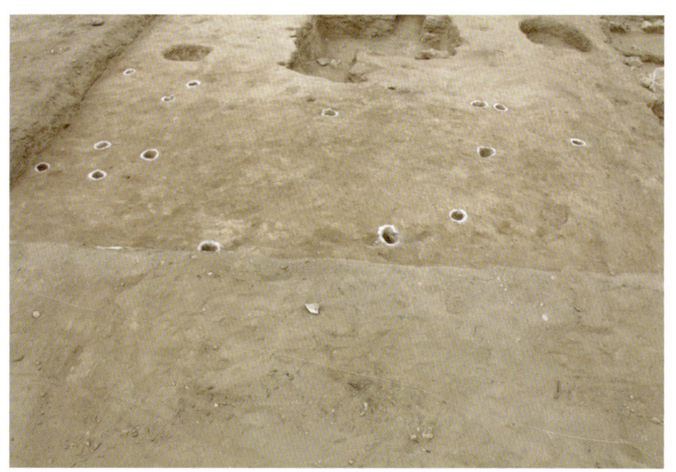
图七　F6（南—北）

储藏坑 h1 呈长方形，位于房屋西南角；h2 平面近长方形，位于房屋南侧；h3 位于屋外东南角，利用房屋东、南角石墙以石块垒砌而成；h4 位于屋外西北角，呈圆角长方形，用黄色黏土和石块砌边形成。

出土遗物主要有陶器、石器、铜器、铁器、玉料、石料、皮革、植物遗存、动物遗存等。陶器可分两类，A 类为轮制，多为夹砂陶，陶色以灰色为主，红褐色次之。素面及有纹饰的陶片各占一定比例，纹饰多为凹弦纹和绳纹组合，少数在竖道绳纹上饰横道波浪形附加堆纹，可辨器形有罐、盆、钵、甑等。B 类为手制，夹砂，陶色以红褐为主，灰色次之，红褐陶中有一类因烧制气氛而形成的灰胎红皮陶，多为素面，可辨器形多为罐。A 类为中原汉式器物，B 类为骟马文化器物。石器主要有采矿选矿工具石锤（图九）、石斧和选料加工工具砺石（图一〇）等。铜器主要有武器、工具和装饰品等，武器以镞

图八　F90

为主。铁器有武器镞、矛、剑、刀及工具斧等。骨器主要有带扣和骨柄等。玉料从产状看分为山料和戈壁料，以山料为主（图一一、一二），戈壁料较少（图一三、一四）。鉴定出的农作物遗存包括粟、黍、小麦、大麦四类较常见的农作物，还发现了麦仁珠、牻牛儿苗、金狗尾草、藜、尼泊尔蓼和白刺等杂草种子。

三　初步认识

径保尔草场和寒窑子草场玉矿遗址，从目前的发掘研究来看，A、B 两类陶片始终共存，A 类为汉文化陶片，B 类为骟马文化陶片。之前已知的骟马文化遗存有瓜州兔葫芦、敦煌阳关、西土沟、玉门古董滩、骟马城等多处，可划分为骟马和兔葫芦两个类型。径保尔所见 B 类陶片与“骟马类型”“兔葫芦类型”既有共性，也有自身的特点，很可能是骟马文化的一个新类型，其年代偏晚。碳 -14 测年显示，马鬃山玉矿年代分布在公元前 390 ~ 前 60 年（2Sigma），年代主要集中在公元前 360 ~ 前 150 年。目前初步确定径保尔草场玉矿遗址的年代为战国至西汉早中期。

两处玉矿遗址均是由防御区、采矿区、选料区等组成的采玉聚落址（图一五）。径保尔草场玉矿遗址依自然地貌分为五个地点，就第一地点来看，各类遗存在空间分布呈现出一定的特点，由外向内，依次为岗哨、矿坑、选料作坊，选料作坊处于地势最低处，防御性岗哨置于最高处。矿坑的分布指明了矿脉的走向，岗哨的大量存在表明了资源的重要性，半地穴式作坊则呈现了对当地环境的适应与利用，这三者又体现了功能上的互补。

从对径保尔的发掘揭露来看，房屋布局整体呈圆形，依据排列规律，可将其分为多组，每组房址数量不等（图一六、一七），房屋包括半地穴式、地面式两种，以半地穴

图一六　成组分布的房屋（北—南）
F32～F36、F13

料基本一致，都是由高含量的透闪石组成，化学成分和标准的透闪石矿物相同。和新疆玉料相比，现在所见到的马鬃山碎落玉料多数具有风化皮壳，并且部分样品玉质与皮壳之间难以完全分开，虽然也发现了含石墨的青花料或者墨玉，但比例明显低于新疆。同时，石墨的碳同位素组成有明显不同，新疆的玉料，从新疆本地市场上出现的比例看，含石墨的样品几乎可以达到50%左右，山料一般较少含风化皮壳，籽料的皮壳一般较薄；在颜色上，新疆料以青白玉和白玉为特征，虽然若羌等地也有黄玉或黄白玉的山料，但多数不具有皮玉混杂的特点；结构上，新疆和田籽料的结构一般更为细腻。和马鬃山玉矿遗址群玉料相比，青海玉料以山料为主，颜色白和青者居多，矿物颗粒较细，透明度高，含有水线的玉料较为常见。含有石墨的玉料，石墨以非常细小分布的尘状为主，比例也不大。辽宁河磨玉黄色的饱和度偏高，质地更粗，含石墨样品的比例也更大。

四　学术价值

玉文化是东方文明特别是华夏文明区别于西方文明的重要标志之一，玉料来源研究是玉文化研究的重要组成部分。20世纪以来，随着我国考古工作的广泛开展及大量透闪石玉器的发现和出土，学者们开始探讨内地透闪石玉料的来源问题，并将目光投向了遥远的西北地区，提出了“玉石之路”“昆山玉路”“和田玉路”之说。但和田玉在何时何地以何种方式进入内地，学界尚无定论。一直以来，我国西北部透闪石玉（和田玉）的原生矿成矿较多集中在新疆海拔4000米的雪线以上、高差起伏非常大的高山上，因此，

图一七　成组分布的房屋
F38 ~ F42

原生矿的研究非常困难。马鬃山玉矿遗址分布在一个相对平缓的地区，方便进行系统的采样比对研究。我们已有的研究显示，马鬃山的玉料在西汉早期已进入中原（徐州西汉早期玉器玉料的来源之一），早于张骞西行最早的时间。马鬃山玉矿的发现，有可能改写中国古代玉料供应的格局，打破过去认为早期玉料可能来自新疆的传统认识。对揭示汉代以前该区玉料工业和丝绸之路早期华夏玉石文明的形成，乃至揭示中原传统古玉供应运作体系等意义重大。

执笔：陈国科　丘志力　杨谊时

旱峡玉矿遗址

一 遗址概况

敦煌旱峡玉矿遗址位于甘肃省敦煌市东南，三危山的后山东南部，西距敦煌市约 68 千米，东北距瓜州 57 千米，南面为一百四十里戈壁。该区域为典型的亚洲内陆干旱戈壁荒漠区，属石质中山丘陵区，残丘连绵，砾石裸露，戈壁遍布。2014 ～ 2019 年，甘肃省文物考古研究所多次对该遗址进行调查[1]。2019 年再次对该遗址进行调查和航拍测绘，经调查该遗址东西 3000、南北 1000 米，面积 300 万平方米。共发现各类遗迹 147 处，其中矿坑 116 处、矿沟 8 条、岗哨 12 处、房址 8 座、选料区 3 处（图一）。各类遗迹沿三条玉矿矿脉分布于山体的南北两侧。矿坑多为古代开采遗存，但有部分为现代开采，亦有少量矿坑、矿沟是在古矿坑的基础上进行现代开采，破坏较为严重。矿坑多为近圆形、

[1] 甘肃省文物考古研究所、中山大学地球科学与工程学院：《甘肃敦煌旱峡玉矿遗址考古调查报告》，《考古与文物》2019 年第 4 期。

图一　遗址局部矿坑分布影像

图二 矿坑 K58

图三 矿坑 K65

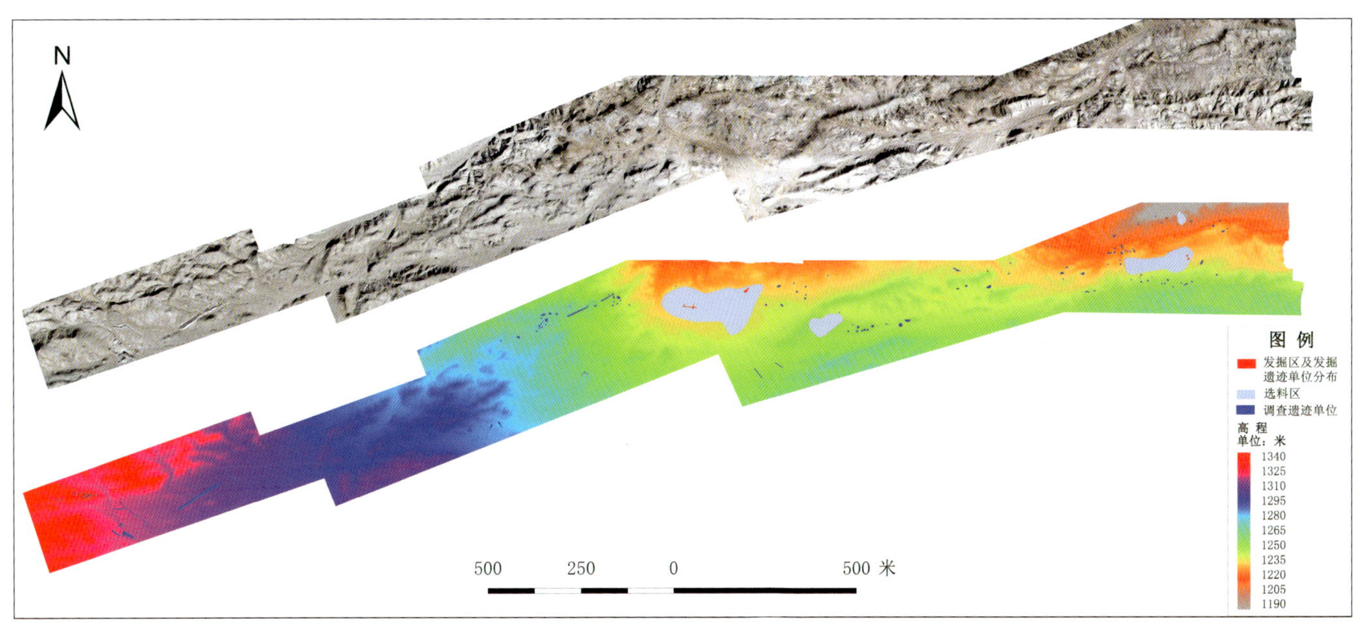

图四 遗址影像及遗迹分布图

椭圆形和不规则形的浅坑，口大底小，矿坑周边堆积大量的石料（图二、三）。岗哨位于破碎石质山顶，多为近圆角方形和长方形的石砌建筑。各类遗迹分布特征呈现出山体顶部岗哨、山体两侧为矿坑、山麓附近为房址和选料区的组合特征。

二 主要发现

敦煌旱峡玉矿遗址发掘 300 平方米，清理房址、矿坑、岗哨共计 12 处（图四）。房址包括地面石墙房址 1 座和半地穴式房址 5 座。半地穴式结构基本一致，平面呈圆角方形，由房址主体、门道、储藏坑（台）、操作台、灶、活动面等组成。其中 F1 ~ F3 利用早期矿坑坑壁垒砌石墙建造（图五）；F4 利用山麓山体一侧岩壁，地面垒砌石墙建造，房址内部结构与半地穴式房址结构一致，由房址主体、门道、灶台和活动面组成（图六）；F5、F6 岩石之上直接开凿半地穴，之后垒砌石墙建造（图七）。矿坑为沿矿脉开采形成的浅坑，平面呈不规则形，口大底小（图八），矿坑局部保存玉石矿脉，部分矿坑壁保存火烧痕迹（图九、一〇）。岗哨位于较高的山顶上，圆角方形或长方形的石砌建筑，保存较差，仅保存较矮的石墙。整个矿区形成较为分散的矿坑、房址和岗哨为组合特征的聚落分布结构，形成采矿、选料、防御一体的生产组织管理形式。

出土遗物主要有陶器、石器、玉料及石料（玉料围岩）、动物骨骼等。出土陶片包括西城驿文化夹砂红陶（图一一），个别为彩陶，地表采集典型齐家文化橙黄陶片，饰有篮纹（图一二），骟马文化以夹砂红陶为主，少量夹砂灰陶。石器主要为采矿选矿工具和生活实用工具，采矿选料工具包括石锤和砺石（图一三），生活用具包括穿孔石刀

图五　半地穴式房屋 F2（三期）

图六　F4

图七　F5、F6

图八　矿坑 K2

图九　矿坑 K3 坑壁火烧痕迹

图一〇　矿坑 K1 残存的玉脉

图一一　F5（一期）出土西城驿文化陶片

图一二　采集齐家文化篮纹陶片

图一三　矿坑 K3 出土石锤

和纺轮。玉料主要为采矿残留的碎小玉料，以透闪石为主，多青玉、糖玉，从产状分析可分为山料和戈壁料，以山料为主（图一四、一五），戈壁料较少（图一六、一七）。

三　主要认识

根据房址、矿坑、岗哨的分布特征和排列规律，组成山顶岗哨、山体两侧矿坑、山麓底部房址和选料区的分布特征，可以判断当时已经形成组织有序、管理严密的生产组织管理形式。同时房址以半地穴式为主，房址分布在山体南坡（阳坡）或山间低洼地区，房址门道向南或向东，证实当时人群已经对当地西北风盛行的气候特点有了准确的认识，注重生产生活过程中对当地环境的适应。部分房屋利用废弃矿坑改建，说明存在不同时期的开采，后期人群利用早期矿坑修建房址，同时房屋内部存在着改变房屋结构的现象，

图一四　F3 出土山料

图一五　F3 出土山料

存在多次利用。根据遗迹分布、地层堆积、矿坑叠压关系、房址多次利用、房址内部结构改变、出土陶器判断，该玉矿遗址大致分为四期，一期为西城驿—齐家文化时期，二期为骟马文化早期阶段，三期为骟马文化晚期阶段，四期为玉矿开采废弃后的晚期自然堆积。

该玉矿遗址可以分为早期西城驿文化、齐家文化遗存和晚期骟马文化遗存，出土西城驿文化夹砂红陶器与西城驿遗址二期器物相似[2]，采集齐家文化橙黄陶篮纹陶片与典型齐家文化折腹罐一致，判断早期阶段年代大致在公元前 2000 ~ 前 1700 年；出土的骟马文化夹砂红陶器与火烧沟遗址骟马文化陶器相似[3]，判断晚期阶段年代大致在公元前 500 ~ 前 300 年。通过出土器物分析，该玉矿遗址早期由西城驿—齐家文化人群开采，晚期由骟马文化人群开采，证明古代人群开采玉矿的时间早到公元前两千纪，将河西走廊玉料进入中原地区的时间大大提前。出土齐家文化和西城驿文化器物，对探讨齐家文化和西城驿文化的分布提供了新资料，特别是齐家文化向西扩张至敦煌地区提供了重要的证据。齐家人群开采玉矿的证据为齐家文化玉器研究、华西系玉器、早期玉石之路研究提供了丰富的资料。

敦煌旱峡玉矿遗址与马鬃山径保尔草场玉矿比较，走廊南山开采玉矿的年代远早于北山地区，从遗址规模和遗迹分布比较，敦煌旱峡玉矿遗址开采规模较小、房址分布分散，没有形成马鬃山径保尔草场玉矿的大型聚落，半地穴式房址都兼有生活、生产的功能。从出土遗物及相关遗迹现象判断，两处玉矿遗址都属于露天开采，

[2] 甘肃省文物考古研究所、北京科技大学冶金与材料史研究所、中国社会科学院考古研究所等：《甘肃张掖市西城驿遗址》，《考古》2014 年第 7 期。

[3] 甘肃省文物考古研究所：《甘肃玉门火烧沟遗址 2005 年发掘简报》，《文物》2019 年第 3 期。

图一六　矿坑 K1 出土戈壁料

图一七　矿坑 K1 出土戈壁料

采矿选料工具主要是石锤和砺石，从矿坑壁上残留的火烧痕迹及玉料火烧的痕迹推测两处都采用烧山采矿的技术[4]。

四　学术价值

河西走廊西部相继在走廊北山发现马鬃山径保尔草场和寒窑子玉矿遗址，走廊南山发现敦煌旱峡玉矿遗址，三处玉矿遗址是目前国内发现可以确定年代最早的透闪石玉料开采的工业遗址，对认识祁连山、北山软玉成矿研究及寻找新的古玉矿遗址提供了新思路。器物研究对玉矿采矿技术、选料技术、生产组织管理、玉料的运输等各个方面的研究具有重要意义。河西走廊西部玉矿遗址开采从公元前两千纪一致持续到西汉中期，为我国透闪石开采史、西玉东输、玉石之路研究提供了确凿的证据，为认识西北地区古代采矿人群与中原地区人群的关系提供了新材料，乃至对揭示河西走廊地区对中原地区古玉供应运作体系意义重大，打破过去认为早期玉料可能来自新疆的传统认识。几处玉矿遗址的发掘，对认识史书记载的“三危山”和“昆仑”之地望的历史地理研究提供了新的突破口。

执笔：杨谊时　陈国科

[4] 甘肃省文物考古研究所：《甘肃肃北县马鬃山玉矿遗址》，《考古》2015 年第 7 期。

[第四章]

周、秦、西戎考古发现

20 世纪 80 年代，随着甘谷毛家坪、崇信于家湾、灵台白草坡、庄浪徐家碾、合水九站、固原杨郎等一批考古遗址的发掘，两周时期周文化、秦文化以及西戎文化的考古学面貌被初步勾勒出来，在此基础上学者尝试构建该区域周、秦、西戎文化综合研究的基本框架。2004 年，甘肃省文物考古研究所、中国国家博物馆、陕西省考古研究院、北京大学考古文博学院、西北大学文博学院五家单位组成联合课题组，启动早期秦文化调查、发掘与研究项目。截至目前，项目已连续开展了近 15 年的时间，先后对西汉水上游地区、渭河上游及其支流牛头河流域以及泾河上游支流红河上游地区进行考古调查、勘探，并发掘了礼县鸾亭山遗址、西山遗址、大堡子山遗址、六八图遗址、清水李崖遗址、甘谷毛家坪遗址、张家川西戎贵族墓地、秦安王洼墓地、漳县墩坪墓地和宁县石家墓地·遇村遗址等一系列早期秦文化或与秦文化密切相关的西戎和周文化遗址。大量新材料的出现，使甘肃东部两周时期的文化面貌更加清晰，学者的认识也愈加深入，为解决前所未决的问题提供了新线索、新思路。

李崖遗址

一　遗址概况

李崖遗址位于甘肃省清水县城北侧樊河西岸和牛头河北岸交汇处的台地上，西以赵充国墓地为界，东至陈家沟，行政区划属于李崖村、白土崖村、仪坊村。遗址背山面河，地形较为平坦开阔，西北高东南低，海拔 1370 ~ 1450 米。大体以清水县至张川县公路及天水—平凉铁路为界，其东、南侧为一级台地，主要文化堆积为西周时期遗存，面积约 50 万平方米；其西、北为二级台地，主要文化堆积为西周时期遗存和北魏至隋唐时期遗存，面积约 50 万平方米。两者相加，遗址总面积约 100 万平方米（图一）。

图一　遗址全景

图二　城墙调查与测绘

2009年，为配合天平铁路的修建，甘肃省文物考古研究所在铁路线经过的部分地段进行了小规模钻探和发掘，在遗址第一台地的东段（后统一编号为H发掘点）发掘了一座灰坑，出土了大量西周中期的陶片。2010～2011年早期秦文化联合考古队正式对李崖遗址进行大规模勘探与发掘，包括2009年配合天平铁路发掘点在内，共发掘了8个地点，分别编号为A、B、C、D、E、F、G、H发掘点，收获颇丰。2013年国务院公布李崖遗址为国家级重点文物保护单位。

二　主要发现

截至2011年年底，钻探面积达40万平方米，发现各类遗迹现象近千处，其中墓葬数百座、城址一座、夯土基址十数处。勘探发现的西周时期墓葬分布较分散，以2～7座的小规模分布。发掘和解剖北魏时期城址1座，在城内清理建筑基址2座、灰坑数十个。发掘西周时期墓葬15座，寺洼文化墓葬4座，齐家文化墓葬1座。

1. 夯土遗址

夯土城墙为故城城墙，地表可见其北墙及东墙北部夯土城墙，东城墙南段已遭毁弃。北墙西端为一条自然深沟，呈西南走向，可能是古城西面的天然屏障。2010年对城墙进行了测绘和部分解剖发掘，确定该城始建于北魏。城内发掘2处建筑基址，一处为建筑的夯土墙基，呈西北—东南走向，总长约20、宽1.5米，内含北魏时期的陶片和瓦片，被多个灰坑打破，根据灰坑出土的莲花瓦当及套索纹、水波纹等陶片，判断其年代为西魏—唐代。另一处建筑为方形建筑，被北魏至唐代灰坑打破，建造年代应不晚于北魏（图二至五）。

2. 西周墓葬

发掘的西周时期墓葬均为竖穴土坑墓，按照规模大小基本可分为三种：较大的长3.8米左右，宽1.3米以上；中等的长3米左右，宽1米左右；较小的长2.5米以下，宽1米以下。前两种有棺有椁，后一种一般有棺无椁。墓葬均未被盗，随葬陶器数量差别相

图三 城墙调查与测绘

图四 方形建筑

当大，最多的有30件，最少的仅1件。墓葬均为东西向，头向西（西偏北），有腰坑殉狗，随葬陶器为鬲、簋、盆、罐组合，部分陶器具有商式风格。其中有一座墓（M9）规模较大，骨骼凌乱，为二次扰乱葬，出土陶器30件，其中有一件为典型的寺洼文化马鞍口罐，其余为周式或具有商式风格的陶器。另外有4座墓出土寺洼文化陶罐1件，当为寺洼文化墓葬（图六至一一）。

3. 汉墓

完整的仅一座。总长约7米，其中墓道长2.2、宽1.6米，墓室长4.8、宽2.8、深1米。

图五　城墙西墙基槽

图六　M9

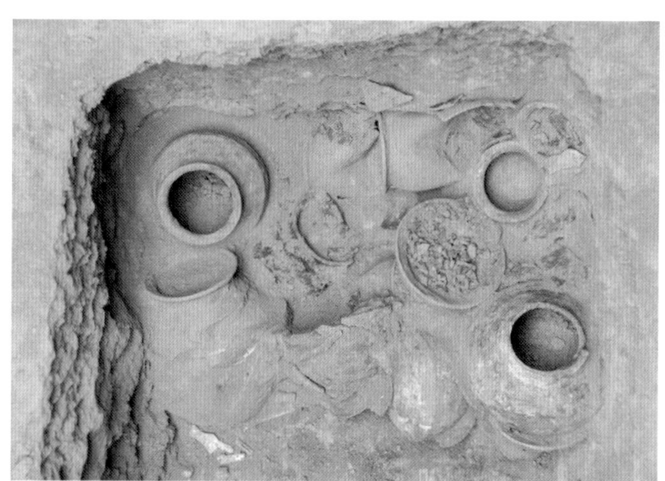
图七　M9随葬器物出土情况

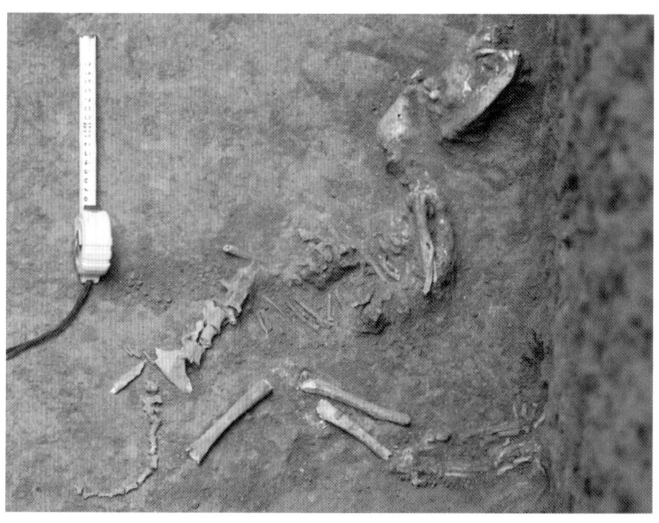
图八　M9殉狗

葬具为一棺一椁，椁前有头箱。棺置于墓室左侧，头箱内置漆器数件，陶灯、陶博山炉各1件。随葬品多置于棺右侧，有陶罐、陶壶、陶鼎、陶灶、陶甑等，另有铜柿花饰数件。

三　主要认识

（1）确定了白土崖古城始建于北魏，结合文献记载，当为北魏清水郡城，城内发掘的建筑基址同属于北魏，打破城墙及建筑基址的大量灰坑为北魏以降至隋唐时期的遗迹。北魏郦道元所撰《水经注》卷十七《渭水》载："东亭川水又西得清水口，水导源东北陇山，二源俱发，西南出陇口，合成一水，西南流历细野峡，径清池谷，又径清水县故城东，王莽之识睦县矣。其水西南合东亭川，自下亦通谓之清水矣。又径清水城南，又西与秦水合，水出东北大陇山秦谷，二源双导，历三泉合成一水，而历秦川。川有故秦亭，秦仲所封地。秦之为号，始自是矣。""东亭川水"即今牛头河，"清水"即今"樊河"，"秦水"即今后川河。文中北魏"清水城"的位置正与白土崖古城所在地吻合。据《史记正义》引《括地志》云："秦州清水县本名秦，嬴姓邑。《十三州志》云秦亭，秦谷是也。"白土崖古城可能为北魏清水郡故城。北魏至中唐是清水地位最高的时期，仅在此阶段曾被升格为郡、州。白土崖古城作为当时的治所，经历了近300年的兴衰荣辱。其年代与性质的确定，提供了可靠的参考坐标，对进一步研究清水城的历史沿革具有重要意义。

（2）发掘的10余座西周时期墓葬及30余座周代灰坑均属于西周中期或者更早阶段，墓葬为东西向、头向西（西偏北）、直肢葬、带腰坑殉狗，这与春秋战国时期秦国高等级贵族墓葬俗一致，部分陶器具有显著商式风格。判断该墓葬为西周秦人墓葬。

（3）李崖遗址的西周遗存相当丰富。周代墓葬和灰坑的年代集中在西周中期或者更早一些，目前未见东周时期的遗迹单位或标本，表明遗址的繁荣期在西周中期，进入西周晚期就很快废弃。这与非子至秦仲四代居秦邑，到庄公时期迁徙至西犬丘的文献记载吻合。李崖遗址为非子封邑之所在是可能的。但目前尚未发现大型建筑、较大型的铜器

图九　M9出土陶鬲

图一〇　M9出土陶簋

图一一　M9出土马鞍形口陶罐

墓等重要遗迹，加之《史记》明确记载秦文公曾指出其先祖非子立秦于汧渭之会，文献与发现不相符，尚难有定论。

（4）发现的几座寺洼文化墓葬，与早期秦人墓葬邻近。其中，M18为女性寺洼文化墓葬，但与之相邻的M20为男性早期秦文化墓葬，两墓规模相当，方向一致，似为夫妇异穴并葬（图一二、一三）。另，M9按照葬式及出土的马鞍口罐似为寺洼文化墓葬。由此表明，早期秦人与寺洼人可能通婚，而且曾长期和睦相处过。

（5）李崖遗址西周时期的墓葬大都未曾遭盗扰，这是很难得的，今后应加大遗址保护力度，防止被盗发生。

四　学术价值

李崖西周墓的年代主要属西周中期，为迄今发现年代最早的秦文化墓葬，反映了秦人西迁之初的文化特点。这批墓葬在葬俗和随葬品上有浓郁的商式风格，尤其是商式风格的陶器，将早期秦文化和商文化直接联系起来，从考古学的角度证实了秦人"东来说"。为史学界、考古学界有关秦人、秦文化"东来说"与"西来说"问题的解决，提供了最直接的考古证据，使秦人"东来说"成为秦人、秦文化起源的主流。

李崖遗址是目前牛头河流域最大的一处秦文化遗址，根据秦人活动轨迹，其有作为非子封邑的可能，虽然存在争议，但这是目前已知探索非子封邑的唯一资料。

秦人墓地内寺洼文化墓葬的发现都表明秦戎关系在早期还是存在融合甚至通婚的可能。后期由于周王朝对戎人政策发生改变，秦戎关系随之发生变化。

执笔：侯红伟

图一二　M18

图一三　M18出土陶罐

毛家坪遗址

一　遗址概况

毛家坪遗址位于甘肃省甘谷县磐安镇毛家坪村，东距县城25千米；分布在渭河南岸的二级台地上，与今河道相距0.5千米，其间有陇海线穿过；南靠丘陵，东部有冲沟，西边不远为渭河南岸支流南河。遗址东西约600、南北约1000米，面积约60万平方米。遗址分沟东和沟西两部分，沟西部分的北部及西部为居址区，大部分被村庄叠压，南部为墓葬区；沟东部分主要为墓葬区，严重被盗。遗址现为省级文物保护单位（图一）。

1982、1983年甘肃省文物工作队、北京大学考古学系在毛家坪遗址进行两次发掘，在遗址沟西的墓葬区共发掘土坑墓22座；在沟西的居址区布方发掘200平方米，发掘出灰坑、房基、土坑墓、瓮棺葬等遗迹。在该遗址主要发掘到几种文化遗存：以彩陶为特征的石岭下类型遗存，以绳纹灰陶为代表的周代秦文化遗存（A组），以夹砂红褐陶为特征的西戎文化遗存（B组），和以TM7为代表的新类型。毛家坪西周墓与关中东周秦墓一脉相承，属西周时期秦文化。这次发掘开辟了考古学上探索早期秦文化的先河，在学术史上具有里程碑的意义。

图一　遗址全景

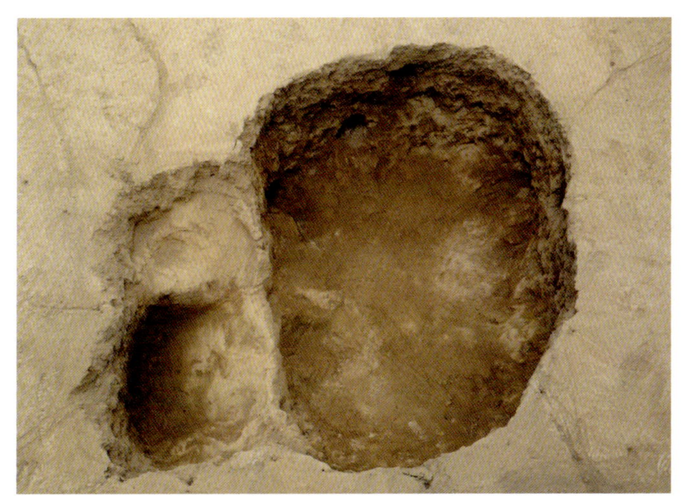

图二 秦文化灰坑

图三 东周西戎文化灰坑

近年清华简《系年》提到周成王将山东的商奄之民西迁到“邾圄”，就是秦人的祖先，以防御西戎。李学勤先生考证“邾圄”即甘谷朱圉山。而朱圉山就在遗址附近。因此有必要再次发掘遗址以求得验证。

二 主要发现

自2012年起，早期秦文化联合考古队全面勘探、发掘毛家坪遗址。迄今为止，勘探出墓葬千余座，其中沟东731座，沟西300余座。考古队在遗址中南部建立布方的总基点（0，0，0）。以总基点为原点、方向为正磁北方向，将整个毛家坪遗址划分为四个象限，以顺时针方向分别记为Ⅰ、Ⅱ、Ⅲ、Ⅳ。每个象限中又以400米×400米为一个区，每个区内5米×5米为一个探方，共6400个探方。依据钻探情况在遗址区内有针对性地选择了10处发掘点，即A、B、C、D、E、F、G、H、I、J发掘点。前后工作近三年，主要遗迹包括灰坑、瓮棺葬、踩踏面、房址、墓葬、车马坑等。

1. 灰坑

主要集中在A、C、F发掘点，是遗址内发现最多的遗迹，共752个，形状有圆形、椭圆形、不规则形等。坑内出土遗物以兽骨和散碎陶片为主。年代从西周延续至战国，多数灰坑出土大量绳纹灰陶片，从器形看有鬲、盆、豆、罐等，属于秦文化遗物（图二）。部分灰坑出土夹砂红褐陶的铲足分裆鬲、双耳罐，属于东周西戎文化遗物（图三）。其功能大部分为垃圾坑，存在少量窖穴和灰坑葬。窖穴坑壁多修整加工过，内含炭化植物种子（图四、五）。灰坑葬3座，各葬一具人骨，皆为仰身屈肢葬，头向分别向南和向西，几乎没有随葬品（图六）。

2. 瓮棺葬

瓮棺为内盛婴儿骨骸的大型鬲或盆、罐，主要在居住区地层内（图七、八）。

3. 踩踏面

共发现踩踏面14处。分布比较零散，主要集中在A、D、F发掘点。在A发掘点第3层和第4层之间还有一层踩踏层（编号L1），在各个探方中都有分布，厚30～50厘米，

图四　窖穴

图五　窖穴内含炭化植物种子

图六　灰坑葬

图七　瓮棺葬

图八　瓮棺葬

图九　踩踏面

图一〇　房址

在探方区西边有清晰的界限，表明这是一处古代的小型广场，是附近人们举行公共活动的场所。据出土遗物判断，广场属战国时期。但由于发掘面积有限，广场的其他三边界限及范围还不清楚（图九）。D、F 发掘点发现的踩踏面可能和居址有关。

4. 房址

房址平面多为椭圆形，有门道、柱洞、灶、活动面。陶窑有前后室、火膛、火道。居址单位大多数为西周晚期至春秋早期，墓葬绝大多数属春秋时期，墓葬打破居址单位的现象很普遍，可见这里在居址废弃后才成为墓地（图一〇）。

图一一 M2059

图一二 M2059 头箱

5. 墓葬

东西两区共计发掘墓葬199座。主要分为竖穴土坑墓、偏室墓和直线式洞室墓三种。一般来说，竖穴土坑墓年代从西周晚期延续到战国且等级较高，偏洞室墓和直线式洞室墓年代都集中在战国时期且等级较低，墓主均采用屈肢葬式，头向西，为典型的秦人葬式。沟西最大的竖穴土坑墓为M2059和M2058。M2059为长方形竖穴土坑墓，在车马坑K201西北约15米处，为K201的主墓。墓坑长5.2、宽2.8米，墓底距地表深12.5米，口、底同大。墓坑北壁上部开一壁龛，殉1人，为男性，有棺；墓坑四壁下部接近二层台的位置各开一浅龛，其中西、北、南龛各殉1人，均有棺；东龛置长棺，内殉2人，下部的5个殉人均为女性。殉人随葬陶豆。墓室内一椁一棺，木椁长近5米，椁盖板上有殉狗、椁饰。有南北向隔板将椁室分隔成西部的头箱和东部的棺室。头箱内有铜容器15件，5鼎、4簋、2方壶、1盘、1匜、1盂、1方甗；陶器13件，大喇叭口罐6件、小罐7件。棺室内置内外双棺，外棺素面，其上有铜戈1件、铜短剑1把。内棺外髹青灰色漆，内髹红漆，内棺上置铜戈1件、铜短剑1把。内棺内墓主人为头向西的仰身屈肢葬，为舒缓的屈肢葬。人骨双耳戴玦，双手交叉于腹部，下压玉璧，右胸肋骨处有各种质地的细小串珠，应为佩饰。紧贴人骨右臂出1铜戈，中胡三穿，胡部有铭文，共两列14字，右列前六字为“秦公作子车用”，余字锈蚀不清。墓主为男性（图一一、一二）。

偏洞室墓和直线式洞室墓主要集中在沟东。在墓室和墓道之间有封门设施，包括封门板、立柱、横杠、封门槽等，洞室壁上往往开有壁龛，随葬陶器，有铲足鬲、罐等，年代为战国中晚期（图一三、一四）。

6. 围沟

在F点正南约50米处，开了一条2米 ×15米的探沟，定为H发掘点，目的是解剖环绕墓地的围沟。经钻探可知沟西墓地的北部相对独立，包括D、F点所在台地，其北、东、南侧均有围沟，相当于墓地的“外兆”，总长度超过300米，沟宽5米左右；西侧围沟不见，可能被后代取土破坏。H点探沟开在南侧壕沟的西段，围沟宽6.6、深约4.84米，斜壁，其内填土可分三层，包含屈肢式人骨架及豆盘。围沟的开挖及使用年代大致在春秋时期（图一五）。

7. 车马坑

沟东发掘车马坑2座，沟西发掘3座。沟东区发掘的两座车马坑均为一车二马，马东车西，马位于车辕两侧系驾位置，采取跪伏姿势，为杀死后处置的。双轮独辀车，车衡、车轭、车辕、车轮、车毂、车轴结构清晰。K1001坑内有殉狗和殉人，K1002的车衡上放置一柄长矛，很可能属于战车。这是甘谷县境内周代车马坑的首次发现，弥足珍贵（图一六）。在沟西区D发掘点东北部发掘一座大型车马坑K201，坑口东西长10、南北宽3.3 ~ 4米，被春秋战国之交的墓葬（M2046）打破；坑底深7米，在其南部垫起一个宽约1米的熟土二层台，形成一个10米 ×3.3米的空间用以放置车马。其中东西一排放置三辆车，均辀东舆西。1号车在东，驾4马，为俯卧状，马头有络饰、衔镳，车的衡、轭、辀、舆、轮、毂、轴结构清晰。2号车在中，驾2马，马身上蒙裹皮质甲胄，上髹红漆，

图一三　偏室墓

图一四　直线式洞室墓

图一五　围沟

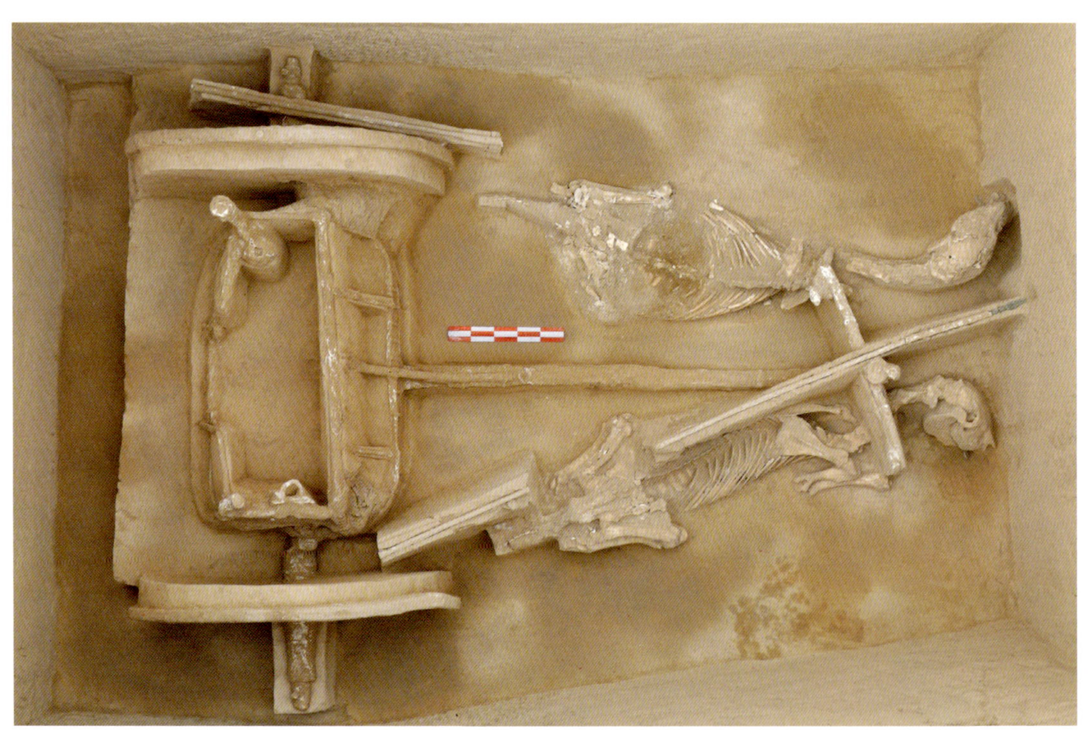

图一六　沟东车马坑 K1002

绘黑彩，为勾连蟠虺纹；甲胄上缝缀铜泡、勾云形铜饰；车的各部分结构清晰，舆板外蒙牛皮，上髹棕黑色漆，再用红彩勾画出豹、虎、兔、马等动物形象，并缝缀勾云形铜饰；车载矛、戈、弓、镞等兵器及铜铲形器。3号车在西，驾4马，车的各部分结构清晰，舆前有弓、镞、环、扣饰，舆底板上铺席及布匹。坑的西北角有一藤条筐，内放牛头和羊头，当为祭祀之物（图一七）。

图一七　沟西车马坑 K201

三　主要认识

（1）2012 ~ 2014 年在毛家坪遗址累积发掘面积约 4000 平方米，共发掘墓葬 199 座、灰坑 752 个、车马坑 5 座。共出土铜容器 51 件、陶器约 500 件、小件千余件（组）。极大地丰富了甘肃东部以及周代秦文化的内涵。

（2）遗址面积不少于 60 万平方米，墓葬总数逾千座，并有 M2058、M2059 这样的大型墓葬和 K201、K203 这样的大型车马坑。应可以与古文献记载的某处历史名城或县邑对应，可能是古冀县的县治。

（3）铜器铭文“秦公作子车用”，印证了《诗经》《左传》《史记》等文献中关于秦穆公卒、三良从死、子车为穆公近臣、子车氏为春秋时秦国重要贵族的记载。

四　学术价值

大量秦文化遗物的出土，其年代从西周一直延续到战国，完善了甘肃东部秦文化的编年，为探讨秦人西迁年代、研究甘肃东部秦文化的变迁和谱系提供了重要的实物资料。

该遗址位于天水—礼县古代交通要道上，为秦人北上东进的战略要地，自始至终没有被放弃。遗址面积不少于 60 万平方米，墓葬总数逾千座。应可以与古文献记载的某处历史名城或县邑对应，可能是古冀县的县治，对研究中国郡县制起源有重要意义。

毛家坪沟西墓地可能为子车氏家族墓地。发掘的车马坑全面展现了春秋时期秦人车制，对研究秦独特的车马文化有重要意义。

执笔：侯红伟

大堡子山遗址

一 遗址概况

大堡子山遗址位于甘肃省礼县县城以东13千米处的西汉水北岸，因其西端高处有一座清代堡子而得名，是秦国早期国君陵园（图一）。以大堡子山遗址为中心，周围分布有多个遗址：位于西汉水南岸有山坪早期秦文化城址、圆顶山春秋秦人贵族墓地；西汉水支流永坪河西岸有盐土崖遗址等，沿西汉水南北两岸分布。20世纪90年代初，盗墓狂潮席卷全国，礼县也没能幸免。大堡子山两座秦公大墓惨遭盗掘，大小墓葬被洗劫一空，盗掘出来的文物被贩卖到世界各地，造成了国家文化财产的严重流失（图二）。1994年3 ~ 11月，甘肃省文物考古研究所对大堡子山陵区进行了全面勘探和发掘，勘探面积21万平方米，发掘“中”字形大墓2座、车马坑1座，以及中小型墓葬9座。2006年，甘

图一 遗址全景

图二　被盗秦公大墓

图三　城墙东北角

肃省文物考古研究所、陕西省考古研究院、中国国家博物馆、北京大学考古文博学院、西北大学文博学院五家单位组成早期秦文化联合考古队，对大堡子山遗址进行调查、钻探和发掘。共发现各类遗迹699处，有夯土城址、建筑基址、墓葬、车马坑、陶窑、水井、灰坑等遗迹。调查和钻探发现大堡子山城址修建在山坡上，依山势而建，平面呈不规则形，面积约150万平方米。城内遗迹主要为秦公大墓、大型房屋基址、灰坑、踩踏面及陪葬墓（大墓周边中小型墓）。城外亦有与之对应的中小型墓葬。

二　主要发现

1994年3～11月，甘肃省文物考古研究所对大堡子山陵区进行了全面勘探和发掘，勘探面积21万平方米，发掘“中”字形大墓2座、车马坑1座，以及中小型墓葬9座。发掘的墓葬均为东西向的西首葬，两座大墓南北并列，相距大约20米，大墓南侧发现东西向车马坑2座，已经发掘的K1位于东南部。2006年，甘肃省文物考古研究所、陕西省考古研究院、中国国家博物馆、北京大学考古文博学院、西北大学文博学院五家单位组成早期秦文化联合考古队，对大堡子山遗址进行调查、钻探和发掘。2006年对大堡子山遗址进行了全面钻探，钻探面积达150万平方米，发现夯土建筑基址26处、中小墓葬400余座以及较丰富的文化层堆积等。在调查、钻探的基础上，2006年进行了较大规模的发掘，发掘面积3000多平方米。其中，发掘大型建筑基址1处（21号建筑基址）、中小型墓葬7座、祭祀遗迹1处（包括乐器坑1个、人祭坑4个）。2015～2016年，秦文化与西戎文化联合考古队对大堡子山遗址进行了抢救性发掘，共发掘墓葬4座（M30～M33）和车马坑1座（K32），墓葬和车马坑的形制均为长方形竖穴土坑，未被盗的M31、M32两座墓葬随葬器物较为丰富，有铜器、陶器、玉石器等。

图四 21号建筑基址

图五 21号建筑柱础

大堡子山城址坐落在东北—西南走向的山体上，围绕整座大堡子山依地势而建，形状很不规则。城墙的建造方法为夯土版筑，由于山体大面积滑坡，许多地段已经无存，其中以北城墙一段保存最为完整。北城墙复原长度约250米；西城墙复原长度1300米；南城墙和东城墙只发现了数段，均位于山体边缘、紧邻断崖的地方，估计原长度分别为870和2600米。城址总面积约55万平方米。关于该城的建造年代，从城墙夯土内包含陶片看，城墙的始建年代大致为春秋早期。在西汉水对岸的山坪也发现一座城址，与大堡子城址隔河相望。夯土城墙断续残存300米以上，并发现早期秦文化堆积，判断这里也是一座早期秦文化遗址（图三）。

21号建筑基址，位于大堡子山城内南端较高处，西面背靠黄土断崖，东面俯视西汉水河川。建筑基址南北长103、东西宽16.4、进深11.4米，方向为北偏西16°（图四）。西墙保存相对较好，东墙和北墙仅保留夯土基槽部分，南段保留部分墙体。墙体残存高度约0.4～1.5、宽约0.6～1.6米，夯土基槽宽3.2～3.3、深0.5～1.12米，夯筑工具为5个一束的木棍。在东、西两道夯土墙之间正中位置发现南北一字排列的17个柱础，另有一个不在原位置，被移动至西北方向5米以外，总计有18个（图五）。柱础石间相隔约5米，呈不规则形状；柱础石为青灰色页岩，大小基本相近，少数被破坏（按照柱础间距，最南边尚缺失一个）。柱础石材与大堡子山暴露出的岩石层相同。建筑基址西墙外侧为斜坡状生土断崖，距夯土基槽约4米，与墙基同一走向，在整个西墙外侧生土断崖下，自北至南都存在一道石砌矮墙。堆积与西墙基槽之间是保存状况比较差的活动面，应当为房子使用时期的室外活动面。活动面高于石柱础表面，证明石柱础应当为暗础，房屋的室内地面和东侧室外活动面被破坏殆尽。该建筑基址没有发现门道、台阶等。21号建筑基址始建年代大约为春秋早期偏晚或春秋中期偏早阶段，战国时期被废弃。建筑中有大型柱子，周围夯土墙可能主要用来承重，应为梁架结构的两面坡式建筑。该建筑未发现隔墙遗迹，似为大型府库类建筑。

祭祀遗迹，包括乐器坑和人祭坑两部分，位于被盗秦公大墓（M2）西南约20多米处（图六）。大型乐器坑长8.8、宽2.1、深1.6米。坑内南排木质钟架（仅存朽痕）旁依次排列3件青铜镈钟、3件铜虎（附于镈钟）、8件甬钟，镈钟和甬钟各附带有1件青铜挂钩（图七至一〇）；北排磬架（仅存朽痕）下为2组10件石磬，

图六　祭祀遗迹全景

均保存完好（图一一）。3 件青铜镈钟一大两小，最大的一件通高 65 厘米，舞部及镈体部以蟠龙纹为主要装饰；四出扉棱为透空的纠结龙纹，造型华美；鼓部素面，有铭文 28 字，内容为“秦子作宝龢钟，以其三镈，乃音鉠鉠雍雍，秦子畯令在位，眉寿万年无疆”，甚为重要。该镈钟与上海博物馆收藏的秦公镈钟以及宝鸡太公庙出土的秦武公镈钟相似，年代为春秋早期。与乐器坑同时还发现人祭坑 4 个，每坑埋人骨架 1 ~ 2 具，肢体屈曲，其性质当为杀人祭祀（图一二）。乐器坑的性质与人祭坑相同，也应属于祭祀性质。大堡子山乐器坑距离被盗秦公大墓很近，当与大墓有关。大堡子以乐器坑为代表的祭祀遗迹是在该遗址遭大规模群体性盗掘后幸存下来的，因而更显得难能可贵。

2007 年对祭祀遗迹做了小规模的补充发掘，在其西北部发现了一条人工壕沟，为西北—东南走向。口大底小，口部东西宽 2.6 ~ 2.85 米，底部东西宽约 0.65 ~ 1.2 米，深 1.3 ~ 1.4 米。沟的底部有踩踏面，踩踏面厚 8 ~ 12 厘米，上为淤土层。踩踏面上分布有小石块。沟内包含物有石块、红烧土、陶片、铁器残片及瓦片。经进一步钻探发现壕沟长 120 余米，在西北方向发现沟的拐角，向东残长约 12 米，其余部分被破坏，不明；东侧为断崖，推测应无壕沟（图一三）。该人工壕沟与秦公大墓、祭祀遗迹密切相关，可能属于阻排水一类的用途。

遗址内共有两座秦公大墓，位于城内中心偏南位置，两墓方向一致，M3 位于 M2 北侧，均为“中”字形，带东、西两条斜坡墓道。M2 为东西向“中”字形大墓，全长 88 米，有东西两条斜坡状墓道。东墓道长 37.9、宽 6、最深 11 米，墓室呈斗状，长 6.8 ~ 12.1、宽 5 ~ 11.7、深 15.1 米，西墓道长 38.2、宽 4.5 ~ 5.5 米。斜坡埋葬有 12 个殉人，均为屈肢葬，头向有的朝东，有的朝西，多为青少年。内设二层台，东、南、北三面二层台上殉葬 7 人，均为直肢葬，都有葬具，多随葬有小件玉器，葬具为木椁和漆棺，均

图七　乐器坑 K5

图八　K5 出土青铜镈钟

图九　K5 出土青铜甬钟

图一〇　K5 出土青铜虎

已腐朽，棺周围残留有金箔片，椁内残存罐、鬲等陶器碎片以及铜泡、戈、刀等铜器残片。墓主人骨已朽，根据痕迹判断为仰身直肢葬，头向西，墓室底部中央有腰坑，内有殉狗 1 只、玉琮 1 件。该墓已被盗掘一空，仅在盗洞中发现 5 件石磬。

M3 为“中”字形大墓，东西向，全长 115 米，墓道结构和 M2 相同，其中东墓道长 48.85、宽 8.3、最深 13.5 米，墓室呈斗状，长 6.75 ～ 24.65、宽 3.96 ～ 9.8、深 16.5 米，北侧二层台上现存殉人 1 名，东、南侧的二层台已被盗扰，墓室内漆棺、木椁及墓

图一一　K5编磬出土情况

图一二　人祭坑K2

图一三　大墓周边壕沟

主已朽。墓主仰身直肢，头向西，腰坑内有殉狗1只、玉琮1件。西墓道呈台阶状，长41.5、宽8.2米，填土中埋殉人7人。该墓已被盗掘，墓室部位曾发生过坍塌，所以墓中只发现有较小的青铜器碎片。

陪葬墓主要集中在两座秦公大墓的北侧、西北和东北侧。均为东西向长方形竖穴土坑墓，墓长2～5米不等。有的墓葬在墓壁开有壁龛，放置殉人，有的有单独的墓祭和

图一四　陪葬墓 M32

图一五　中型墓葬 M25

附葬车马坑，年代从两周之际到春秋晚期（图一四）。

中小型墓葬主要分布在城外东北处，已经钻探出 400 余座，城内也有零星分布。这些墓大多已经被盗，2006 年发掘了 10 座，其中 4 座未被盗扰。最大的一座墓（M25）位于东北城墙外的墓地，墓长 4.8、宽 2.7、深 10.1 米。出土青铜器 9 件、石圭 130 余件、陶器 6 件等，年代为春秋中期偏晚（图一五）。

秦公大墓南侧为 2 座大型车马坑，均为东西向瓦刀形。已发掘的一座编号 K1，长 36.5 米，坑道位于车马坑东部，自东向西倾斜；坑为长方形竖穴土坑。已遭严重盗扰，从西南部残存的 2 平方米迹象推测，可能原有殉车 4 排，每排并列 3 乘，共计 12 乘。各车均为辕东舆西，系驾两服两骖 4 匹马。据说该坑曾盗掘出大量金饰片。2016 年在秦公墓 M3 东北侧发现一座车马坑，为其西部 M32 附葬坑，编号 K32。该坑为东西向长方形竖穴土坑，坑内放置两辆车，均为双轮独辀，系驾左右服 2 匹马（图一六）。

三　主要认识

（1）通过调查、钻探和发掘，基本摸清了大堡子山遗址的布局和结构。大堡子山城址坐落在东北—西南走向的山体上，围绕整座大堡子山依地势而建，形状很不规则。城址总面积约 55 万平方米。城墙的始建年代大致为春秋早期。城内有秦公大墓、祭祀遗址、陪葬墓、道路、灰坑、建筑基址等都说明这是一处秦人重要的中心聚落，推测可能是秦宪公居城——西新邑。

（2）大堡子山自 20 世纪 90 年代初期遭盗掘，1994 年甘肃省文物考古研究所对该遗址进行了抢救性发掘，但并未进行全面的钻探和测绘，遗址的整体结构和布局不清。2006 年的全面钻探、测绘和重点发掘，不仅使我们掌握了大堡子山遗址和城址布局、结构的基本全貌，也进一步丰富了大堡子山遗址的文化内涵，为进一步工作奠定了基础。

图一六　车马坑 K32

（3）出土秦子器青铜镈钟，再结合流散国外的秦公器、秦子器可知，目前大堡子山遗址秦公大墓出土了秦公器、秦子器两类青铜重器，目前散逸在海外的秦子器除“秦子姬簋盖”外，基本都出自该遗址。

（4）关于该城的建造年代，从城墙夯土内包含的少量西周晚期陶盆口沿和粗绳纹鬲足看，城墙的始建年代不会早于西周晚期，似属于春秋早期才建造的。

四　学术价值

大堡子山遗址城址的确认以及城内大型建筑、秦公大墓、祭祀遗址、生活遗迹、道路等确定该遗址年代为春秋早期，推测为秦宪公居城——西新邑，这是目前秦人早期都邑西新邑最直接的证据，为秦人早期都邑研究奠定了基础。

大堡子山遗址发掘的大型府库类建筑以及出土有青铜编钟的祭祀坑，对认识大堡子山城址的性质，确认被盗秦公大墓的墓主，研究早期秦人祭祀及礼乐制度、铜器铸造工艺等提供了极为珍贵的材料。

大堡子山遗址的考古新发现，使早期秦文化和秦考古研究中的重大学术问题有了突破性进展。该遗址的考古工作不仅对解决早期秦都邑、陵墓问题具有重要价值，而且在探讨对中国历史影响甚大的秦文明史方面也具有重要意义。此外，该遗址的保护和展示，将对弘扬中华民族精神，创建和谐文化具有重大历史意义，同时也将有力的推动地方经济的发展。

执笔：侯红伟

六八图遗址

一　遗址概况

六八图遗址位于甘肃省礼县红河乡东南部的六八村（同心村）西北，地处红河水库西北部、红河北岸的黄土台地上。遗址所处台地西北高、东南低，东西两侧各有一天然沟壑，向北延伸为比较平坦的缓坡地带，红河由西北向东南从遗址前流过。遗址由六图、八图和石家窑三个部分组成，六图位于红河水库西北，在其西侧是八图和石家窑，因为这几个区域虽被自然冲沟隔开，但其本体几乎相连，发现遗迹现象基本一致，因此统称为“六八图遗址”，该遗址也是目前红河流域最大的一处周秦文化遗址。据传现藏于中国国家博物馆的传世秦公簋曾出土于该区域，从而为寻找“西犬丘”都邑的地望提供了初步线索。

2004 年“早期秦文化项目”课题组在该遗址调查发现大量灰坑、灰层等遗迹，采集到周代绳纹灰陶片，认定其为早期秦文化的三大核心遗址区之一（图一）。近年的调查

图一　遗址全景

图二　A 发掘点墓葬

发现该遗址盗掘现象非常严重，田埂与沟壑地带随处可见盗掘墓葬。

2017 ～ 2018 年，甘肃省文物考古研究所对六八图遗址进行全面考古勘探，勘探面积 32 万平方米，共发现各类遗迹现象 744 处。在六图共发现遗迹现象 487 处，其中墓葬 330 座、窑址 1 座、活土坑 148 个、灰坑 7 个、沟 1 条；八图发现遗迹现象 64 处，包括墓葬 34 座、活土坑 29 个、沟 1 条；石家窑区域发现遗迹现象 193 处，包括墓葬 174 座、活土坑 17 个、沟 2 条。2018 年 8 ～ 11 月，甘肃省文物考古研究所对礼县六八图遗址墓葬进行了发掘，共发掘墓葬 32 座，15 座被盗扰，其中 M1 ～ M6 位于 A 区，M7 ～ M24 位于 B 区，M25 ～ M32 位于 C 区，出土遗物 104 件（图二至四）。

二　主要发现

2017 ～ 2018 年对六八图遗址勘探，共发现各类遗迹现象 744 处，其中墓葬 538 座。2018 年正式进行发掘，共分为 3 个发掘点，其中 A 发掘点发掘墓葬 6 座，B 发掘点发掘墓葬 18 座，C 发掘点发掘墓葬 8 座。共发掘各类墓葬 32 座，其中竖穴土坑墓 28 座、偏洞室墓 4 座。

28 座竖穴土坑墓均为战国晚期墓葬，分东西向（26 座）、南北向两类（2 座）。M18 为东西向竖穴土坑墓，开口距地表 1 米，平面呈长方形，长 4.1、宽 2.4 米，二层台东西长 3.65、宽 2.3 米。墓底至墓口深 4.3 米，墓底距地表深 5.3 米，四壁内收，口大底小，内填黄褐色花土，夹杂少量料姜石。墓葬为一棺一椁，椁与墓壁之间填生土二层台，二层台宽 0.5 ～ 0.65 米，台面至墓口的深度约为 3.1 米，二层台高约 1.2 米。椁板保存较差，宽 15 ～ 25 厘米，椁盖板保存状况较差，椁室东西长 2.45、南北宽 1.2、高 1.2 米。棺东

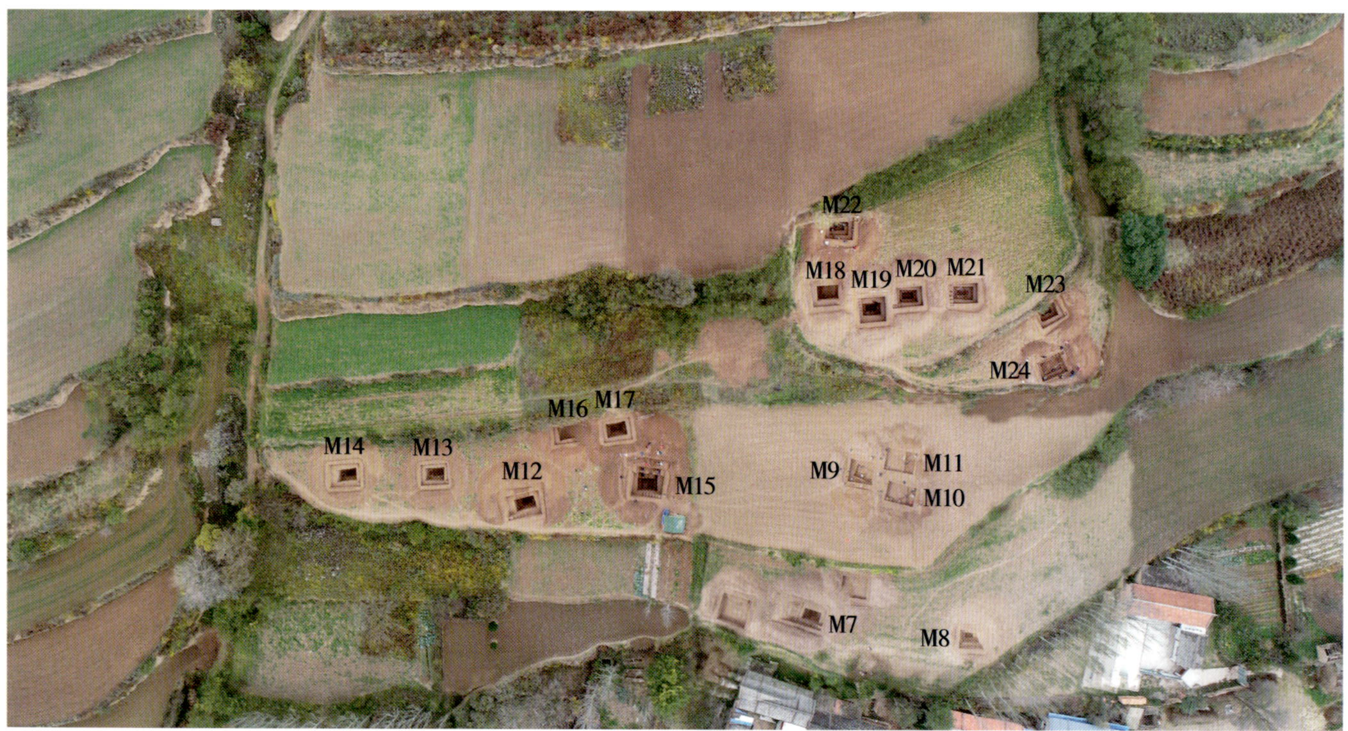

图三　B 区平面图

图四　C 区平面图

西长 1.67、南北宽 0.8 米。在墓室西壁发现有头龛，南北长 0.85、东西宽 0.5、高 0.6 米。椁室南、北、东三壁各有一凹槽，平面呈方形，深入到底板之下（图五）。

4 座偏洞室墓均为东西向墓道，M25 开口距地表 0.4 米，平面呈长方形，长 4、宽 2.4 米，二层台东西长 1.9、宽 1.6 米，二层台宽 0.9 ~ 1.15 米，台面至墓口的深度约为 1.85 米，

图五　竖穴土坑墓 M18

图六　偏洞室墓 M25 墓室

图七　M18 出土陶铲足鬲、陶罐

二层台高约 1.2 米。墓底至墓口深 3.05 米，墓底距地表深 3.55 米，四壁内收，口大底小，内填黄褐色花土，夹杂少量料姜石。墓室位于墓道北侧，与墓道平行，东西长 1.75、南北宽 1 米，墓室被扰乱，一棺，通过板灰可知其大致范围，东西长 1.45、南北宽 0.75 米。在墓室左右两侧各有一个凹槽，可能用作固定封门板，在棺底板之下有两个南北向凹槽，可能为枕木痕迹（图六）。

随葬品多置于棺椁之间，有铜器、陶器、玉器、石器、骨器、角器等，以陶器为大宗。完整陶器约有 60 件，器形有罐、鬲、盆等。

图八　M20 出土陶双耳罐

图九　M13 二层台坑

初步判断其年代多为战国中晚期到秦。多座墓葬均出土带有地方特色的红褐色夹砂陶器，如铲足鬲、夹砂双耳红陶罐等。这种文化因素在毛家坪遗址中也有反映，在关中地区大量出现，可能属于地方文化融合于秦文化过程中的残存（图七、八）。

三　主要认识

通过对六八图遗址全面勘探和小规模、分区试掘，认为该遗址以战国平民墓葬遗存为主，遗址等级低。未见大型墓及建筑基址、夯土、城墙等遗迹。基本排除六八图遗址作为秦人早期都邑、存在大型秦人先公大墓的可能。

所发掘的 32 座墓系平民墓葬，多数墓内随葬品除秦文化遗物外还出现了带有浓厚地方特色少数民族文化遗物。随葬品埋藏方式除在棺椁之间、棺侧外，还有埋藏于二层台坑、头龛、头坑三种（图九至一一）。随葬品不同的埋藏方式在关中一些秦文化墓地亦有体现，而且所占比例不低，比如宝鸡建河墓地[1]、任家咀墓地[2]等。这一类遗存的使用者与战国时期的秦人和马家塬墓地[3]、寨头河墓地[4]的戎人不尽相同，似乎属于一种有别于两者的人群。这类人群的特点是和秦文化结合比较紧密，处于向秦文化融合的过程中，但是尚保留部分自身特点。

这批墓葬的文化因素较为复杂，从葬制、葬式来看均有秦人的特征，为仰身屈肢葬和侧身屈肢葬，葬俗上也有填土中殉狗的情况。而陶器可分为具有戎人文化因素的夹粗砂红陶和具有秦人文化因素的泥质灰陶两类，本次出土器物多为罐类，组合较为简单，主要有长颈罐、圆肩罐、单耳罐或双耳罐、小罐或釜与长颈罐或圆肩罐、小罐或釜或鬲两类，前者具有秦、戎两种文化因素而后者不具有西戎文化因素，可见其为两种文化长

[1] 陕西省考古研究所：《宝鸡建河墓地》，陕西科学技术出版社，2006 年。

[2] 咸阳市文物考古研究所：《任家咀秦墓》，科学出版社，2005 年。

[3] 甘肃省文物考古研究所、张家川回族自治县博物馆：《2006 年度甘肃张家川回族自治县马家塬战国墓地发掘简报》，《文物》2008 年第 9 期。

[4] 陕西省考古研究院、延安市文物研究所、黄陵县旅游文物局：《寨头河——陕西黄陵战国戎人墓地考古发掘报告》，上海古籍出版社，2018 年。

图一〇　M24 头龛

图一一　M5 头坑

期共处融合之后的现象，而其随葬品中不见战国中晚期秦墓中常见的壶、仓、缶等秦人常见随葬品。据此，我们初步判断这批墓葬可能为战国中晚期一支深受秦文化影响的戎人，与马家塬、墩坪等相比他们受到秦文化的影响更早且更深，当是长期居住于西垂之地，受到秦人统治并逐渐接受秦文化，且仍旧保留着自身部分特征的一支戎人。

四　学术价值

我们初步判断礼县六八图遗址的族属为受秦人控制并向秦文化融合中的戎人。这类人群多为戎族的下层平民，在和秦人长期共存融合中，逐渐融进秦文化，成为广义上的秦人，但其自身的文化属性尚有保留，随着时间的推移，会逐渐消退并完全接受秦文化。这为我们研究秦人的构成、秦文化的多种类型和秦戎关系提供了重要的实物资料。

执笔：侯红伟

西山遗址

一　遗址概况

西山遗址位于甘肃省礼县县城之西、西汉水北岸的山坡上，遗址北边是鸾亭山遗址，东距大堡子山遗址 13 千米。西山遗址地势呈西南—东北走势，原为西高东低的斜坡地貌，由于近代平田整地，形成宽度不等的多级阶地。遗址由簸箕湾，大、小雪坪及雷神庙等小地名组成，其东南临西汉水，北为雷神庙，西为峁梁，地势平缓，堆积较厚。调查发现地面及断崖上暴露有灰层、房址、墓葬、夯土等，文化层厚约 0.5 ~ 2 米。采集有仰韶晚期、周、齐家文化和寺洼的陶片（图一）。

该遗址在 1958 年甘肃省博物馆和 2004 年早期秦文化联合考古队调查时被称为“雷

图一　遗址全景

神庙遗址”，雷神庙是台地东北地势较低处的俗称，此处有一座原为雷神庙，现为关帝庙的小庙宇。由于当地人将遗址所处台地的广大范围称为“西山”，而遗址内不同时期文化遗存所分布的范围并不局限于“雷神庙”所处的台地。

2005 年为寻找秦人早期都邑并配合西北大学文博学院 2002 级本科生田野考古实习，早期秦文化联合考古队正式对西山遗址进行发掘。发掘主要集中在雷神庙以西，遗址的东北部，西山第二、三级阶地上，第一、四、五级阶地亦零星布方。发掘面积约 2000 平方米。发掘出大量史前和两周时期的灰坑、墓葬以及部分陶窑、灶坑、动物坑、房址、城墙、建筑遗迹。两周时期文化遗存可分西周、东周两个阶段，其文化属性均为秦文化遗存，后者数量占绝大多数（图二）。

图二 遗址发掘全景

二 主要发现

该遗址共发现新石器时代灰坑 70 余个、房址 7 处、墓葬 3 座、陶窑 8 处；西周墓葬 6 座、灰坑 5 个；东周灰坑 170 余个、墓葬 28 座、动物坑 10 个、房屋基址 5 处；汉代墓葬 2 座、唐代墓葬 2 座、元代墓葬 1 座。出土铜器、陶器、玉器、石器、骨器、铁器等各类质地遗物数千件。

新石器时代遗迹在遗址中占有相当规模。除墓葬外，基本属于仰韶中期、晚期以及龙山早期遗存。灰坑多为圆形、椭圆形、方形和不规则形。部分底部存留红烧土、焚烧石块、大量灰土的灰坑，可能是史前烧烤坑（图三）。出土遗物以陶器为主，器形多为尖底瓶、罐、钵、杯、瓮等，彩陶占一定比例。3 座史前墓葬均为东西向，

图三 史前灰坑

图四 龙山早期墓葬M4011

图五 龙山早期墓葬M4011出土器物

葬式为仰身直肢，年代接近龙山时代早期，出土器物有陶罐、杯、钵等器物，器形接近常山下层文化器物，纹饰与齐家文化器物类似，可能是一种特殊的地方类型（图四、五）。

发现基本围绕该遗址而筑的夯土城墙，依山势走向而建，平面呈东西走向，为东宽西窄的不规则长方形，面积约10万平方米，各段残墙长1200多米，系夯土版筑，结构致密坚硬。根据对城墙的试掘解剖，发现西周晚期的灰坑打破城墙夯土、春秋早期的房址叠压在城墙夯土之上的迹象，推断城墙的建造年代不晚于西周晚期。这是目前所见秦人最早的城址（图六）。

两周时期灰坑广泛存在于遗址内，其平面多呈圆形、椭圆形、方形和不规则形。圆

图六 东北段城墙解剖

图七 周代灰坑

图八 M2003

形灰坑又可分为口底同大坑、口大底小坑和口小底大的袋状坑。坑内出土物以兽骨和陶片居多。兽骨多牛、马、猪、羊、狗等，陶片可辨器类有鬲、盆、豆、罐、盂、瓮等（图七）。

墓葬按照地势分区埋葬，大多为东西向竖穴土坑墓，排列有一定规律。西周时期墓葬6座，其中3座形制较大的埋葬在地势较高处，东西向竖穴墓，墓主葬式为直肢葬，带腰坑、殉狗、殉人，随葬品丰富。3座形制较小的埋葬在地势较低处，为南北向竖穴墓，墓主葬式为屈肢葬，随葬品较少。M2003为此次发掘规模最大的一座墓葬，长5.05、宽2.6、深11.1米，为东西向长方形竖穴土坑墓。竖穴墓道的北壁和南壁各开有壁龛，内置殉人。北壁殉人为30岁左右的女性，置有棺；南部壁龛殉人为15～16岁的女性，置殉狗。墓主葬具为一棺一椁，棺为彩绘漆棺，棺外设置头箱。墓主为成年男性，仰身直肢，

图九　M2003 头箱

图一〇　M2003 棺盖上玉器及棺饰

图一一　M2003 出土器物

图一二　M2003 出土陶鬲

图一三　M2003 出土喇叭口陶罐

图一四　房址、灰坑

头向西，发掘时发现墓主头骨留有一个射进未拔出的铜镞。椁下有腰坑殉狗（图八）。随葬品置于头箱、椁内、棺内及棺盖上。铜器有鼎3件、簋2件、剑1件、戈1件、铜鱼16件，玉器有璧、圭、戈、璋、玦、管，陶器有鬲、盆、豆、罐、甗及海贝等（图九至一三）。

东周墓葬多为春秋—战国中期秦人墓葬，较大的墓葬带有棺椁，较小的仅有棺。多数墓葬仅随葬陶器，器形多鬲、鼎、盆、罐、仓、囷等。铜器较少出现，较大型墓葬常见一或二件铜鼎，数件石圭。墓主葬式除一座为直肢葬外均为屈肢葬，为典型的秦人墓葬。

建筑房址分地面式和半地穴式两种，地面式房屋由于后期破坏多保存不佳。F301是遗址内较大的一处房屋建筑，由于晚期破坏，现仅剩一段夯土台基和墙体基槽。在墙基下发现的陶水管道，证实F301为一处大型建筑。半地穴房址F107相对保存较好，平面呈椭圆形，北部堆积有密集的卵石，排列规律，有火烧痕迹和灰烬，残留有兽骨和陶器残片。门道设在北边，东南部有供上下的台阶，坑底和坑边有多个柱洞（图一四）。

图一五　马坑

遗址内发现马坑 7 个、牛坑 1 个、狗及其他动物坑 3 个。其中 K404 ~ K407 位于遗址东部的一处夯土平台上。夯土台近南沿处，挖有 4 个长方形浅坑，每坑各埋 1 匹马。马皆为跪俯姿态，口含铜马衔，马身下铺有芦席，马尾置铜鱼（图一五）。该马坑近旁有一直径 1.6 米的圆坑，编号 K408，坑内埋有羊头、马肢骨和牛肢骨。K403 为一个大坑，底部有两个小坑，每个小坑埋藏 1 匹马。经鉴定，埋藏所用马匹均为接近成年的马驹。

三　主要认识

（1）西山遗址史前遗存特别是龙山早期的三座墓葬，可能代表着一种新的地方类型，我们称之为“西山三期类型”。这种类型器物和齐家文化、常山下层文化的陶器均有相似之处，具有很明显的地方类型特征。

（2）西山遗址首次大规模揭露出早期秦人的聚落遗存。发现的附带陶水管道的夯土建筑、城墙等遗迹，显示了西山遗址具有较高等级，有可能是西周晚期至春秋早期秦人的一处中心聚落。

（3）甘肃礼县西山城址是至今发现的秦人最早的城，具有因地制宜的防御功能特点，城邑的建造时代等反映出其最有可能是历史文献记载的“西犬丘”所在。

（4）根据随葬品组合和器物特点，判断 M2003 年代为西周晚期秦人墓葬，喇叭口罐等秦式器物特征明显。这是目前所见年代最早的秦人贵族铜器墓。

（5）遗址内发现的马坑、牛坑及其他动物坑四周都没有同时期墓葬，部分马坑排列很规律，可能和祭祀有关。

四　学术价值

（1）西山遗址史前遗存的发现，特别是相当于中原龙山时代早期遗存的新发现，为建立陇南地区史前考古学文化序列奠定了基础。尤其是龙山早期遗存的发现，对全面认识甘青地区史前考古学文化的类型与分布及其与周边地区史前文化的关系，具有重要的研究价值。

（2）发现了目前所知最早的秦城和时代最早、等级最高的秦人墓葬，对探讨秦人早期历史和秦早期都邑的建立等情况，提供了十分有价值的证据。一批西周晚期秦人墓的发现，为进一步认识早期秦文化特点和探讨秦人屈肢葬的渊源、意义，提供了珍贵的实物例证。

（3）有一定规模的马匹掩埋坑及相关发现，是研究早期秦人祭祀习俗和宗教活动的宝贵资料，是目前探讨秦人早期祭祀制度最直接的考古证据。有望推动西畤地望及秦汉国家祭祀制度等相关问题的探讨。

（4）遗址位于燕子河与西汉水交汇地带，该区域内已经发现有鸾亭山汉代祭天遗址和西山遗址隔河相望。鸾亭山遗址已经确认为汉代西畤，那么秦人的西畤必离其不远，而秦人早期都邑——西犬丘也必在其附近，西山遗址或有成为西犬丘的可能。这为我们探寻秦人早期都邑——西犬丘提供了直接证据。

执笔：侯红伟

鸾亭山遗址

一　遗址概况

鸾亭山遗址位于甘肃省礼县县城西北的鸾亭山上，海拔 1700 米，隔刘家沟与南面的西山遗址相望（图一）。2004 年上半年度，早期秦文化联合考古队在山顶发现有残存于地面的夯土遗迹。整个山顶遗址的地面满布粗绳纹及布纹瓦片，还有“长乐未央”瓦当残块。此外还采集到寺洼文化的夹粗砂陶片和周代的绳纹灰陶片，其中有西周晚期的豆盘口沿残片。在遗址中部偏东的位置发现不少圆形河卵石，这种在河床上冲刷形成的卵石出现在山顶上绝非自然力搬运的结果，而是人为活动所致；调查者当时推断它们可能是被破坏的散水石。在遗址的西南部地表散布着的兽骨，原本是祭祀坑内的堆积，后来遭人为破坏。总之，通过 2004 年上半年度的调查，初步断定鸾亭山山顶遗址既有夯土、卵石、瓦当等与建筑有关的遗迹或遗物，又有祭祀坑等遗迹单位，内涵相当丰富。年代大约相当于西周至汉代。

在鸾亭山山腰、冲沟的东西两侧对称位置各有一座夯土台。东侧的夯土台保存较好，

图一　鸾亭山山顶祭祀遗址远景

图二　鸾亭山山腰夯土台

平面为东西长南北短的长方形，东西长约 50、南北宽约 20、高约 6 米，有上、下两级，西低东高。沟西侧的夯土台保存较差。在沟东夯土台以南的山腰台地为周代墓葬区，在那里采集到黏有铜锈的马骨，疑为车马坑所出（图二）。山腰的夯土台、墓葬应该和山顶的祭祀遗址有关联，总面积约 3 万平方米。无论山顶还是山腰的遗址都被严重破坏。遗址现为县级文物保护单位。

二　主要发现

遗址包括山顶圆坛和山腰台地两部分。在圆坛和北部的山脊间有一个宽约 20 米的大豁口，可见圆坛是人为将山脊挖断后形成的。圆坛平面为不规则圆形，其北缘向外凸出，南北径约 25、东西径约 35 米，坛面由北向南倾斜，倾角约 15°。西北部为坛的最高点，与下面台地的相对高差为 8 米。圆坛周缘有平地起夯的汉代夯土围墙，但在它的西南部没有闭合，形成一个“？”形的空间，夯土墙向西一直延伸到台地的西南部。坛面自北向南缓降，在西南部已与下面的台地自然地连为一体。判断圆坛的西南部应该是从下面的台地出入上面坛场的通道之所在（图三）。圆坛上表土层厚 10 ~ 20 厘米，其下为生土。可见，无论圆坛或者下面的台地原来都是自然山体的一部分，而非人力堆筑的结果。

遗址的文化堆积简单，祭坛在第 1 层（表土层）下往往就出现生土和遗迹单位，在局部地区分布有第 2 层，为汉代堆积层。祭坛下台地的西南部是地势最低的地方，在那里有以前平田整地时倾倒的堆积以及坛上建筑废弃后倒塌到这里的斜坡堆积，包括瓦类建材和夯土块等，都失去了原来的位置，属于次生堆积。

在祭坛上共发现夯土墙 1 段、房址 4 处、灰坑 19 个、灰沟 4 条、动物祭祀坑 1 个以

图三　遗址全貌

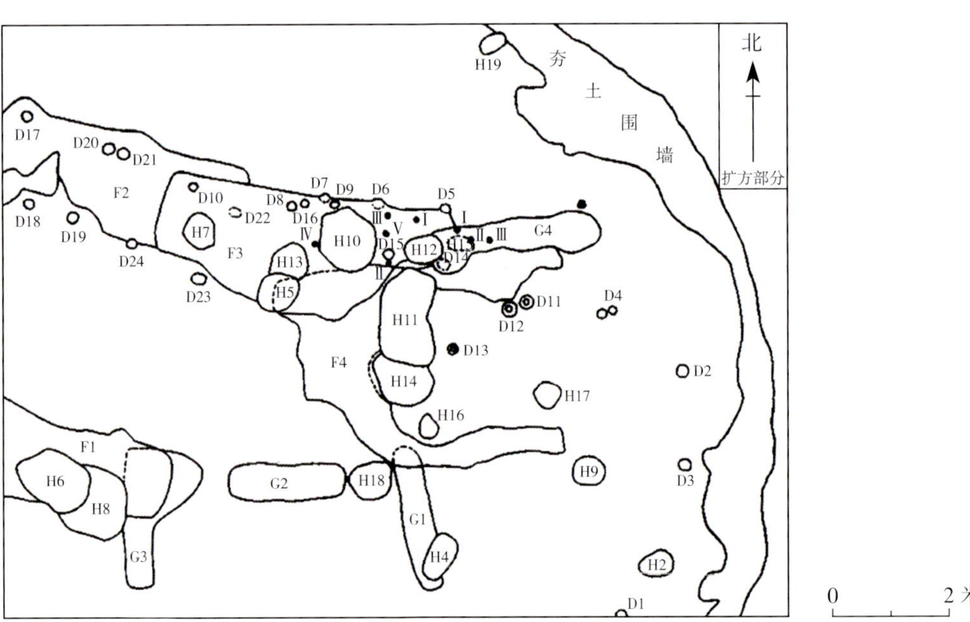

图四　发掘区平面图

及柱洞 22 个。

在祭坛周缘有夯土围墙，围墙的北段至今显露在地表之上，最高处约 3 米；东段、南段仅高出地表 20 ~ 50 厘米。墙体宽窄不一，整体西北部宽，东部及南部较窄。围墙的夯土内出土有汉瓦，又被汉代灰坑打破，因此确定其修建年代为汉代（图四）。

房址分为西周时期的居住址和汉代的祭祀单位。其中 F3 是遗址内一处重要的汉代祭祀单位，平面呈圆角方形，东西长 10.5、南北宽 2.5 米，为西北—东南向的长廊式建筑（图五）。房屋倒塌后形成废弃堆积，包含有大量的绳纹瓦、“长乐未央”瓦当等建筑材料，

图五　F3 与 G4

另有 5 组玉器以及若干零散的残玉器和少量兽骨等祭祀用器。F3 共出土玉器 51 件，除 2 件为玉人外，其余全是玉璧和玉圭。其中尤以 F3 内出土的 5 组玉器最为精美、组合最为完整。第一组玉器位于 F3 东部偏北，组合为一璧二圭，二圭并列，置于璧的南侧。玉璧系用白色大理石制成，素面；玉圭形制、大小相同，皆为青玉（图六）。第二组玉器位于 D15（F3 内柱洞）由一璧一圭组成，圭在璧上，皆为青玉。玉璧正反两面纹饰相同，用两道阴线圆圈纹将璧面分为外缘、外圈和内圈。外圈内印刻三只凤鸟纹，内圈饰四边形蒲纹（图七）。第三组玉器位于 F3 北壁中间柱洞的东南，由二璧一圭组成，两件玉璧上下重叠。圭贴下璧南侧边缘房址，上璧与圭均白色大理石制成，下璧为青白玉（图八）。第四组玉器位于 F3 中部，由一白璧和一青圭组成。圭压于璧上，皆为素面（图九）。第五组玉器位于第二、三组玉器之间，由 12 件玉器组成，共计青璧 1、白璧 1、青玉人 2、青圭 1、白圭 1、墨绿色圭 6。最下的青玉璧，以双阴线为界将璧面分为内、外圈，阴线内填平行斜线纹。外圈饰四组兽面双身合首龙纹，内圈饰六边形交错网格状蒲纹。白玉璧置于青玉璧上，素面，其上斜置两玉人。西侧玉人为男性，仰身放置，头顶右侧有偏髻，面部用阴线刻出眉目、阔嘴，上唇饰八字胡，下唇刻有三道胡须，腰部刻有腰带；东侧玉人为女性，俯身放置，形状、大小与男玉人同，头顶无偏髻，唇下亦无胡须，腰部刻有腰带。玉人南侧依次放置 1 件白玉圭、6 件墨绿色青玉圭，6 件青玉圭均放置在青玉璧的边缘上（图一〇至一四）。

祭祀坑位于圆坛南侧，平面为圆角方形，其东西对角线长 1.5 米，南北对角线长 1.6 米，坑壁竖直，坑深 2.52 米，坑底平坦。坑口以下为连续堆积的大量兽骨，数量众多、种类庞杂，有头骨、颈骨、脊椎、肋骨、胛骨、股骨、趾骨等，能够辨认的种类有牛、羊、猪、马、鹿、狗以及一些禽类。兽骨的堆放纵横交错、杂乱无章，没有清理出一具完整的动物骨架。有的脊椎骨和肢骨截面呈削尖状，可能是被锯开或用利器剁成的，可见动物是被肢解后扔进坑中的。坑内出土粗绳纹汉瓦和汉代小口圆腹罐腹部残片，陶质青灰，有横向拉坯旋纹痕迹。祭祀坑的年代为汉代（图一五）。

图六　F3 第一组玉器

图七　F3 第二组玉器

图八　F3 第三组玉器

图九　F3 第四组玉器

图一〇　F3 第五组玉器

图一一　F3 出土青玉璧

图一二　F3 出土青玉圭

图一三　F3 出土玉人（女）

图一四　F3 出土玉人（男）

三　主要认识

图一五　祭祀坑 K1

（1）遗址出土的 51 件玉器中有 49 件为圭或璧，另 2 件为玉人，绝非偶然。据《周礼·春官·典瑞》载："四圭有邸，以祀天，旅上帝"，"以玉作六器，以礼天地四方：以苍璧礼天，以黄琮礼地，以赤璋礼南方，白虎礼西方，玄璜礼北方。"《周礼·冬官·考工记》曰："四圭尺有二寸，以祀天""圭璧五寸，以祀日月星辰"。可知先秦祭祀主要用圭、璧、璋、璜。加之出土了 20 余件"长乐未央"瓦当以及大量筒瓦、板瓦等建筑材料，证实该遗址为汉代皇家祭祀遗址。

（2）礼县为秦汉时的西县之所在，同时也是秦文化的发祥地。西畤的祭祀是当时重要的国家祭祀礼仪活动，礼县在历史上没有别的祭天地点，文献记载秦建国初，襄公立西畤祭天，秦汉时期继续沿用，因此鸾亭山山顶祭祀遗址应即汉代的西畤。

（3）虽然发现有西周时期的房址、灰坑，但仅为生活遗留，并非特殊意义上的祭祀遗迹，到西汉时才成为祭天场所，王莽时期废弃。因此我们可以认为鸾亭山遗址在周代就有人类活动，到了汉代成为一个专门的祭祀场所，并且至少举行过两场大型祭祀活动（以 F3 和 G4 为代表）。

（4）使用玉人祭天的做法不见于文献，但在考古遗址中常有发现，如西安联志村遗址[1]、宝鸡吴山遗址、天水平南遗址等。梁云先生认为其含义可能是作为献祭给天帝的人牲的替代品[2]。但是从目前的考古材料看，这类玉人不仅在祭天遗址内出现，别的祭祀遗址甚至墓内也有发现。因此笔者认为这类玉人更多的是代表主持祭祀与神灵沟通的巫祝。

四　学术价值

（1）鸾亭山汉代祭祀遗址出土了成组的玉器，基本都为玉璧、玉圭组合，这种组合基本都是祭天常用的玉器组合类型，这为研究汉代郊祀用玉及国家相关祭祀礼制提供了重要的考古学资料。

（2）西畤本秦襄公始建，秦代"祠如其故，上不亲往"，西汉时继续沿用，"西畤、畦畤寓车各一乘，寓马四匹，驾被具"（《汉书·郊祀志》）。鸾亭山祭祀遗址被证实为汉代西畤。汉代继承了秦代的典章制度，那么秦人的西畤必定离此不远。因此该祭祀遗址的发现与发掘为寻找早期秦人祭天遗址——西畤提供了重要线索。

（3）秦襄公立国，定都西犬丘，西畤必定离国都不远，因此秦人的首个国都——西犬丘必定也在西畤附近，因此鸾亭山汉代西畤的确立为寻找秦人的早期都邑提供了重要线索。

执笔：侯红伟

[1] 西安市文物保护考古所：《西安文物精华——玉器》，世界图书出版公司，2004 年；西安市文物管理委员会：《玉器》，陕西旅游出版社，1992 年。

[2] 梁云：《对鸾亭山祭祀遗址的初步认识》，《中国历史文物》2005 年第 5 期。

马家塬墓地

马家塬墓地是我国目前考古发现已知的战国晚期至秦初西戎某支首领和贵族的墓地。在20世纪70年代兴修梯田过程中有墓葬被发现。2006年8月发生盗墓事件，引起各级文物行政管理部门和政府的重视。随即甘肃省文物考古研究所和张家川县博物馆对被盗的3座墓葬进行了抢救性发掘，取得重要收获，被评为当年全国十大考古新发现之一，国家文物局授予田野考古三等奖。2007年2月被甘肃省人民政府公布为省级文物保护单位，2013年3月被国务院公布为全国重点文物保护单位。2016年被中国考古学会授予田野考古二等奖。

一　墓地概况

1. 地理环境和遗址位置

张家川县地处甘肃东南部、陇山西麓，北邻华亭、庄浪县，东接陕西陇县。县境源

图一　墓地远眺（东南—西北）

图二　墓地俯瞰（东—西）

于陇山的六条山梁自东北向西南横亘，地势由东北向西南倾斜，沟壑纵横，地貌复杂，海拔高度在 1468 ~ 2659 米之间。境内有汧陇古道连接陇右与关中，并有中国西北地区唯一以高山草甸为主体的关山草原牧场。张家川县受东南和西南季风交互影响，气候温和，日照充足，雨量充沛。县内有属渭河北岸支流的四条水系：千河、长沟河、牛头河和葫芦河。

马家塬墓地位于张家川县城西北约 17 千米、木河乡桃园村北 200 米的马家塬上。地理坐标为北纬 35°04′58″，东经 106°17′15″，平均海拔 1841 米。墓地北依马家塬山梁，东、西两侧为地势较高的毛家梁和妥家梁，地势呈马鞍形，墓葬分布于“马鞍”的缓坡地带当中，总面积 3 万余平方米（图一）。

2. 以往考古工作基本情况

自 2006 年以来，甘肃省文物考古研究所持续对该墓地进行发掘和保护工作。2007 年，该墓地的发掘纳入国家文物局重点课题“早期秦文化考古调查、发掘与研究项目”，同年对墓地进行全面勘探，基本确认墓地范围及墓葬分布情况。2007 ~ 2011 年，针对探明的墓葬进行单体发掘。2012 年起，采取分区域布探方整体揭露地层发掘墓葬的方式。2015 年，开始对墓葬内填土做解剖式发掘。2018 年始，在新清理墓葬的同时穿插进行前期已发掘墓葬内车辆的解剖工作。截至 2019 年年底，墓地共发现墓葬 77 座、祭祀坑 3 座、车迹 68 辆及随葬品万余件。

3. 地层与墓葬布局

马家塬墓地原地貌呈北高南低缓坡状，墓葬原开口因修整梯田被破坏严重，地层堆积较简单。考古揭露地层共 2 层，其中，第 1 层为现代耕土层，厚 0.2 ~ 0.3 米；第 2 层为 20 世纪 70 年代修整梯田时形成的垫土层，厚 0 ~ 1.5 米。第 2 层下露出墓葬（图二）。

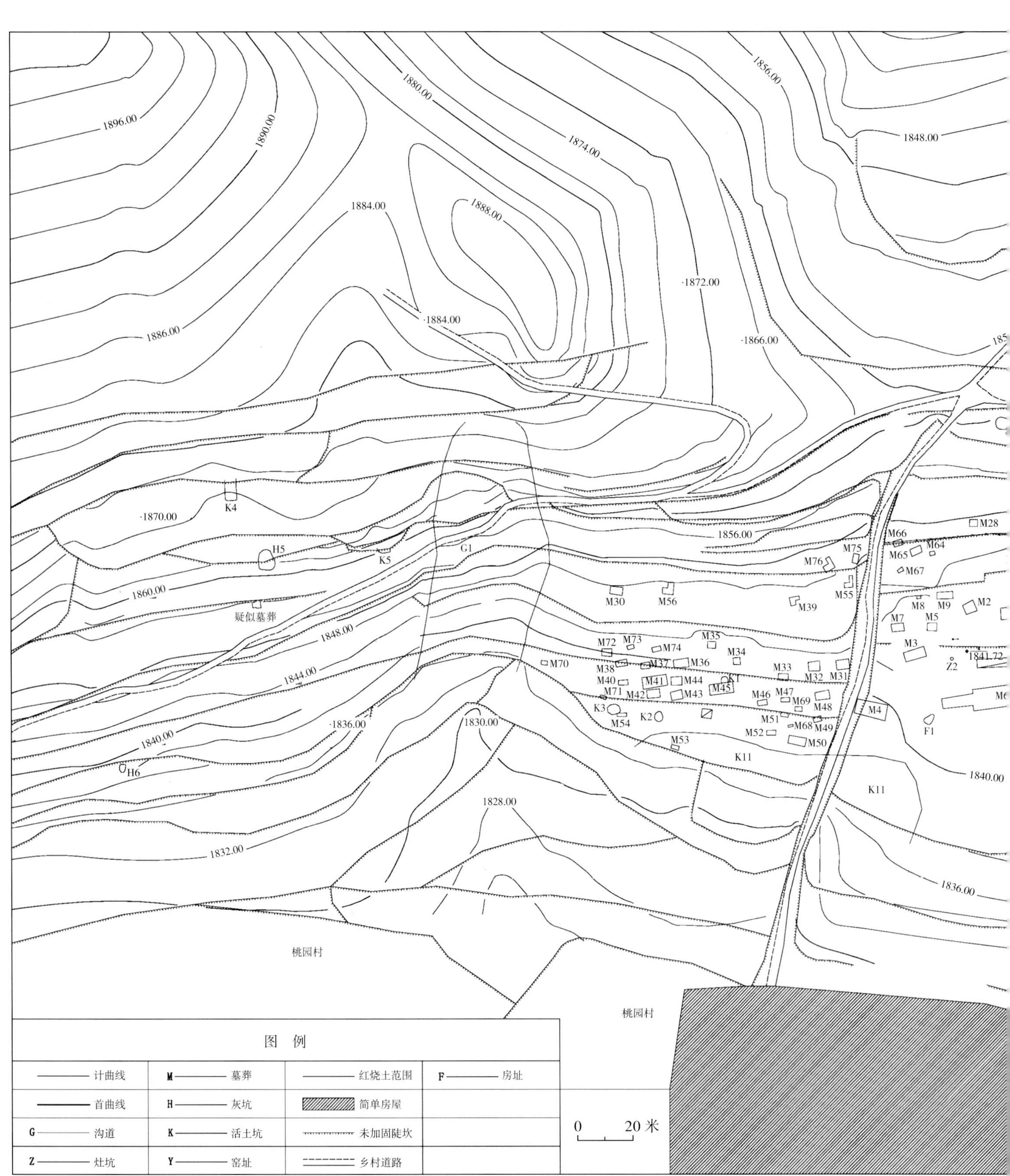

1896.00
1890.00
1880.00
1874.00
1856.00
1848.00
1884.00
1888.00
1872.00
1884.00
1886.00
1866.00
1870.00
K4
1856.00
M28
M66
M64
M65
M67
M75
M76
H5
K5
G1
1860.00
M30
M56
M55
M39
M8
M9
M2
M7
M5
疑似墓葬
1848.00
M35
M72
M73
M74
M34
M3
1841.72
Z2
M70
M38
M37
M36
M33
M32
M31
M40
M41
M44
K1
M45
M71
M42
M43
M46
M47
M69
M48
M4
K3
K2
M54
M51
M68
M49
F1
1844.00
1836.00
1830.00
M52
M50
1840.00
M53
K11
H6
1840.00
K11
1828.00
1832.00
1836.00
桃园村
桃园村
图　例
计曲线
M 墓葬
红烧土范围
F 房址
首曲线
H 灰坑
简单房屋
G 沟道
K 活土坑
未加固陡坎
Z 灶坑
Y 窑址
乡村道路
0　20米

图三　遗迹分布图

1850.00
1864.00
1870.00
1878.00
1884.00
1890.00
1894.00
1874.00
1860.00
H19
Z1
H11
H12
H10
H9
1890.00
F2
K7
K8
1876.00
H8
H7
H15
H16
H13
H14
1884.00
H17
1876.00
K6
K9
H18
1868.00
1872.00
1868.00
1860.00
Y4
H1
H3
1856.00
1858.00
M80
红烧土范围 1
1850.00
M24
M23
M78
M25
M59
1844.00
M22
M19
M61
M20
M77
M27
M26
Y1
M21
M18
1850.00
M10
M12
1846.00
M11
M60
M13
M14
M58
K10
M15
M16
M17
CMJY002
1841.30
M57
1840.00
1844.00
1840.00
M29
1838.00
002
1839.55
1844.00
M86
M85
现代墓
CMJY001
1841.07
1840.00
现代墓
M83
M81
M84
M82
1834.00
1838.00
1836.00
1832.00
1832.00

墓地以大型墓葬 M6 为中心，其他中小型墓葬南北成排、呈半月形分布于 M6 的北部和东西两侧，呈现众星捧月状。按墓葬规模、组合又可划分出 3 个小中心，即墓地东部的 M16、M18，中部的 M1、M4，西部的 M41、M45，这 3 组 6 座墓葬属于整个墓地中规模仅次于 M6 的第二等级中型墓（图三）。

墓葬均呈东西向，墓内皆有殉牲现象，其中个别大、中型墓葬内殉埋整马，其他墓葬内殉埋马、牛、羊的头、蹄、肋骨和肢骨等，部分墓葬中有殉狗，个别墓葬的地表还有墓祭现象。动物头向均朝竖穴或墓室方向，肢骨多为带肩胛的左前肢，蹄骨左右皆有。墓地东、中、西部各有 1 座祭祀坑。

二　主要遗迹

1. 墓葬类型及典型墓葬简介

马家塬已发掘的 77 座墓葬中，依据竖穴与墓室的结构、布局，初步分为五种类型。而依墓葬竖穴开口面积又可分为大型墓（330 平方米）、中型墓（＞70 平方米）、次中型墓（15 ～ 30 平方米）、小型墓（＜15 平方米）四类。以墓葬结构类型叙述如下。

（1）“甲”字形竖穴土坑木椁墓

仅 1 座，M6，位于整个墓地的中心。呈不规则“甲”字形，结构为开口西端凸出短墓道连接中间斜坡墓道，竖穴南北两侧壁有 9 级阶梯，墓道东端下挖长方形土坑，形成墓室，以置木椁。墓葬口大底小，墓壁经修整，收缩成斗状。墓口面积 330 平方米，自墓口至椁室底部深 14.2 ～ 14.4 米，填土有夯打迹象。墓向 258°。被盗扰严重，椁室结构不甚明确，大致呈长方体，长 4.12、宽 2.66、高 2 米，木板搭建而成。椁室西端的斜坡墓道上，自东向西依次有殉马 4 匹、髹漆车 3 辆，中间车舆上殉狗 1 只，舆下前端殉牛头、蹄等。随葬品绝大部分被盗，仅残留少量小形车马饰和其他装饰品（图四）。

（2）竖穴偏洞室墓

共有 50 余座，占墓葬总数的六成多。这类墓葬的洞室开于竖穴长边（北壁）一侧东端或东北角，垂直或与竖穴成夹角方向掏挖而成。墓葬中型、次中型、小型皆有。可分为有阶梯和无阶梯两小类，有阶梯墓葬数量略多于无阶梯墓葬。有阶梯墓葬结构由竖穴、竖穴西端阶梯和偏洞室三部分组成。无阶梯墓葬由竖穴和偏洞室组成。竖穴内葬车或车器，车有 1 ～ 4 辆不等，次中型以上墓葬皆有车随葬，中型墓除在竖穴内葬车外，墓室内还随葬装饰豪华的马车 1 辆，小型墓有不随葬车辆的。

M16　竖穴口呈长方形，斜直壁，呈口大底小的斗状。竖穴口外、西北约 3 米处，有为该墓主独立祭祀的马、牛、羊的头、蹄若干。竖穴口东西长 12.6、南北宽 6.7、深 7 米，面积约 84 平方米，属中型墓。墓向 280°。竖穴西端设宽窄、高低不等的台阶 9 级。竖穴东北角立 1 木杆铁矛。竖穴底面自东向西葬车 4 辆，每辆车的车前舆下放置马或牛的头、蹄，第 3 辆车舆下殉狗 1 只。4 辆车中最西端车的车舆形状明显有别于前三辆车。

洞室位于竖穴北壁东部，与竖穴基本呈垂直方向向北掏挖而成。分前后双室，前室

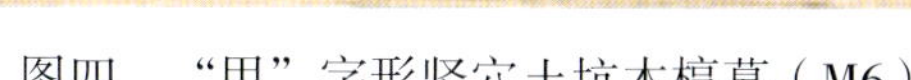
图四　“甲”字形竖穴土坑木椁墓（M6）

图五　M16竖穴及洞室

呈方形，东西两侧壁下有柱洞，内立木柱支撑墓室顶部的棚木。前室内置车1辆，因洞室顶部坍塌损毁严重，墓室内的车装饰最为豪华。车前有马头3具。后室呈长方形，拱形顶，北壁下有左、右双龛，龛内分置铜甗、漆桶和铜壶、包银单耳木杯各1件。墓主位于后室中部，棺木已朽（图五）。

M19　竖穴口近长方形，北壁长6、南壁长5.7、东壁宽3.04、西壁宽2.9米。墓向265°。壁面斜直，修整平滑，呈斗状，深3.55米。竖穴西端有宽窄高低不等的5级阶梯。竖穴底面长方形，西端略高于东端、至墓室口处最低。竖穴内葬有珥三辕牛车1辆，车辀昂起指向东北，车体不同部位以铜、锡、银、漆等质地的饰物装饰，车长2.63、宽2.42、高1.34米。舆上撑伞，伞杆木质，朽断，致伞盖塌落于车舆之上，伞盖以18支木盖弓支撑，伞面似为麻线织就，施红彩，伞径2.21米。车前置牛头4具，牛角上套铜蒜头形牛角套，头两侧摆放蹄骨，车舆周边再放置牛的肋骨、肢骨。

洞室位于竖穴北壁下东端，距竖穴东壁0.6米。墓门拱形，以竖立的6 ~ 7块木板拼缝封堵。墓室底面近似长方形，口窄内宽，最宽2.15、进深2.8米。北壁面上有掏挖洞室时留下的工具痕迹。东北和西北角各设一龛，已坍塌，平面呈弧边三角形，龛内放置铜鼎、甗及陶罐、蓝釉陶杯等。墓主人葬于墓室中部，木棺朽塌。出土器物主要为车构件和位于墓室角龛内的随葬品（图六、七）。

M61　竖穴口近长方形，长3.3、宽2.1 ~ 2.3米。墓向254°。壁面斜直，斗状。竖穴无阶梯，在其西南角的两壁面上有错位布局的半圆形脚窝各3个。墓底呈南高北低的

图六　M19 竖穴及洞室三维透视图　　　图七　M19 等高线图

斜坡状，距开口 2.5 ～ 2.7 米。竖穴东北角、距墓底 0.7 米处有殉狗 1 只，底面东端殉埋动物头、蹄，其中羊 2 具，马 3 具，牛 4 具，吻部朝东，摆放整齐。

洞室开于竖穴北壁偏东处，向北与北壁呈垂直方向掏挖。平面近长方形，洞门拱形，下宽 0.85、高 0.75 米，残存封门木板痕迹。洞室进深 2.4 米。西壁中部外扩形成壁龛，坍塌成半圆形，东北角近墓底处开一拱形小壁龛。底面呈门高内低斜坡状，高差 0.35 米。墓主棺木位于墓室中部，头朝北，棺木已朽。棺西侧与壁龛内随葬陶罐、铁剑各 1 件及马具 2 套（图八、九）。

（3）竖穴顺室墓

共 20 余座，占墓葬总数的近三成。马家塬发掘的墓葬中，还有一类墓葬，其洞室布局与竖穴东西向中轴线成顺线式或平行式布局，即洞门位于竖穴东壁中部、东壁偏北、东北角三种情况，洞室皆顺竖穴中轴线方向向东布局，从平面观察或为“凸”字形或为“刀把”形，统一归为竖穴顺室墓。多为小型墓，亦有有、无阶梯之别，以无阶梯为多。

M62　现存坑口东西长 3.1、南北宽 1.9 ～ 2.1 米。墓向 264°。竖穴呈斗状，底面西高东低缓坡状，高差 0.6 米，现深 1.6 ～ 2.2 米。竖穴东南角殉牛、马和羊的头、蹄。中部有拆分放置的车 1 辆，中部置车舆，舆右及左前置车轮，以铜、锡方形镂空饰件装饰的车舆栏板分别靠在竖穴西壁下和墓室洞门口。洞门处的这面栏板兼具封门板之用。

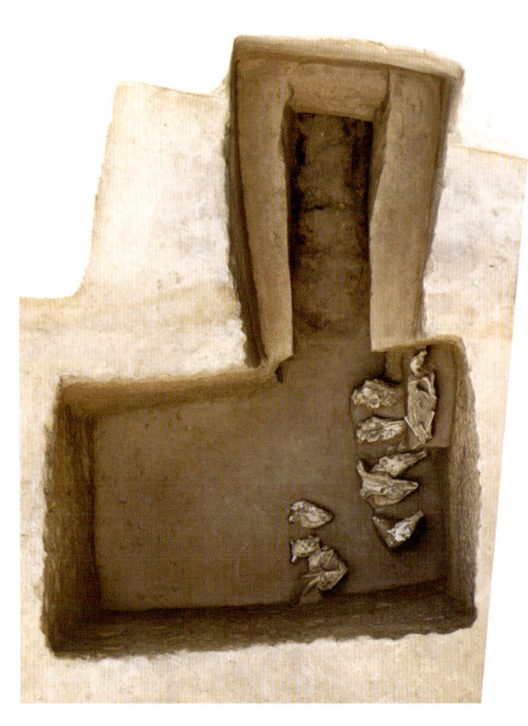

图八　M61 俯视正射影像图

洞室平行于竖穴中轴线向东布局，平面呈长方形，宽 0.7 ～

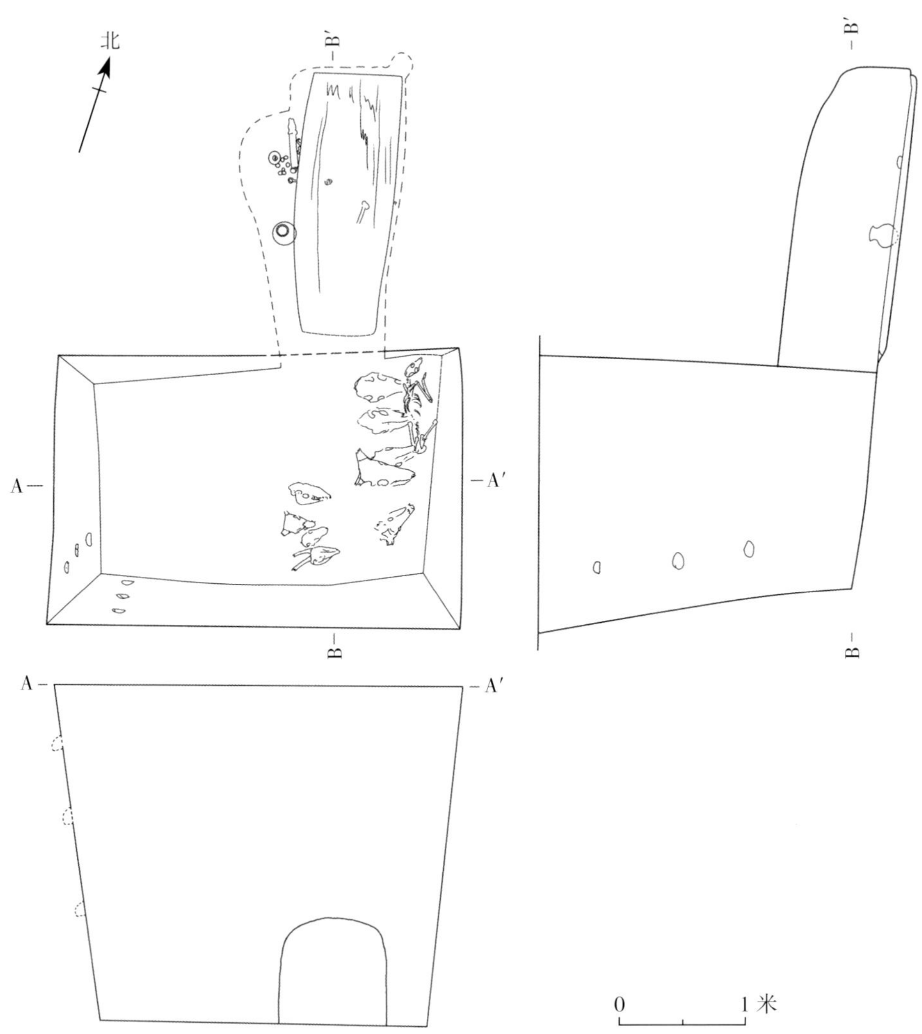

图九　M61平、剖面图

0.85、进深2.2米。洞门顶部坍塌，拱形，残高0.9米。洞室顶面自墓门处逐渐向下弧收，至东壁处高仅0.4米，壁面经修整，底面顺竖穴斜面缓坡而下，内外高差0.2米。室内东西向葬1人，未见棺木，头向东，身下铺垫一层木板。局部清理后，出土铜耳杯、铜匙和牛、羊等动物头、蹄骨（图一〇、一一）。

（4）竖穴棺坑墓

共2座。在竖穴底面东北部，再下挖长方土坑，内葬墓主。在高于棺坑的竖穴底面上埋葬车辆和动物骨骼。为小型墓。

M5　墓口近方形，口大底小，东西长4.5、南北宽4.05、深6.25米。墓向52°。竖穴中随葬有1辆车及46具马、牛、羊的头、蹄，在竖穴的北壁东部另挖一个长3、宽1.5、深1.96米的坑，其内置棺木。西北角立有木杆铁矛，通长4.42米。盗扰严重，尸骨无存。残存的随葬器物有金、银、铜质的车器、车饰及皮条、铁戈等（图一二）。

（5）竖穴土坑墓

仅发现1座。东西向长方形竖穴土坑，墓坑西侧有一级台阶，其余三壁下各有一生土二层台。墓坑内东西向置棺，葬有少量殉牲。为小型墓。

M64　墓葬上部原地表遭破坏，现坑口东西长3、南北宽1.2 ~ 1.3、深2.1米。墓

图一〇　M62 俯视正射影像图

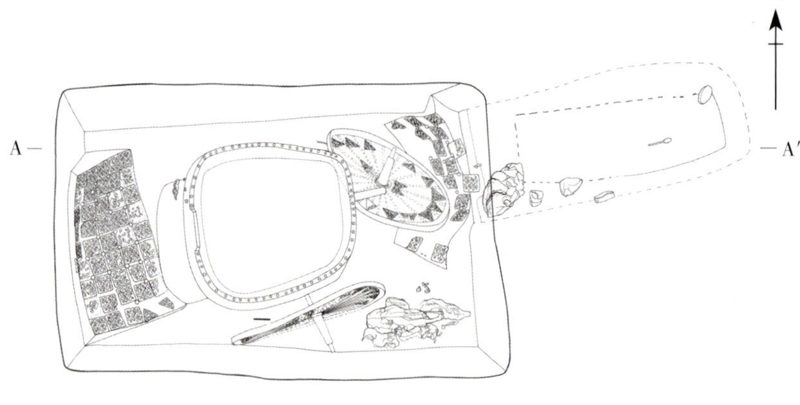

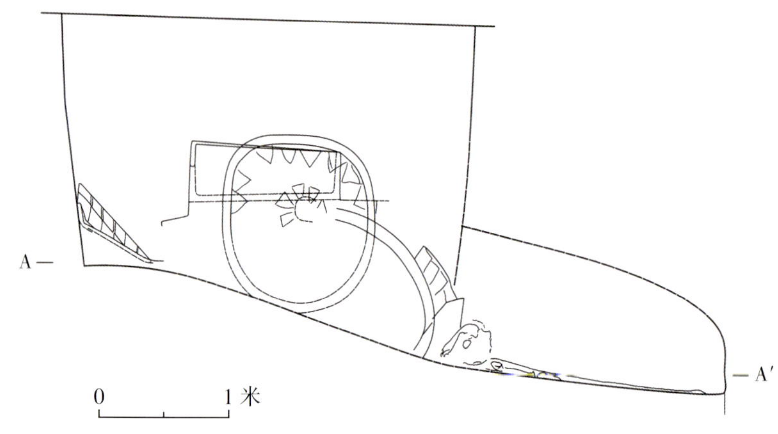

图一一　M62 平、剖面图

向 67°。竖穴西壁下留一宽面台阶后再向下掏挖，在距现坑口 1.24 米处形成一平面，再内收下挖长方形土坑，使东、南、北三面形成生土二层台，坑内置棺。棺已朽，棺痕长 1.6、宽 0.6、残高 0.3 米，侧板和挡板厚 3 厘米，盖板由 6 ~ 9 厘米宽的木板拼合而成。棺内墓主头向东，面朝南，仰身屈肢。墓主腰部随葬铜带钩 1 件，棺盖上殉葬 2 具羊头及 1 段羊肢骨，东二层台上置陶罐 1 件（图一三）。

（6）小结

洞室墓在马家塬墓地具有绝对优势，约占出土墓葬总数的 95%，其中又以竖穴偏洞室墓为多。墓葬规模与其阶梯数量、洞室面积、车的数量、随葬品多寡和精美程度成正比。

中型墓皆为带阶梯墓道的竖穴偏洞室墓，有 9 级阶梯，洞室宽大，多为前、后室，也有单室者。洞室两侧壁下掏挖柱洞，内立木柱，木柱上端平搭棚木。双室者前室放置 1 辆车，后室放置棺木及随葬品。单室者，车与棺木、随葬品同处一室。竖穴底面自东向西排列 4 辆车并整齐摆放马、牛、羊的头、蹄或殉埋 4 匹整马。

次中型墓以偏洞室墓为主，有少量的顺室墓，洞室皆单室，有大小之别，大者可容一车一棺，小者仅容棺木与器物。

小型墓的类型多样，第二至五类皆有。因修整梯田对原地表的破坏，一些现在看来是小型规模的墓葬，其上部被削严重，有存在阶梯的可能，但在统计时计入无阶梯墓葬中。有阶梯墓根据规模，其阶梯数量 1 ~ 9 级不等。无阶梯墓多在竖穴南壁转角的壁面上挖有脚窝，便于营建墓葬、墓主下葬时出入。

图一二　M5 平、剖面图

图一三　M64

洞室墓多在墓室内设置角龛或壁龛，龛内放置器物。除个别小型墓葬外，洞室门口都以竖立的木板封堵。墓葬中多有车辆随葬，规模越大随葬车辆越多，最多者可达 5 辆，小型墓仅随葬 1 辆车，或无车，或仅随葬车构件或车饰件以示意葬车。拆车葬是马家塬墓地的埋葬习俗之一。墓葬内的殉牲多放置于竖穴的东端或车的四周，中型墓的阶梯上还放置附带肋骨的马的左前肢，少量小型墓的墓室中有放置殉牲头、蹄的现象。

2. 葬式葬俗

马家塬出土墓葬除因被盗而葬式不明者外，全部为单人葬，墓主多为仰身直肢，少量为侧身直肢，个别仰身屈肢，头向与墓室方向一致，向东或向北，仅一座（M57）与墓室方向垂直。在墓主身体和身体周围随葬有料珠、绿松石珠、肉红石髓珠、金珠、银珠、煤精珠、金管、金牌饰等组成的装饰品，主要装饰在墓主的头、颈、腰、足四个部位。有以各类珠子和金银饰组成的帽饰或发饰、耳环、项链、项圈、腰带、带钩、鞋面、鞋底等装饰，衣服边缘以十字节约形铜饰、金泡、银泡及各种质地的珠子装饰。腰带上悬挂有珠子和其他饰件组成的装饰品。墓主随身还佩戴有短剑、铁削、铜刀、直銎斧和

图一八　一类车复原图（M14-1号车）

图一九　二类车复原图（M16-4号车）

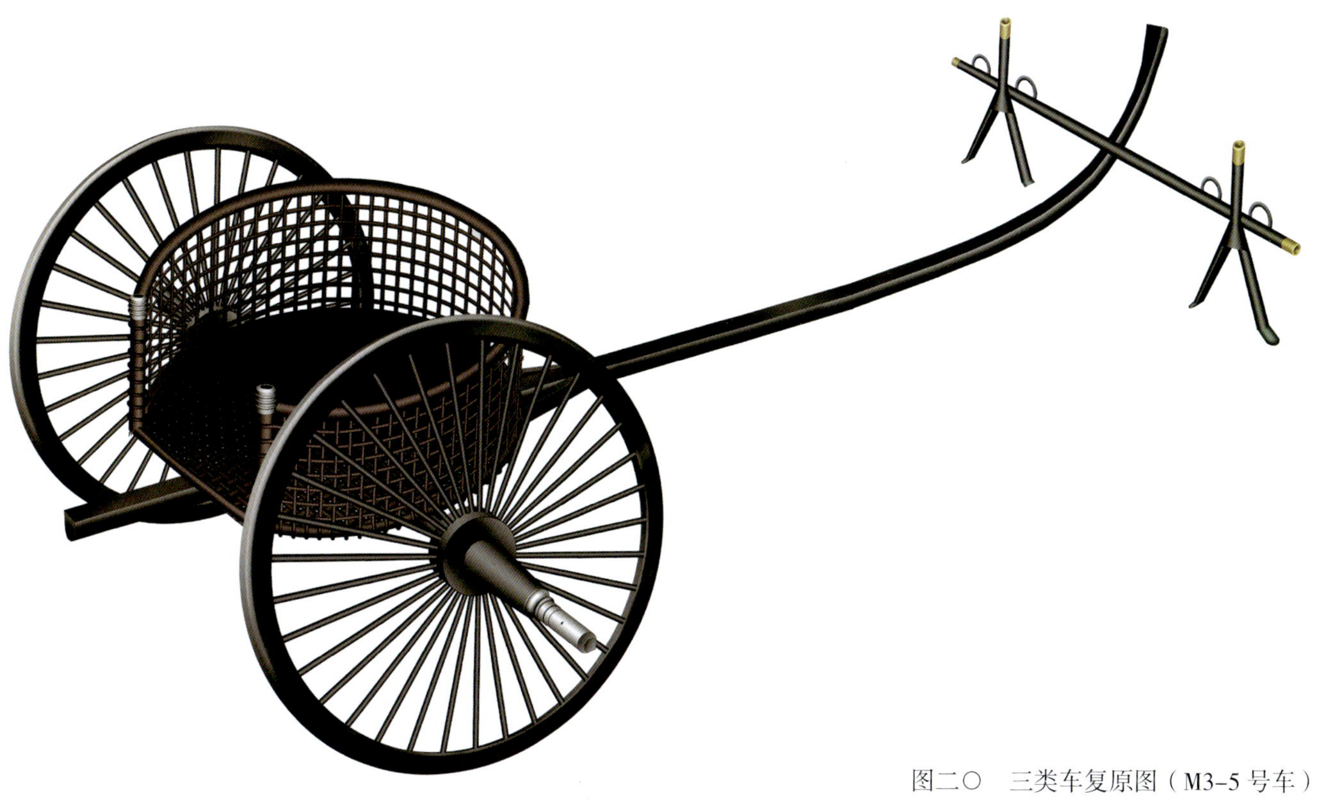

图二〇　三类车复原图（M3-5 号车）

图二一　四类车出土现场（M14-3 号车）

图二二　五类车复原图（M29 随葬车）

三　随葬器物

马家塬墓地出土的万余件随葬品中有金、银、铜、铁、锡、铅、陶、骨、肉红石髓、绿松石、白玛瑙、玻璃、玻璃态材料、煤精、料珠等不同材质。功能上可分为车马饰、车马器、日常生活用具、武器、工具、人体装饰和服饰等。

车马饰件是出土遗物的大宗。以平面镂空剪纸造型、各类纹样为主题的金、银、铜、锡和贴金银铁质饰件为最多。镂空饰件的外廓有方形、三角形、变体鸟形、桃形、圆形等。花纹的母题主要是各类变体鸟纹、忍冬纹、卷云纹和几何纹。这些车饰件多装饰在车衡、轭、辀、舆、轮、毂等部位。动物形的车饰发现较多，有大角羊、虎、鹿、狼等造型，主要装饰在车舆栏板周边。在车舆、毂、衡等表面还发现有铜、铅质立体造型的牛、羊、马、鹿等动物俑和人形俑。各类质地的珠子也经常用于车辆装饰，多见于车舆边缘、车毂、车轮等部位，也用于制作飞铃及车軨坠饰。

车器及构件主要有车軎、辖、轙、伞杠箍、盖弓帽、车铃，輢较及车珥角加固件等。

马具及马饰有以泡、管、环、片形器等组成的马衔、镳、当卢、络饰、辔饰、肋驱、节约及铃等。高等级墓葬中以贴金银铁、包金铜、包金骨、锡质为多，低等级墓葬以铜质为主。

车马器和车马饰件中多使用铜镀锡工艺。

生活用具主要为铜器和陶器。铜容器有鼎、甗、壶、茧形壶、鬲、敦、盆、耳杯、单耳杯、匜等。陶器相对较少，陶质主要有泥质灰陶和夹砂红褐陶两类。器形有泥质灰陶高领罐、广肩罐、侈口鼓腹罐、甑，夹砂红褐陶器有铲足鬲、鼎、单耳罐等。生活用具中还有银卮、铜卮和银、铜、铁质地的匙等。

武器有戈、矛、剑、弓、镞、箭箙、甲胄等。戈、矛有铜、铁质两种，其中 M16 出土贴金银铁矛堪称精品。剑有贴金铜柄铁剑和铁剑两类，剑首多为蕈首。箭的木杆已朽，通常仅见镞，镞可分为有銎三翼镞和管銎镞两种，铜、铁、骨质皆有。木弓腐朽不存，多见骨质弓弭。甲胄以若干方形、长方形、梯形等不同形状的铁片拼接而成。

工具有直銎斧、空首斧、削刀等。削刀形制基本相同，有铁质和铜质。

马家塬墓地的人们非常注重人体和服装的装饰。帽子上有金帽饰或串珠饰。颈部饰由肉红石髓、绿松石珠与金管连排焊接成扇形的金饰等串成的项链，有的还戴有金、银项圈，金、银耳环。个别墓主右臂戴筒形臂钏。腰腹部系腰带，腰带以金、银、贴金银铁、铜错绿松石、锡质的牌饰装饰，级别较高的墓主人在腰带上还缝制金牌饰，牌饰之间用肉红石髓、煤精、绿松石、费昂斯珠、料珠、玻璃珠等装饰，腰带边缘饰金银泡。牌饰上的装饰母题主要为动物纹，计有虎噬羊、对羊、对鸟、鸟衔蛇、鸟蛇相斗、双豕相斗等纹样。腰带两侧挂有带环，带环下悬挂各类珠子和其他饰件组成的串饰。足部有银或珠子穿成的鞋面饰。

金银器的制作工艺丰富，包括剪切、錾刻、锤鍱、焊接、宝石镶嵌、铸造、金珠、掐丝等。造型艺术主要采用平面造型的方式，立体造型较少，部分动物造型具有中国剪纸艺术的风格。

墓地出土了大量材质丰富、形状多样的珠子，包括玻璃、费昂斯、汉紫、汉蓝、铅白、肉红石髓、玛瑙、煤精、绿松石、陶、金和银等，它们通过不同材质的颜色对比、组合成各种图案纹样，主要是用于人体、服装和车上的繁复装点。珠子的形状以算盘珠形为大宗，还有环形、短双锥形、双亚腰形、圆形、管形、扁管瓜棱形、短管形和帽形等。

马家塬出土的精美文物在甘肃省文物考古研究所编撰的《西戎遗珍》一书中有较为详细的介绍，本文按用途，择其个别，以飨读者。

1. 身体及衣服装饰

卷云纹金帽饰（M16G：4）　用金片剪切成圆形，缘内折。以錾刻技艺于圆面边缘饰一周弦纹，内为向心卷云纹三组，填圆点纹。中部和折边一周打孔。直径 5.1、高 0.5 厘米，重 7 克。出土于墓主头骨顶部（图二三）。

图二三　卷云纹金帽饰（M16G：4）

图二四 金耳坠（M25MS：7）

金耳坠（M25MS：7） 自上至下由四部分组成。上端金环，下以条形金片连接中部的透雕金球，再下接金丝间隔内填肉红石髓和绿松石组成太极图案的金片。自金环以下三组的边缘以连续小金珠焊饰。通长5.1厘米，重7.88克。出土于墓主左锁骨处（图二四）。

金项饰（M16G：7） 以金片锤鍱成半环形，微卷边，两端各有两孔。素面，正面打磨抛光处理。宽24、高17.8、环带宽5.4厘米，重145克。与另一件形制、尺寸、重量相近的银项饰一同出土于墓主颈部（图二五）。

复合材质项饰（M16临：1） 由管形联排金饰、绿松石珠、肉红石髓珠相间串连成月牙形。管形联排金饰有两类，一类梯形，面有六个并联细管，背平；另一类长方形，上、下沿连接，中部贯以横向金管。绿松石珠呈圆片状，中孔，项饰上端的小而薄，下端的大且厚。肉红石髓珠有两类，一类三棱管形，弧面；一类六棱管形，项饰上端者短细，下端者长粗。出土于墓主人颈部（图二六）。

鸟蛇相斗纹金腰带饰（M16G：24） 长方形，铸造。由相对的两组鸟蛇相斗的镂空图案构成。双鸟颈部相交，巨喙反向衔住蛇身。鸟为兽身，圆眼，小耳，翼后展，腹下有粗壮兽足，尾上扬，应是格里芬形象。蛇身缠绕于格里芬的腿、尾及腹部。格里芬颈、腹、足上铸出方形、半圆形小凹坑，内嵌肉红石髓和料珠。蛇身和兽翼饰联珠纹。带饰背面左右各铸一环。长6.4、宽3.7厘米，单件重30.31～40.5克。共9件，形制相同，墓主人腰部三条带饰之一（图二七）。

高浮雕兽面纹金带扣（M18棺内） 铸造。凸圆眼，大方耳，高隆鼻。额头正中浮雕一兽头，面朝上。鼻梁为蝉形，鼻梁两侧有两条小龙。眼部镶嵌蓝色玻璃珠。吻部两条小龙，饰联珠纹、卷云纹及羽纹。兽面两侧镂雕龙兽相斗图案，左右对称，兽身缠龙，龙头伸出兽头上方，龙身向下，龙爪紧抓兽身。龙身上饰卷云纹和联珠纹。长9.2～

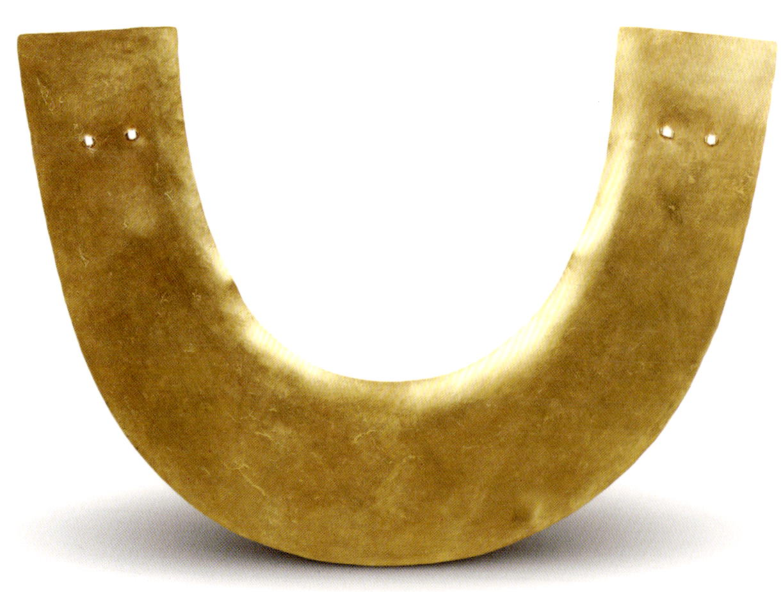

图二五 金项饰（M16G：7）

图二六　复合材质项饰（M16 临：1）

图二七　鸟蛇相斗纹金腰带饰（M16G：24）

图二八　高浮雕兽面纹金带扣（M18 棺内）

9.6、宽 7.6 厘米，重 157 克。出土于墓主腰部（图二八）。

鎏金铜带钩（M60MS：4）　钩颈弯曲，首、身为龙头造型。身部龙头，厚唇，凸圆眼，竖眉，立耳，高额，两角弯曲伸向钩颈。钩背柱纽。通长 8.5 厘米。出土于墓主腰右侧（图二九）。

银鞋底（M16G：10）　由薄银片剪切成鞋底样式，脚掌、脚跟处打孔，共 11 排。长 21.5 厘米，重 9.9 克。出土于 M16 墓主已朽化的皮靴底面。2 件，皆微残（图三〇）。

图二九　鎏金铜带钩

（M60MS：4）

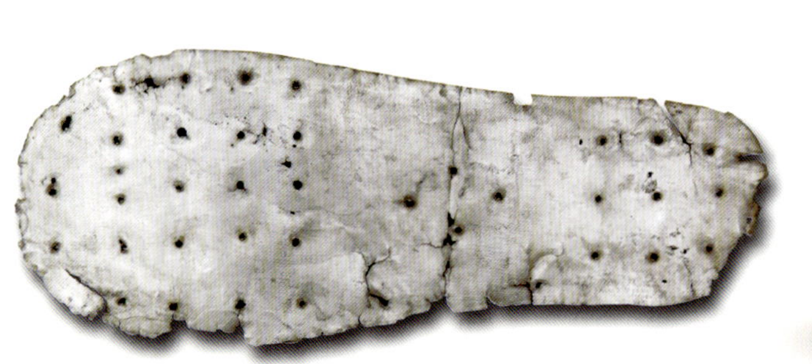

图三〇　银鞋底（M16G：10）

图三一　贴金银漆筒（M16：5）

图三二　铜甗之甑（M18MS：1-1）

图三三　铜甗之鬲（M18MS：1-2）

2. 容器

贴金银漆筒（M16：5）　口小底大，深直腹，平底，髹黑漆，器腹中上部有一环形金把手。上、下各贴饰一周三角形金箔，内镂刻轴对称变形鸟纹；腹中部贴饰相错菱形银箔，内镂刻轴对的忍冬纹。口径14.3、底径17.5、高16.3厘米。出土于M16后室壁龛内（图三一）。

铜甗（M18MS：1-1，甑；M18MS：1-2，鬲）　甑和鬲以子母口套装成甗。甑，侈口，窄平沿，斜弧腹，高圈足。沿下有铺首一对，腹上部饰弦纹两周。条形箅孔。器表残留范线。口径28.5、底径15.8、高16.5厘米。鬲，直口，窄平沿，高领，弧裆较高，袋足，扁足跟。肩颈部有半环形耳一对，肩上部饰弦纹一周，足饰三道竖线和弧线弦纹。袋足外侧有纵向范线，口部有补铸痕。口径16、腹径26.1、高22.2厘米。出土于M18洞室墓主棺木右侧（图三二、三三）。

铜茧形壶（M3：6）　侈口，束颈，矮圈足。肩部有铺首衔环一对，颈部饰连接贝纹一周，圈足饰绳索纹一周。器身饰纵向瓦棱纹，瓦棱内间隔饰蟠螭纹。器底部铸铭文“鞅”字。口径 9.3、最大腹径 28.4、最大底径 15.4、高 25.6 厘米。出土于 M3 后室壁龛内（图三四）。

铜敦（M18MS：6）　球形，子母口，上下器形和纹样基本相同，均有三鸟形纽和双鸟形耳。以上半部为例，装饰纹样从下至上，以三角形内卷云纹区隔为单个条带，中部为连续长方形卷云纹隔带，再上为方形卷云纹，再上为交错的三角形卷云纹，顶部云气纹。五组装饰之间以弦纹间隔。三角形内卷云纹，一组以青铜为地，镶嵌黄铜丝为纹；另一组以黄铜丝盘嵌为地，以青铜为纹。子口外缘饰两组上下交错三角纹，一组三角形内填对称复杂的阴刻弧线，另一组以绿松石镶嵌，凸出青铜纹样。口径 14.6、腹径 16.3、通高 21.4 厘米。出土于 M18 洞室墓主棺右侧（图三五）。

铜耳杯与银匙（M16：5–1）　耳杯，口椭圆，耳面长方形、弧边微上斜，腹壁弧收，平底。口径 8.8 ~ 12.9、高 4.4 厘米。匙，梨形匙叶，前端略尖，中部内凹，末端与匙叶斜直方向接条形柄；柄身前窄后宽，斜弧面，末端起浅台呈“山”字形。器面抛光。通长 23.2 厘米。两者同出于 M16 后室壁龛的贴金漆桶内（图三六）。

蓝釉陶杯（M19MS：6）　侈口，尖圆唇，斜弧腹，外撇假圈足，小平底。器壁内外均施以汉蓝釉。杯身中下部饰汉紫联珠纹四周，足部饰汉紫联珠纹两周。口径 5.6 ~ 5.8、底径 3.8、高 10 厘米。出土于 M19 洞室角龛内（图三七）。

陶铲足鬲（M10：12）　夹砂红褐陶。口微侈，方唇，窄平沿，直领，袋足，弧裆较高，铲形足跟。附半圆形錾耳一对，领部饰一蛇纹，肩部饰三周凸弦纹，裆及足部饰三道竖线及弧线纹。口径 17、腹径 22.7、高 20 厘米。出土于 M10 洞室（图三八）。

图三四　铜茧形壶（M3：6）

图三五　铜敦（M18MS：6）

图三六 铜耳杯与银匙（M16：5-1）

图三七 蓝釉陶杯（M19MS：6）

图三八 陶铲足鬲（M10：12）

图三九 陶罐（M21MS：1）

陶罐（M21MS：1） 泥质灰陶。口微侈，圆唇，束颈，高领，溜肩，斜弧腹，平底。颈部饰弦纹四周，其间戳印方格、圆点纹，肩至下腹饰斜向细绳纹，以六周阴弦纹间隔。口径10.4、腹径15.8、底径8.6、高20.4厘米。出土于M21洞室（图三九）。

3. 车马器与车马饰

马具（M61MS：2） 由1件铁衔、1件铜当卢、2件铜连体泡、8件铜泡组成。铁衔，残，小环相套，大环穿木镳（朽）。当卢，圆形，正面圆锥状凸起，背中一纽。直径8.8、高2.2厘米。连体泡，“8”字形，由两个正面圆锥状凸起的圆形铜泡连铸而成，背各有一拱形纽系。通长4.6、高1.2厘米。泡，正面形制相同，仅尺寸有大、中、小之别，皆圆锥状凸起的圆形，背纽有平桥形和拱形之别。直径分别为4、3.8、2.8厘米（图四〇）。

铜车軎（M14：52、60） 由軎、辖及軎帽组成。軎口高台喇叭形，后段管状，侧有条形辖孔，饰凸宽带格栏两周，栏间贴饰金箔。牛首形长辖，两端各一圆穿。軎帽，筒状，末端收棱两道成锥体。器表镀锡。軎口径6.5、通长7.7厘米，辖长6.2厘米，軎帽径3.2、长8.4厘米。套装于M14-1号车车轴两端（图四一）。

车舆栏板饰（M3-1号车） 由贴金铁条、银花饰和包金铜泡组成。银花饰方形，银箔剪切镂刻，方框内为相互勾连的忍冬纹。银花饰边框上压贴金铁条，面饰斜对称折角“S”纹。四角再以包金铜泡固定。残宽29.5、高63.8厘米。为M3墓室随葬车舆栏板装饰（图四二）。

贴金银铁车舆后门饰（M14MDC1XX：2、3） 共10组，每组3件，装饰于M14竖穴1号车车舆后门立面。下端齐平，上端两侧高、中部低，成“V”形。每组由上至下依次为折角形、条形、圆头亚腰形。由铁片锻打成形。条形铁饰上端穿扣于折角形铁饰背面卷沿内，下端叠压在圆头亚腰形铁饰下。折角形铁饰，横边短圆銎，竖边扁平，弧脊，背面下部扁銎；以金箔为边框和隔段，框内饰金、银交替的四边形镂空忍冬纹。条形铁饰，上下两端呈弯月铲形，中部略收腰，弧脊；以银箔为边框，内饰金、银交替的三角形镂空卷云纹；背面上下各有一钉。圆头亚腰形铁饰，弧脊，下端略宽于上端；以錾刻细卷云纹金箔为边框，内饰金、银交替的镂空卷云纹；背面上下可见冲压铁钉形成的窝痕。折角形饰长9.3、上宽6.7、下宽3.2、銎径2厘米。条形饰最外侧者长20、宽2.6～3.8厘米。圆头亚腰形饰长12.8、宽3.5～5.1厘米（图四三）。

铜车舆后门饰（M25MDCXX：1） 出土于M25竖穴随葬车的后门装饰。形制与贴金银铁车舆后门饰相仿，不再赘述（图四四）。

贴金银铁车踵饰（M16：69） 1组3件，由2件瓦形和1件长方形铁片组成。锻打成形。瓦形，四周饰银箔为地金箔忍冬纹；中部金箔框上锤锞卷云纹，框内饰忍冬纹。长方形片饰承轸，

图四〇 马具（M61MS：2）

图四一 铜车軎（M14：52、60）

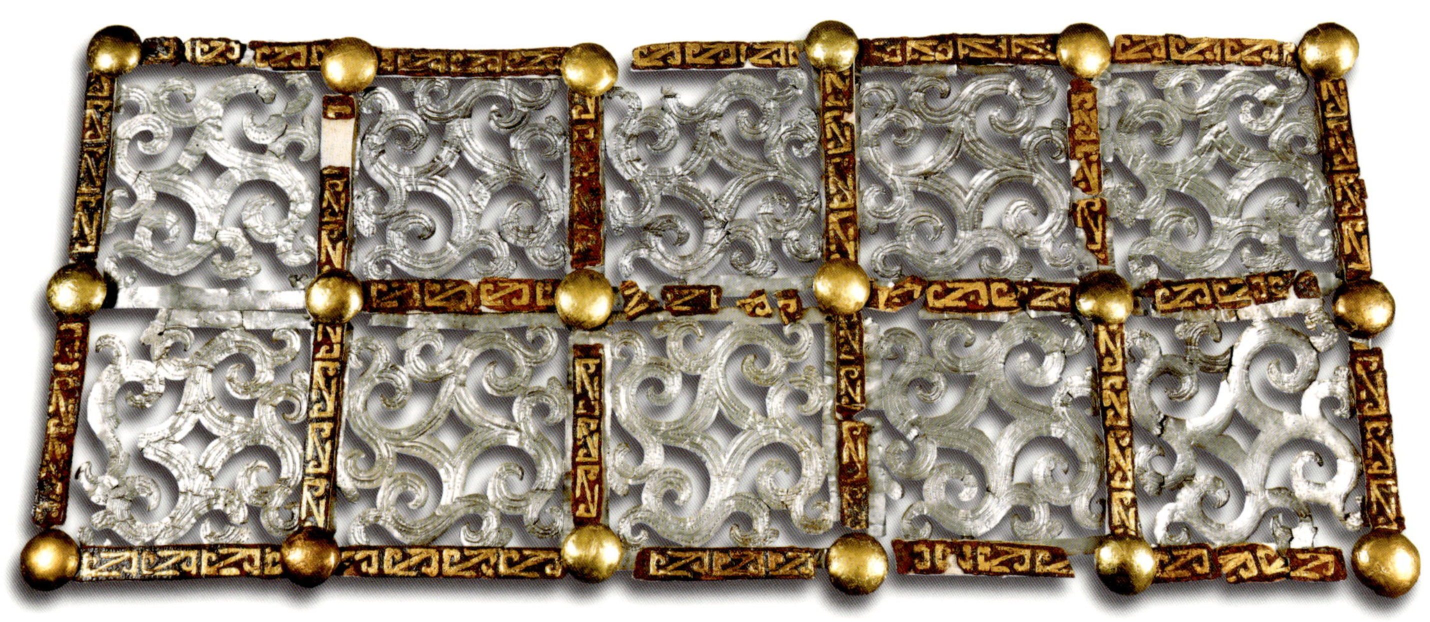

图四二　车舆栏板饰（M3-1 号车）

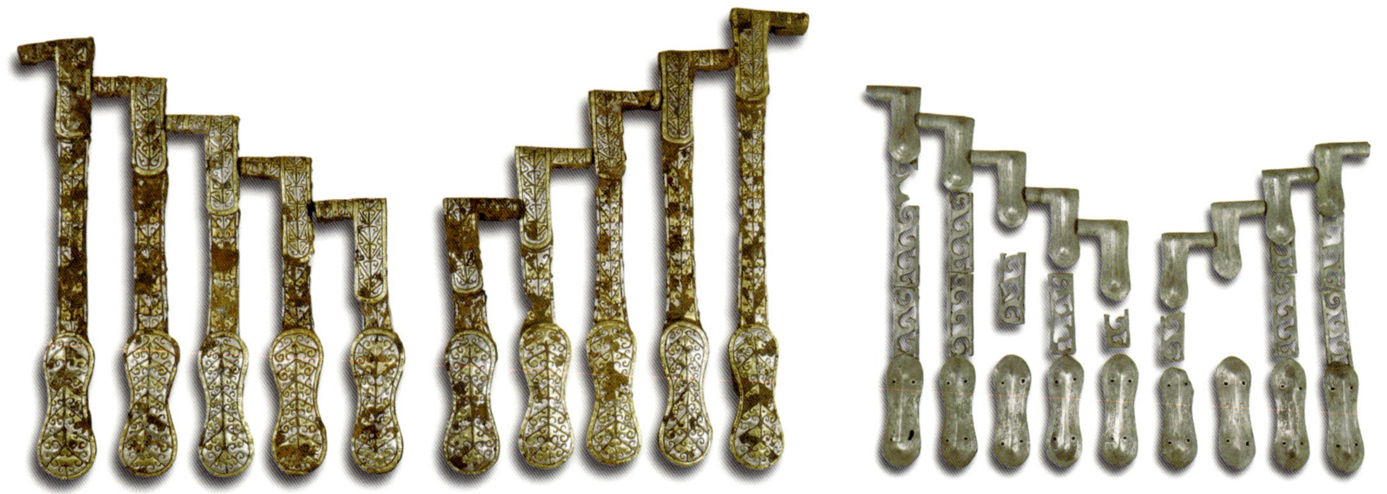

图四三　贴金银铁车舆后门饰（M14MDC1XX：2、3）

图四四　铜车舆后门饰（M25MDCXX：1）

两侧饰金、银箔交替镂空卷云纹，纵向以金条间隔。瓦形饰长 18.8、宽 5.8 ~ 6.5 厘米，长方形饰长 6.4、宽 2.7 厘米。装饰于 M16 墓室随葬车的车辀踵部（图四五）。

鸟首形铜车轮饰（M16MDC2LB：1、2）　呈巨喙鸟首形，内镂空相互勾连的“S”形纹。可分两类，一类底边微外弧，顶尖朝向轮心；一类底边微内凹，顶尖向牙。两类饰件两两相错、鸟喙相交形成一组，组组相接形成环带，与轮牙相切，装饰于 M16 竖穴 1 号车轮面外周。底边外弧长 23.2、高 15.6 厘米，底边内凹长 18.6、高 17.2 厘米（图四六）。

双鸟形铜车轮饰（M16MDC2LB：3）　为相望的变形双鸟纹，内饰镂空的相互勾连

图四五　贴金银铁车踵饰（M16：69）

图四六　鸟首形铜车轮饰（M16MDC2LB：1、2）

纹。短边朝向轮心，长弧边朝向牙面，两两相接组成环带，装饰于 M16 竖穴 1 号车轮面近车毂端。底边长 23.4、高 12 厘米（图四七）。

图四七　双鸟形铜车轮饰（M16MDC2LB：3）

虎形金车舆饰（M3-1 号车上）　由金箔剪切成形。张嘴，立耳，飞鬃，尾上卷于背部与鬃相接，利爪，四足着地呈行走状。沿躯体錾刻短线和曲线纹。长 7.6、高 5 厘米，重 3 克。装饰于 M3 洞室随葬车的车舆栏板上（图四八）。

图四八　虎形金车舆饰（M3-1 号车上）

大角羊形银车舆饰（M3-1 号车上）　由银箔剪切成形。低头，杏眼，立耳，飞鬃，花边形大角向后弯曲，尾曲翘，四足着地，前后交错呈行走状。沿躯体錾刻曲线纹，周缘打孔。长 6.9、通高 7.5 厘米，重 2 克。装饰于 M3 洞室随葬车的车舆栏板（图四九）。

图四九　大角羊形银车舆饰（M3-1 号车上）

4. 兵器

铜戈（M1：56）　援部狭长，中起脊，两边出刃，长胡，三穿，内长方，中部一穿。通长 19.5 厘米。出土于 M1 墓室西壁（图五〇）。

贴金银铁矛（M16：32）　柳叶形，锋刃，中起脊。骹部装饰两组金银三角卷云纹，矛身饰金包银的树形图案。通长 26.5、刃宽 4.5 厘米。出土于 M16 竖穴东北角（图五一）。

铁剑（M23MD 采：9）　条形柄，两圆穿，外包木柄已朽。身中起脊，断面菱形，残存木鞘痕。通长 26.2、阑宽 3.4 厘米。出土于 M23 竖穴盗洞内（图五二）。

铜镞（M20MS：3、5）　均为圆銎三翼式，銎部 1 ~ 3 个圆形或三角形孔。长 3.2 ~ 3.4 厘米。出土于 M20 墓室（图五三）。

贴金银铁箭箙饰（M1L：82）　应是皮质箭箙表面的装饰。长方形。左右铁条上交替贴饰金、银龙纹和走兽纹，中间饰银镂空“S”形纹样。残长 74、宽 13.2 厘米。出土时内有铜镞 9 枚，位于 M1 墓室西壁（图五四）。

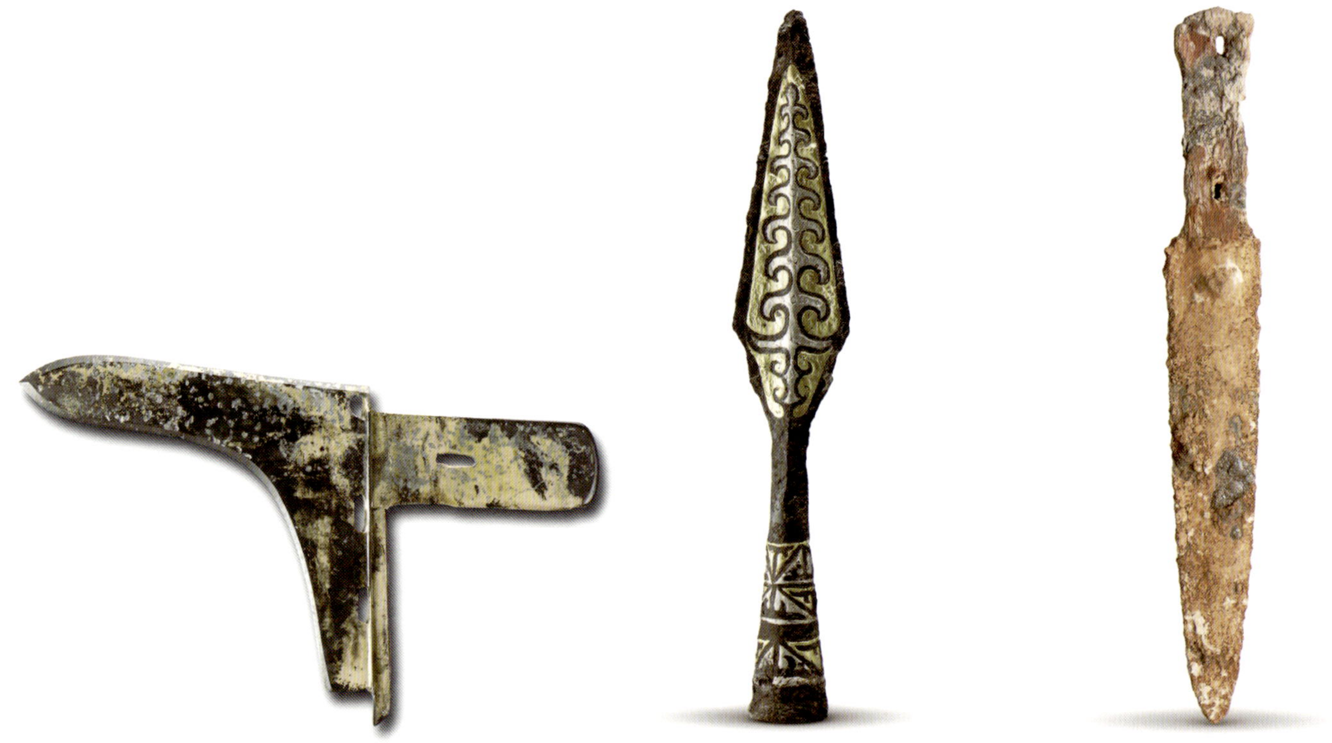

图五〇　铜戈（M1：56）

图五一　贴金银铁矛（M16：32）

图五二　铁剑（M23MD 采：9）

图五三　铜镞（M20MS：3、5）

图五四　贴金银铁箭箙饰（M1L：82）

四 主要认识

从马家塬墓地出土遗物观察，墓地的总体年代应当在战国晚期至秦代，碳-14测年为公元前350年左右。这一时期考古所见的西戎遗存包括陇山西侧的张家川、清水、秦安等县，东侧的庆阳地区，洛河流域以及宁夏清水河及其临近地区。史料记载，甘肃东南部是西戎活动的主要区域。秦人是在和西戎的不断斗争中发展、壮大起来的。战国时期在天水、张家川一带的西戎主要有冀、邽和绵诸戎，该墓地出土的袋形铲足鬲、夹砂单耳罐等是和西戎有关的遗物。从墓葬形制、文物器形及精美程度分析，马家塬墓地等级较高，应当是秦人统治下的某支西戎首领和贵族的墓地。

马家塬墓地的文化因素是多元的，这可以从墓葬形制、埋葬习俗、出土遗物造型特征、题材纹样和制作工艺等方面反映出来。除自身的西戎文化因素外，还包含有秦和中原地区的文化，楚文化，欧亚草原东部的中国北方系青铜文化，欧亚草原地带中、西部的斯基泰、塞克、巴泽雷克等文化，及甘肃地区传统文化等多种文化因素。

五 学术价值

马家塬墓地以独特的墓葬形制、装饰华丽的车辆、复杂的人体装饰和服饰以及出土的一批珍贵文物闻名于世。该墓地的考古发掘反映了战国晚期至秦代西戎文化的面貌，是研究这一时期西戎文化、秦戎关系、早期中西文化交流、中国古代车辆的发展和演变以及古代工艺技术的重要实物资料。

墓地出土车辆形制多样，以金、银、铜、贴金银铁、锡饰件及肉红石髓、汉紫、汉蓝、铅白珠装饰的车辆豪华精美；车辆主体所采用的木材主要为榆木、柳木和榄仁；金饰品的成分为金银铜合金；银饰品中含有少量金和铜；铜饰品为锡青铜，多使用镀锡工艺；少数铁器由生铁铸造而成，多数铁器为锻造制品，有铸铁脱碳钢和块炼渗碳钢两种材质。马家塬墓地出土车辆的工艺技术、装饰程度达到了那个时代的极致，是研究古代车辆的重要实物资料。

金银器在出土文物中所占比例较大，采用的制作工艺复杂多样、器类丰富、奢华精美。金属器质地有金、银、铜、铁、锡、铅等，是研究当时金属制作工艺的宝库。

墓地出土的玻璃和玻璃态制品是目前发现数量最多的随葬品，其种类比较丰富，使用范围广泛，是研究玻璃发展和中西文化交流的珍贵资料。

执笔：谢焱

墩坪墓地

一　墓地概况

漳县位于甘肃省中南部，地处陇西黄土高原和西秦岭之间的过渡地段，地貌以山地为主，海拔 1640 ～ 3941 米。境内有渭河的一级支流漳河、龙川河与榜沙河。墩坪遗址位于漳县县城西 15 千米，漳河北岸三岔镇北的二级台地之上，面积约 20 万平方米（图一）。该台地呈北高南低的缓坡，由于平田整地，现地貌呈阶梯状，其东、西两侧为较宽的黄土冲沟。台地的南侧分布有齐家、寺洼文化的堆积、居址、墓葬等遗存。1978 年被定为县级文物保护单位。

墩坪墓地位于台地中部，即齐家、寺洼文化遗址北侧，该墓葬区东西长约 1000、南

图一　墓地远眺（北—南）

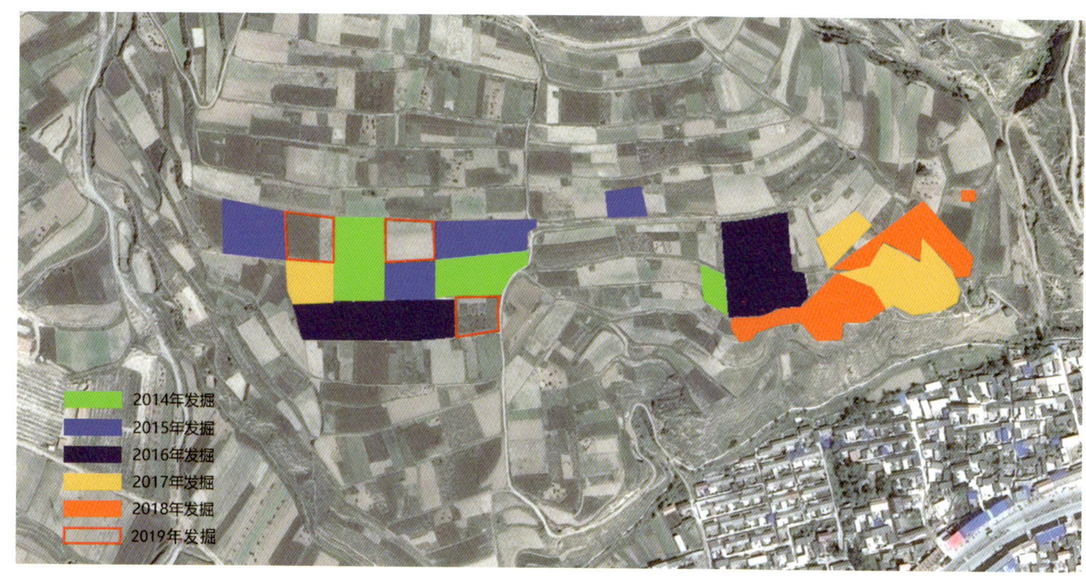

图二 墓地发掘位置图

北宽约 150 米，以南北贯通台地的田间便道为界分东、西区。经全面勘探，东、西区勘探面积约 15 万平方米，发现不同时期墓葬 300 余座。东区东部墓葬以汉墓为主且集中分布，在汉墓区以西亦有数量少且分散分布的东周时期北方青铜文化墓葬；西区以东周时期北方青铜文化墓葬为主且集中分布，也有少量集中成片分布的宋墓。该墓地于 2010 ~ 2013 年遭严重盗掘，保存状况很差。经 2014 ~ 2019 年 6 个年度的发掘，共清理东周时期、汉代、宋代及寺洼文化时期墓葬 319 座（图二）。

二 墓葬综述

（一）东周墓葬

东周时期墓葬共发掘 159 座，85% 的集中分布于墓地西区，约 15% 的分散分布于墓地东区西部。墓向 50° ~ 110°。由于 20 世纪大规模平田整地，原北高南低的地貌遭到不同程度破坏，现为多阶台地。墓葬开口距地表深浅不一，位于每级台地南部的墓葬开口较深，在 2 米左右，台地北部的墓葬开口较浅，为 0.5 ~ 1.2 米。墓葬形制有竖穴土坑墓、竖穴土坑偏室墓、带斜坡墓道的竖穴土坑墓和洞室墓四类，以竖穴土坑墓及竖穴土坑偏室墓为主。

1. 竖穴土坑墓

墓坑平面呈圆角长方形或近似方形，根据墓坑南壁下有无面积较大的二层台，分二型。

A 型 墓坑平面呈圆角长方形，较大规模的墓葬墓室底部四周多有生土或熟土二层台，1 ~ 4 个不等，规模较小的墓葬墓室底部无二层台。葬式皆为仰身直肢葬，头东脚西，少数墓葬为二次扰乱葬。大部分墓葬有木质葬具，有单棺、双棺和一棺一椁三种类型。随葬器物放置于墓葬填土和墓室内，主要有车马饰、服饰、兵器、工具等。

M28 墓口呈南宽北窄的梯形，北壁长 4.4、南壁长 4.9、东壁宽 2.34、西壁宽 2.74 米，深 10.16 米。四壁从墓口至墓底有较大收分。墓底平面为长方形，东西长 4.12、南北宽 1.76 米。葬具为一棺一椁，棺髹黑红漆（图三）。在墓室东、西壁下有夯实的熟土二层

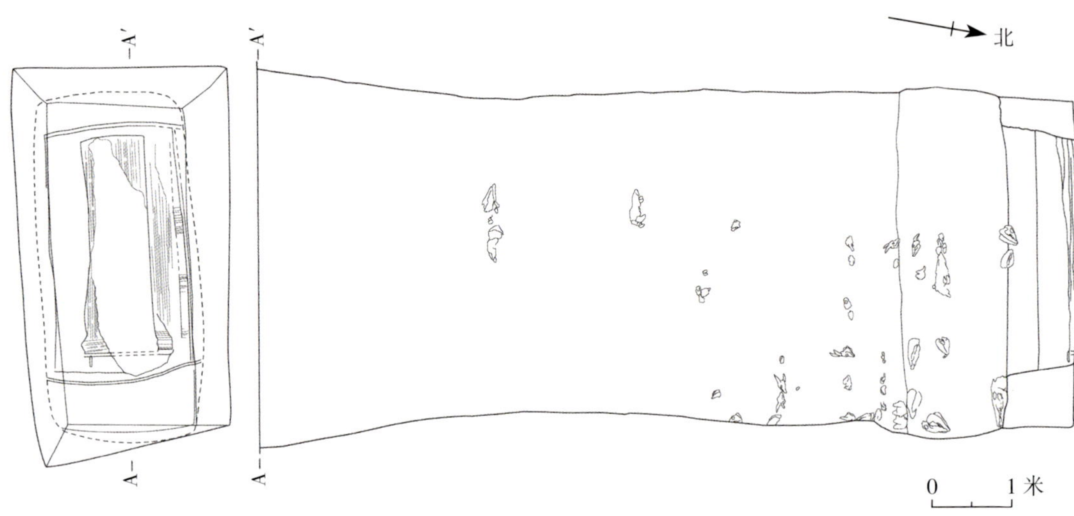

图三　M28平、剖面图

图四　M28第11层殉牲（北—南）

台用以摆放殉牲，高0.86～0.96、宽0.4～0.76米。墓室填土从上至下分层放置11层殉牲，殉牲主要为马、牛、羊的头骨和蹄骨。除第11层殉牲在东二层台上有规律的摆放外，其余各层均为随意放置，数量亦多寡不一（图四）。

B型　墓坑平面呈圆角长方形或略呈方形，墓坑南壁下有面积较大的生土二层台，墓室位于墓坑北壁下。该类墓葬有大、中型之分。

大型墓葬墓坑平面约12～15平方米。此类墓葬在墓坑南壁下有宽二层台用于放置随葬马车或牛车，车向与墓主头向一致，车辕朝东。个别墓葬的宽二层台由于放置随葬车而随意改变其形状。墓坑填土从上到下分层放置数量不等的殉牲且数量比较多，多是马、牛的头骨及蹄骨（图五）。葬具为一椁一棺。

M51　坑口东西长4.06～4.35、南北宽3.5米。墓室位于墓坑北壁下中部，深6.75米，与土坑东、南、西壁之间有宽窄不等的生土二层台，南侧二层台宽1.34～1.47米，用于放置随葬马车（图六）。墓坑填土中分层放置5层殉牲，有马、牛、羊的头骨及蹄骨，以牛的头骨为主。

图五　M308 第 1 层殉牲局部

图六　M51 随葬马车及第 4 层殉牲（南—北）

中型墓葬墓坑平面约 8 ~ 10 平方米。此类墓葬在墓坑南壁下亦有宽二层台，墓室位于墓坑北壁下。在墓坑填土内随葬木质车构件及青铜车、马饰件以象征随葬有车，填土内也分层填埋数量较多的殉牲，大部分为羊头骨及蹄骨，只有少量牛、马头骨及蹄骨，葬具为一棺。

M310　墓口略呈圆角方形，东西向，东西长 3.5、南北宽 3.2 米。墓室位于墓坑北壁下，深 5.25 米，墓室与墓坑的东、南、北壁之间有宽窄不等的生土二层台，南二层台较宽。在墓坑填土内分层填埋数量不等的殉牲、木质车构件、青铜（图七、八）及骨质车饰件（图九）。特别是第五层殉牲堆积厚约 1.7 米，主要是牛、羊头骨及蹄骨。

2. 竖穴土坑偏室墓

墓口形制一般呈东西向圆角长方形或方形，由竖穴墓道和偏室组成，偏室掏挖于北壁下，墓门呈拱形，墓室底部平面呈圆角长方形或椭圆形，多数墓室底部与墓道底部齐平，个别墓葬墓室底高于或低于墓道底部。多数墓葬有木质葬具单棺，个别墓葬有竖向或横向的封门板。葬式皆为单人仰身直肢葬，头东脚西。随葬品放置于墓葬填土和墓室内，填土中主要有车马饰、兵器、工具等，墓室内出土服饰、工具及不同质地的珠饰组成的项饰等，个别墓葬随葬有陶器。根据在竖穴墓道南壁下有无面积较大的生土二层台，分二型。

A 型　墓口平面呈圆角长方形，墓道北壁下掏挖成不规整偏室。此类墓葬一般规模小、等级较低，在墓道填土内随葬一层或数层数量较少的殉牲，主要是羊的头骨及蹄骨，基本不随葬车、马青铜饰件，在墓室多随葬数件青铜服饰及骨质或石质项饰，也有个别墓葬随葬青铜兵器、工具等。

M40　墓口东西长 2.81 ~ 2.92、南北宽 1.26 米。现存深度 2.62 米。墓道底部平面亦呈圆角长方形，长 2.72、宽 1.14 米。偏室掏挖于竖穴北壁下，口部呈圆弧形，宽 2.16、最高 1.3 米。偏室平面呈不规则长方形，底部与墓道底齐平，东端宽西端窄，宽 2.32、进深 0.7 ~ 0.9 米，后壁较直，拱形顶，高 0.6 米（图一〇）。

图七　M310填土内随葬车饰器

图八　铜车珥（M310∶9）

图九　骨车饰器（M310∶1）

B型　墓口平面呈圆角长方形或呈方形，墓道南壁下有面积较大的生土二层台用于随葬骨质、青铜车马饰件及殉牲，殉牲数量多寡不一，随意放置。也有一些墓葬在二层台东端有意摆放4个吻部朝东的马头骨，在墓道中部紧贴南、北壁放置一对末端朝外侧的軎帽，在填土内错落放置数量不等的铜泡，象征随葬有车。墓道北壁下掏挖成不规整偏室。

M21　墓口平面呈长方形，长约2.44、宽约1.6、深约4.15米。竖穴南壁下有较宽的生土二层台，台面平整，宽0.74～0.8、距墓底3.27米。偏室位于竖穴北壁下，平底，与墓道底部齐平（图一一）。偏室中部葬一人，未见葬具。人骨周围随葬有铜当卢、铜泡、铜衔、戈及骨管1件（图一二），墓道填土内有随葬数层殉牲，主要是马、牛、羊的头骨等。

3. 斜坡墓道的土坑竖穴墓

墓葬平面整体呈“甲”字形，有平面呈梯形的斜坡墓道和平面呈长方形的竖穴墓室组成。

M69　总长13.92米。墓道位于墓室西侧略偏南，西窄东宽，斜坡状。口长8.92、宽2.14～2.94米，由上至下逐渐收分，墓道坡度自西向东由缓渐陡，近墓室处较平，深0.44～2.98米，底部高出墓室底0.22米。墓室平面呈长方形，口长5.06、宽4.64米，由上至下逐渐内收。葬具为一棺一椁。墓室底部凿有东西向凹槽铺枕木以承棺椁。墓室的西南及东北角放置殉牲，随葬品放置于墓室东端棺椁之间，以陶器为主（图一三）。

4. 洞室墓

由竖穴墓道和洞室两部分组成，墓道

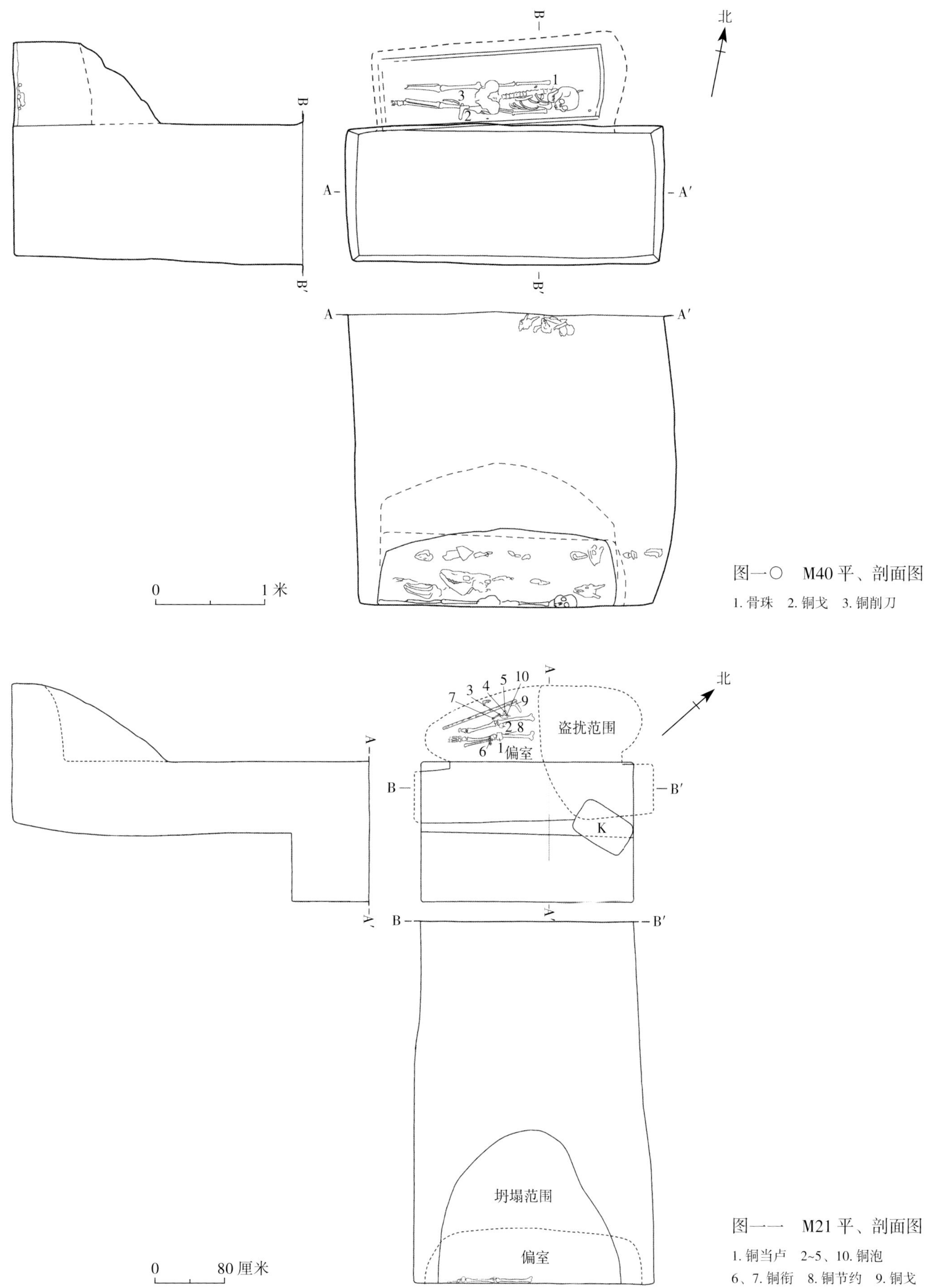

图一〇 M40平、剖面图

1. 骨珠 2. 铜戈 3. 铜削刀

图一一 M21平、剖面图

1. 铜当卢 2~5、10. 铜泡 6、7. 铜衔 8. 铜节约 9. 铜戈

图一二　M21 偏室随葬品

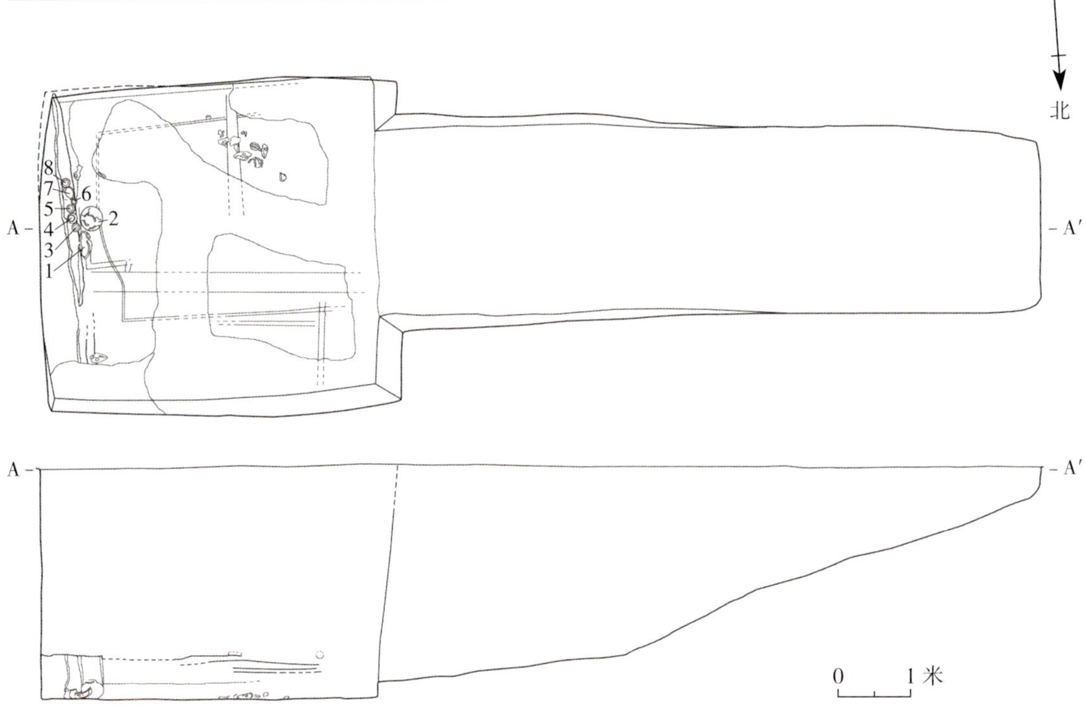

图一三　M69 平、剖面图

1. 陶盆　2. 陶瓮　3. 陶鬲　4~6、8. 陶罐　7. 漆盘

与洞室呈直线式结构。

M70　墓道为不规则长方形竖穴土坑，东、北壁较长，西、南壁较短。四壁内收，口大底小。口长 3.41 ～ 3.48、宽 2.2 ～ 2.38 米，底长 2.64 ～ 2.75、宽 1.83 ～ 1.91 米。底部东高西低，现存深度 1.72 ～ 2.02 米。洞室位于墓道西壁下，平面呈不规则长方形，弧形顶，长 2.8 ～ 3、宽约 1.08 ～ 1.14、高 1.03 ～ 1.14 米。墓室底低于墓道 0.22 米，东端底部向墓道外延伸 0.22 米。洞室口有封门（图一四）。墓主人位于洞室中部，屈肢葬，头朝东，无葬具。墓主人脚端随葬陶器、针筒、骨针及铜饰件等。

（二）汉代墓葬

汉墓集中分布于墓地东部，为配合渭武高速公路建设项目，2017、2018 年对墩坪墓地东区东南部渭武高速施工范围进行了发掘，发掘汉代墓葬 121 座。可分竖穴土坑墓、洞室墓和砖室墓三类。

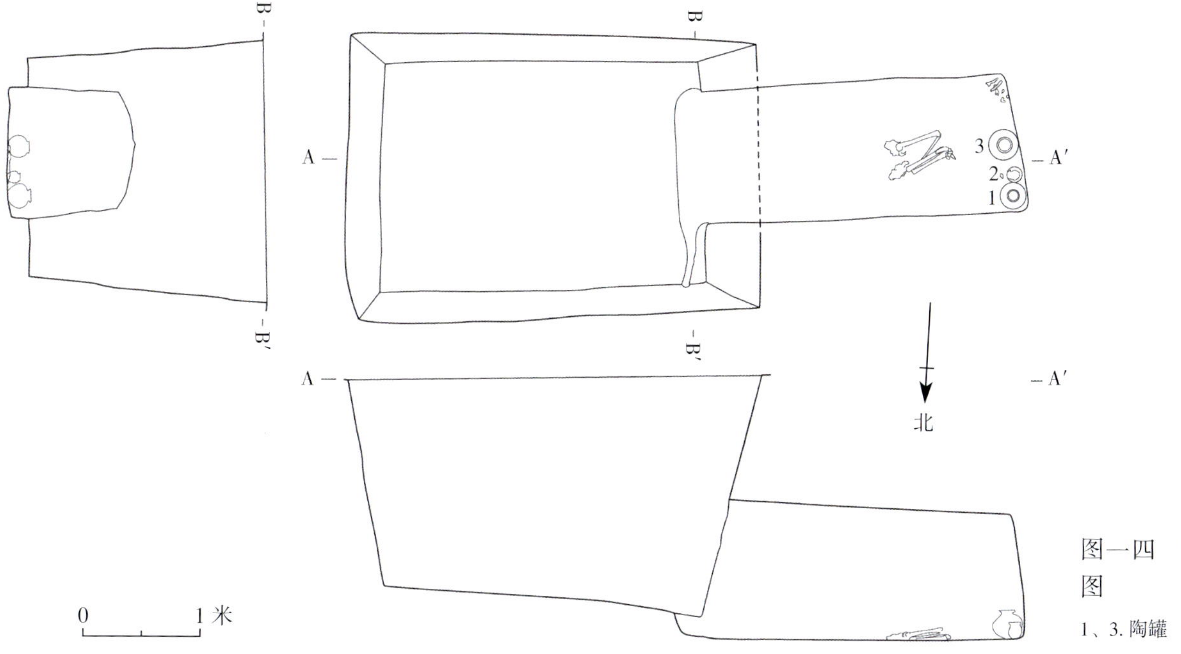

图一四　M70 平、剖面图

1、3. 陶罐　2. 陶带耳罐

图一五　M23（南—北）

1. 竖穴土坑墓

竖穴土坑墓有无墓道和带斜坡墓道的“甲”字形竖穴土坑墓两类。

A 型　无墓道竖穴土坑墓，约 40%。墓口平面为长方形，墓向为东西向，墓室东西长 1.66 ~ 3.66、南北宽 0.67 ~ 2.23、深 0.15 ~ 3.4 米。有的墓室有生土二层台。有单人葬和双人合葬，葬式为仰身直肢，头东脚西。少数有棺椁葬具，墓底横向铺垫木以承葬具。随葬品以陶器为主，还有少量漆器、骨器、铁器和铜器。墓主周身多放置以白色为主的鹅卵石。仅几座墓葬墓主胸前或手部放置动物肩胛骨，并随葬有殉牲马、牛、羊的头骨和蹄骨（图一五）。

B 型　带斜坡墓道的“甲”字形竖穴土坑墓，约 50%。墓道平面呈长方形或梯形，斜坡或阶梯状，长 1.1 ~ 8.1、宽 0.44 ~ 2.18 米。墓室呈东西向长方形，墓室东西长 1.8 ~ 5.5、南北宽 1 ~ 2.7、深 0.86 ~ 4.2 米。一部分墓葬墓道位于墓室东端，亦有部分墓道

图一六 M178（南—北）

位于墓室西端（图一六）。由于原地貌被改变，墓室深浅不同。有单人葬和双人合葬，葬式为仰身直肢，头向多与墓道朝向相反，脚端朝墓道方向。有棺椁葬具，多数墓葬墓底铺横向垫木承接葬具，多数墓葬在墓道接近墓室底部随葬马、牛、羊头骨及蹄骨。随葬品以陶器为主，主要有罐、灶、盘口壶等，多放置在墓主侧身或脚部，并有少量漆器、铁器和铜钱等。

2. 洞室墓

洞室墓数量相对较少，约3%。墓道平面为长条形，斜坡状，长3.8 ~ 5.03、宽0.5 ~ 1米。墓室位于墓道西端或东端，墓室呈弧顶长方形，长2.2 ~ 3.7、东西宽1.16 ~ 1.8米。有单人葬和双人葬，葬式为仰身直肢，有棺椁葬具。随葬有陶器、漆器等。

3. 砖室墓

砖室墓数量少，约5%。由斜坡墓道、照墙、墓门、甬道、墓室组成。墓室平面呈长方形，长2.8 ~ 3.1、宽1.4 ~ 2.8、高2.3 ~ 2.5米，券顶，大部分墓葬墓室底用砖铺地，个别墓葬墓室底用鹅卵石铺地，多为合葬墓，使用木棺葬具，有的葬具底部铺草木灰。一些砖室墓中亦有埋葬石块的习俗。由于早期被盗，出土随葬品较少，主要为泥质灰陶罐、陶灶、陶井、铜钱等。

（三）寺洼文化墓葬

寺洼文化墓葬分布于墓地东南部，共清理11座，一部分被汉代墓葬打破。墓葬形制均为东西向长方形竖穴土坑墓，由于地表破坏严重，墓圹较浅，一般长2.38 ~ 3.43、宽0.79 ~ 1.23、深0.1 ~ 2.1米。有一次葬和二次葬，一次葬为仰身直肢，头朝西，多数墓葬在填土内随葬牛、羊头骨或肩胛骨。随葬品以陶器为大宗，集中置于头端或脚端，个别墓葬置于西壁半圆形龛内，铜器有环首刀、銎首斧、项饰、钏、泡、扣、铃等，亦有贝、绿松石珠、石刀等（图一七）。

三 随葬器物

墩坪墓地东周时期的墓葬有159座，由于大多数被盗，出土器物甚少，位置多数被扰动。除4座保存较好的墓葬整体套箱提取进行室内清理，随葬器物尚未清理外，其余墓葬共出土器物约1300件（组）。其中大多数出土于墓葬填土内，少数服饰品、珠饰等

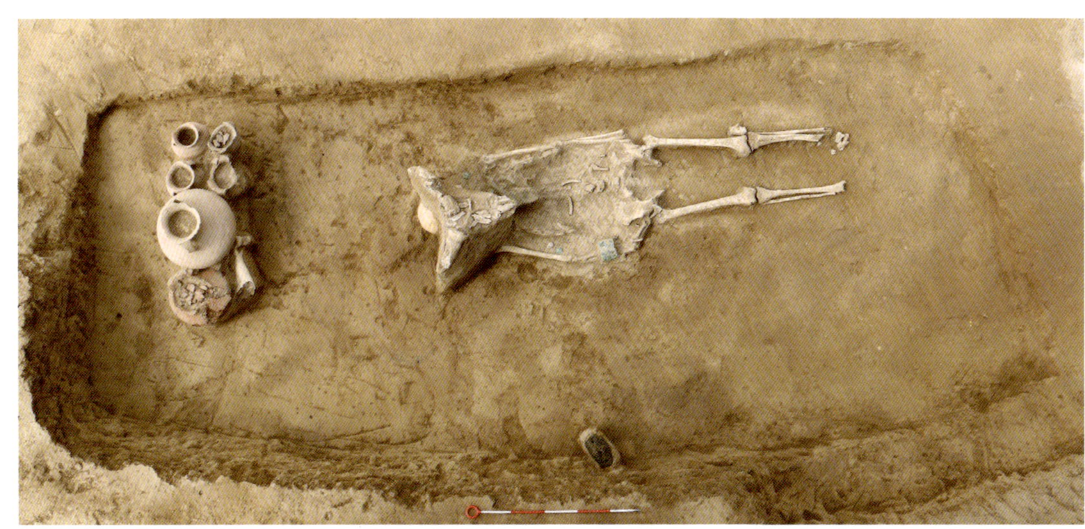
图一七　M196（南—北）

图一九　铜戈（M21：9）

图二一　铜軎辖（M10：18、19）

图一八　铜剑（M89：6）

图二〇　铜矛（M26：15）

图二二　铜车軨饰（M1：7）

出土于墓室内人骨的颈、腰部。填土内的遗物多以青铜、骨质车马器和解体的木质车构件为主，也有一部分墓葬随葬铜、铁矛等。个别墓葬出土陶器。出土遗物有铜器、铁器、金器、银器、骨器、陶器，以及各种质地的串饰等。

铜器以车、马器为大宗，也有剑（图一八）、戈（图一九）、矛（图二〇）、镞等兵器及刀、削、针筒等工具。车马器有辖（图二一）、軎、軎帽、车軨饰（图二二）、舆角饰、衔、当卢（图二三）、铜铃、铜泡等，此外也有权杖头、管、铜镜（图二四）、牌饰等。

图二三　M49 出土器物

左：铜衔（M49：22、19）　右上：铜泡（M49：20）　右下：铜当卢（M49：27）

图二四　铜镜（M34：1）

图二六　金项饰（馆藏 1572）

图二五　铁剑（M64：1）

图二七　车舆后门（M312）

铁器有刀、剑（图二五）、矛、锥等。金、银器多为项饰（图二六）、车饰件（图二七）。

骨器有绳扣、牌饰、簪饰、镞等。木器有车构件、戈柲、棍等。皮革制品多为残片，一类作内衬垫置于带銎孔器物的内壁，一类作绳系于器物穿孔之上。项饰有玛瑙（图二八）、绿松石、料珠等。一些墓葬出土不等数量的海贝。

121 座汉代墓葬除部分被盗扰严重，不见随葬品外，其余墓葬均有数量不等的随葬品，少者 1 件，多者可达 10 件，一般为 3 ～ 5 件，共出土各类随葬器物 500 余件。有陶、铜、铁、骨器等，此外部分墓葬随葬有漆器。随葬品以陶器为大宗，器形以罐、壶、灶为主要组合（图二九），另有部分漆器、铁器，少量铜器、骨器等。随葬品有生活用具陶罐、

图二八　项饰（M13：8）

图二九　M208 出土陶器

陶壶、漆盘、耳杯等；铁器有兵器、工具两类，兵器有剑、镞、矛等，工具有刀、削、臿等。个别墓葬出土明器类衔、軎、辖、铜泡、镳、盖弓帽等车马器。

寺洼文化墓葬共发掘 11 座，由于数座被汉代墓葬打破，随葬器物损坏。随葬遗物多置于头端或脚端，以陶器为主，有马鞍口罐、单耳罐、双耳罐、鼓腹罐等（图三〇）；其次为铜器，有环首刀、銎首斧、钏、泡、扣、铃等；另有石刀、绿松石项饰、海贝等。

四　主要认识

墩坪墓地的发掘为进一步了解甘肃东南部漳河流域及相邻地区东周时期至汉代遗存的文化面貌提供了新资料。

图三〇 M195 出土陶器

墩坪墓地东周墓葬的形制有竖穴土坑墓和竖穴土坑偏室墓两大类，竖穴土坑墓在已发掘的墓葬中约占60%。两类墓葬在墓葬平面形制、结构上多存在差异。葬式多为单人仰身直肢葬，头东脚西，有个别墓葬为二次扰乱葬。部分墓有木质单棺或一棺一椁葬具，个别偏室墓使用封门板封堵偏室。根据墓葬规模及随葬遗物，大致可分大、中、小三型。大型墓多为竖穴土坑墓，填土内均随葬完整的马车或牛车；中型墓填土中多随葬车马器，部分墓葬随葬被拆解的车构件，部分车饰件经人为摆放，以象征完整车马；小型墓填土中不随葬车马器。各型墓中皆盛行殉牲，种类有马、牛、羊的头骨和前蹄骨，个别有羊或牛的腿骨，多分层置于竖穴填土和墓室之中，多数殉牲放置随意，无规律。少数墓葬的个别层位殉牲为有意摆放，一般是在墓葬东端整齐摆放一排4～6具马头，个别高等级墓葬不仅有马头也有牛头，均正置，每个头骨两侧放置一对蹄骨，吻部和蹄尖皆向东。这些有意放置的殉牲与随葬的车、马饰件或木质车构件，代表有马驾驭的车随葬。墓葬等级除与墓葬形制、大小有关外，也与殉牲的数量、牲畜种类有关，用羊头做殉牲者最为普遍，大型墓葬随葬数量较多的牛、马头骨及蹄骨，而羊头骨及蹄骨较少。随葬器物主要放置于墓葬填土和墓室内，大、中型墓填土内除多放置车、马饰件外，随葬兵器矛的比例也较高。墓室内以饰品、车马器、兵器和工具等为主，陶器较少。

墩坪墓地东周墓葬的主体年代在春秋晚期至战国中期，但也有同类型墓葬一直延续到战国晚期，其文化因素即随葬品，以车马器、兵器、装饰品为主及大量使用马、牛、羊头骨和蹄骨殉牲的葬俗等表现了北方系青铜文化特征。春秋战国时期，中国北方地区分布着数量众多的青铜文化遗存，此类文化遗存主要分布于内蒙古、河北北部，以及陇山东西两侧的庆阳、平凉、天水、兰州和宁夏的银南、固原等地，它们既有整体上的相似性，又有各自区域的特点。墩坪东周时期文化面貌与甘宁地区北方系青铜文化有相同之处，也有反映各地北方系青铜文化不同阶段或不同人群的差异。两周时期活动于陇山东西两侧的人群主要是西戎一族。墩坪东周时期墓葬的文化因素与东周时期甘宁地区杨郎文化、马家塬文化等有诸多相似性，反映了西戎族群的特点。

《史记·匈奴列传》正义引《括地志》：“豲道故城在渭州襄武县东南三十七里。

古之獂戎邑。汉獂道，属天水郡。”[1]《水经注·渭水》曰：“渭水东南迳獂道故城西，昔秦孝公西斩戎之獂王。”[2]汉獂道应在今陇西县和武山县之间。漳县北接陇西，东通武山，因此墩坪墓地中的西戎文化遗存可能与獂戎有密切的关系。

墩坪墓地西区东部和东区发掘的带斜坡墓道的“甲”字形墓（M69）、洞室墓（M70）等，不仅随葬品发生变化，以随葬陶器为主，墓葬形制也发生了改变，其葬俗与其他墓葬明显不同，年代应为战国晚期至秦统一。据《史记·秦本纪》载，秦孝公元年（公元前361年），“（秦）出兵东围陕城，西斩戎之獂王。”[3]獂戎被灭，秦人西进，带来大量秦文化因素，故当地墓葬形制、葬俗等发生了变化。以M69、M70为代表的这一类墓葬极有可能就是秦人西进的体现，成为该地区这一文化的主题。从葬俗和随葬器物方面看，西进的秦人也吸收了当地部分土著文化，也为当地汉文化的进入做铺垫。

墓地东区既有春秋晚期至战国晚期与西区相同的墓葬，又有时代相对较晚的秦、汉代的墓葬，两者彼此相邻，无叠压打破关系。战国晚期至汉时期，墓葬形制由长方形竖穴土坑墓逐渐演变为带斜坡墓道的竖穴土坑墓。随葬器物以中原式陶器为主同时随葬少数当地文化因素的戎人陶器，继承随葬马、牛、羊头骨及蹄骨的葬俗。其葬俗既有中原文化的特点又有北方系青铜文化的遗风，说明墩坪墓地从春秋晚期至汉代的延续关系，到了西汉中期以后当地土著文化因素彻底消失完全融入了汉文化。

五　学术价值

墩坪遗址经数年的发掘对遗址内不同时期的遗存分布有了明确认识。该墓地的发掘建立了漳河流域及周边地区春秋晚期至东汉时期的文化演变序列，反映出该地区的文化面貌自春秋中晚期至汉代发生了几次大的变化。

春秋中晚期至战国中期，该地区拥有发达的北方草原文化，数量众多的殉牲，较为普遍的随葬车、车马器表明流动性很强的游牧文化也在这个阶段十分发达。战国晚期至西汉中期，由于中原文化对这一地区的逐步渗透，北方草原文化迅速衰落，主要表现在殉牲数量的急剧减少，随葬品也发生变化，由具有中原分格的实用陶器代替了铜车马器、兵器及服饰品，但还保留有北方草原文化特点的陶器。在西汉中期后出现以灶具为代表的明器，葬式也发生了变化，新出现墓主人头向朝西的葬式，代表了外来人群的强势进入带来新的文化因素，当地原有文化因素逐渐被取代。西汉中期至东汉时期，开始流行砖室墓，长方形竖穴土坑墓不见，这一时期除单人仰身直肢葬之外，更为常见的是合葬。随葬品中实用器减少，明器所占比例上升。以马、牛、羊头和蹄骨为代表的殉牲葬俗彻底消失。这些文化因素的变化与战国至汉时期重要的政治事件、政权的变化有直接关系，反映了春秋战国至汉代政权的变化更替及与西北地区游牧民族文化的关系，也为研究北方青铜文化的发展过程及秦、汉文化的形成发展提供了重要材料。

执笔：毛瑞林

[1]《史记·匈奴列传》，中华书局，1973年，2884页。

[2]王国维：《水经注校》，上海人民出版社，1984年，565页。

[3]《史记·秦本纪》，中华书局，1973年，202页。

石家墓地·遇村遗址

一 遗址概况

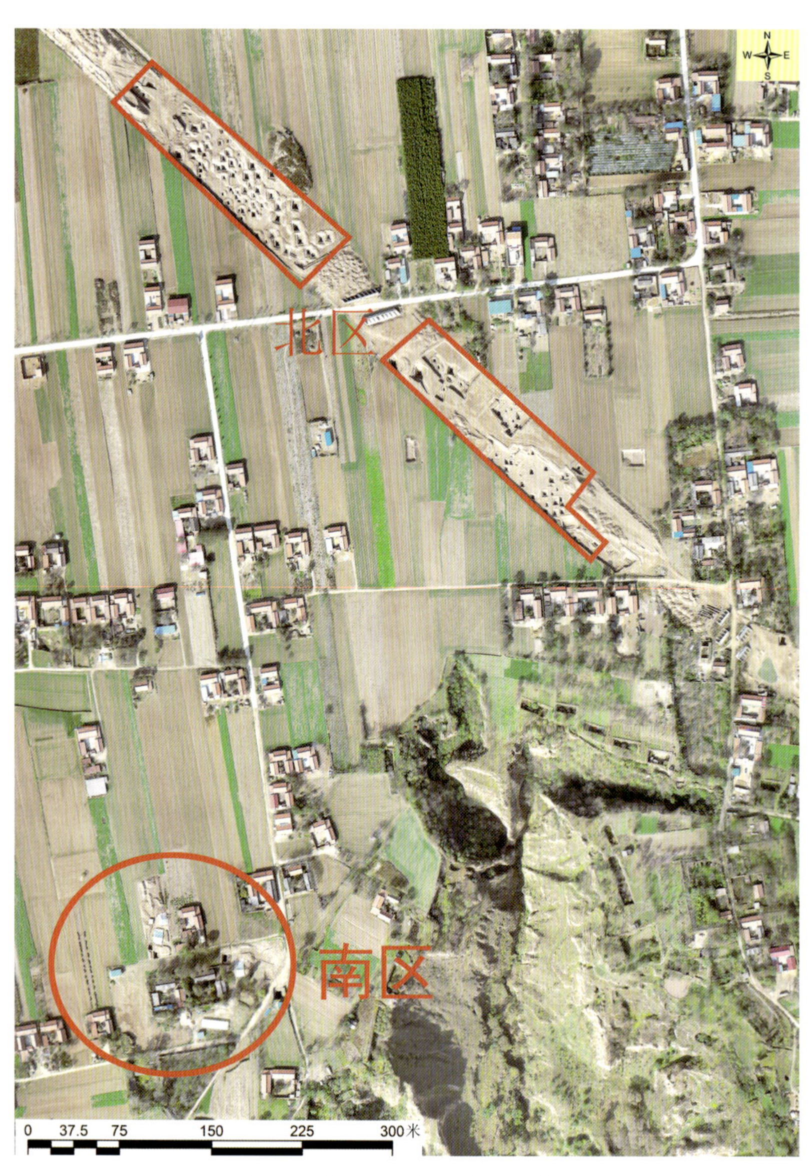

图一 石家墓地南、北两区分布

石家墓地·遇村遗址位于马莲河以东、九龙河以南、无日天沟河以北的早胜原上，现隶属于甘肃省庆阳市宁县早胜镇。二者以遇村南沟为界，沟内常年泉水流淌，途经古峪沟，汇入泾河支流马莲河。

石家墓地是20世纪60年代被发现。当地村民在深挖地坑式窑洞时，曾出土大量的马骨。从出土地点及深度来看，当是被破坏的一处车马坑。80年代初，当地村民在其附近打土坯时捡到1件铜鼎、1件青铜矛，另外发现有玉玦、玉璜及穿革铜带饰等。据当地老人回忆，发现地正处于MK2东侧，我们推测是北侧早期被毁墓葬M257内随葬品。遇村遗址于20世纪80年代被发现，定为省级文物保护单位。21世纪初，石家墓地盗墓活动猖獗。从目前勘探、发掘情况来看，M37、M38、M39、M40等大型墓都遭到了不同程度的破坏。

2014年，经国家文物局审批，甘肃省文物考古研究所与陕西龙腾公司联合对石家墓地15万平方米的范围进行第一期考古勘探。截至2016年，勘探发现墓葬257座、车马坑19座，另外，有少量灰坑、窑址等遗迹的发现。2016～2017年年初，银白高速公路建设涉及石家墓地及遇村遗址范围，甘肃省文物考古研究所与陕西龙腾公

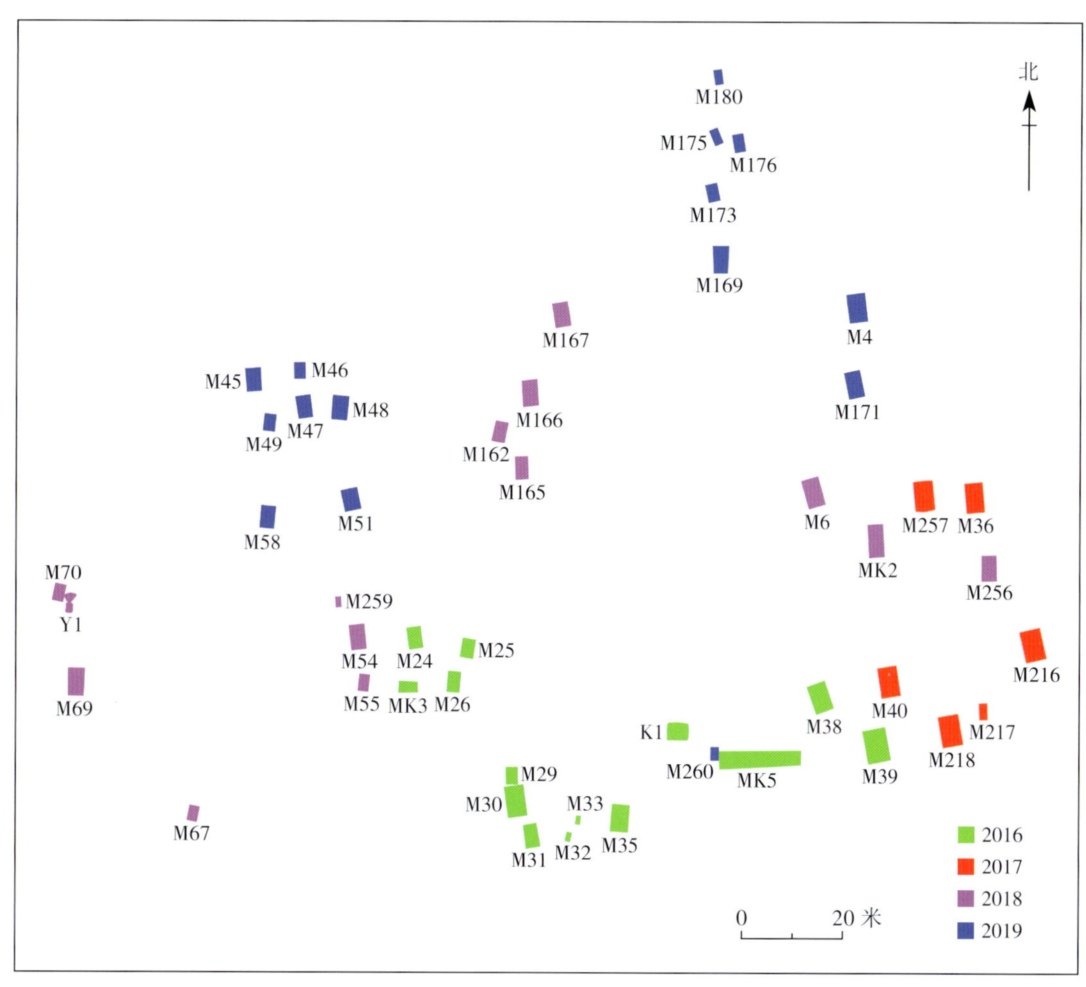

图二　石家墓地南区2016～2019年发掘墓葬总平面

司联合展开第二期考古勘探，完成勘探面积 4.8 万平方米，发现墓葬 108 座及大量灰坑、灰沟等遗迹单位。2019 年，甘肃省文物考古研究所与九龙钻探公司联合对遇村遗址展开第三期考古勘探，重点围绕前期考古调查新发现的古城址来进行，完成勘探面积 10 万平方米。发现城址 1 座，平面形状大致呈东西向长方形，残存面积至少 20 万平方米。城址南侧区域遭现代冲沟毁坏，城墙有部分残留。城址外有环壕设施。在此基础上，为了进一步厘清新发现城址内外遗存的功能布局，诸如路网系统、供排水系统、大型建筑基址区、手工业作坊区等设施的分布与内在联系，石家墓地南北两区的分布范围，两者"居"与"葬"关系在空间上的反映等问题，甘肃省文物考古研究所与九龙钻探公司又对石家墓地·遇村遗址展开第四期考古勘探，拟完成勘探面积 40 万平方米。截至目前，在城址外西侧、北侧勘探发现成片平民墓区；城址内南侧临近遇村南沟范围，发现密集夯土建筑基址、道路、灰坑等遗迹单位。

石家墓地从 2016 年开始发掘，分南北两区，其中南区属于贵族墓地，由甘肃省文物考古研究所独立发掘；北区属于平民墓地，由甘肃省文物考古研究所与洛阳市文物考古研究院联合完成考古工作（图一）。截至 2019 年，南区（贵族墓区）已清理东周时期墓葬 44 座、车马坑 3 座、祭祀坑 1 座（图二）；北区已清理东周时期墓葬 133 座（图三）。遇村遗址 2018 年开始发掘，由甘肃省文物考古研究所与南京大学联合展开。截至 2019 年，已完成发掘面积约 2500 平方米，发现有高等级建筑基址、窑址、灰坑、墓葬、马坑等遗迹单位（图四、五）。

二　主要遗迹

1. 地层堆积

石家墓地及遇村遗址地层堆积大致可分三层。

第 1 层，耕土层：土色灰褐，土质疏松，孔隙大，厚 0.3 ~ 0.4 米。

第 2 层，垫土层：土色黄褐，土质疏松，密度较耕土层较大，厚 0.3 ~ 0.46 米。多分布于发掘区较高台地上。出土有两周时期陶片及近现代遗物等。

图三　石家墓地北区发掘区航拍

图四　遇村遗址 2018 年发掘区航拍

图五　遇村遗址 2019 年发掘区航拍

图六　石家墓地南区 M4（南北向长方形竖穴土坑墓）

图七　石家墓地南区 M6（一椁重棺）

第 3 层，垆土层：土色黑中泛白，上层疏松，下层黏结，可塑性强，厚约 0.7 米。易于渗水、保墒，有较强的石灰性反应，是庆阳地区肥力最好的土壤，主要分布于原面上。包含物丰富，以春秋中期遗物为主，两周时期墓葬皆在该文化层下。

常山下层文化遗存分布于遇村沟南西侧较缓台地上，遗迹有窑洞式房址、灰坑等。原上垆土层及墓葬填土内尚未发现常山下层遗物。

2. 石家墓地主要遗迹

2016 ~ 2019 年，石家墓地共发掘东周时期墓葬 177 座、车马坑 3 座、祭祀坑 1 座等。

东周时期墓葬绝大部分为南北向长方形竖穴土坑墓，极少数为东西向长方形竖穴土坑墓（图六）。口大底小或口小底大，部分墓葬墓壁一隅可见脚窝。墓圹近底部周围流行生土二层台，其上未发现随葬品。墓葬多置棺椁，大型墓为一椁重棺（图七）；中型墓为一椁一（重）棺，或重棺，或单棺（图八）；小型墓未发现棺椁（图九）。墓内有殉车现象，有整车亦有拆装车，多置于椁盖或棺盖顶部（图一〇）。墓葬内殉狗比例较高，出土位置无一定规律。椁室构建上，有以覆席充当椁盖，有以墓室四壁涂抹浅绿色颜料充当椁壁等现象。棺饰组合中，荒帷、墙柳、铜翣、串饰物遗存等皆有发现。棺床遗存内涵丰富，组合多样（图一一）。棺束遗存从文献记载或与楚墓资料相比较，有自身特

图八　石家墓地南区 M55（单棺）

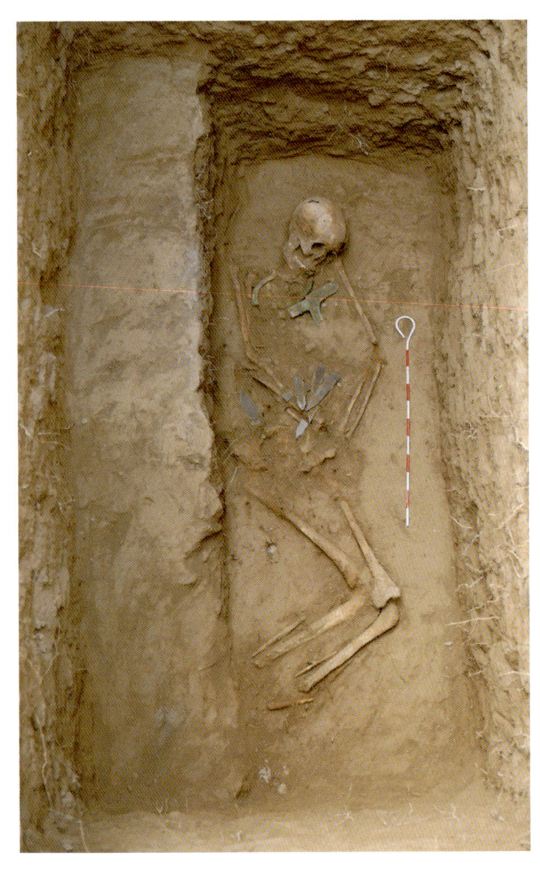

图九　石家墓地南区 M32（无棺椁）

图一〇　石家墓地南区 M26（棺盖上殉车）

色（图一二）。墓主人葬式明确者，多为屈肢葬，少量为仰身直肢葬（图一三）。

车马坑 3 座，其中南北向 1 座（MK2），东西向 2 座。口大底小或口小底大。相比较墓葬，埋葬较浅。其中，MK2 车马分层埋葬，车上马下，车为拆装，1～2 辆，马亦分层放置，2 层共 30 匹，葬式较乱，似为活埋（图一四）。MK5，殉车 5 辆，车与车东西向纵列，头朝东。由东至西，第 1 组有车无马，可能为辇车，第 2、3、4、5 组均为一车二马，作驾乘状（图一五）。车马坑下有 7 个殉人，挖东西向长方形浅坑置单棺，葬式多为屈肢葬（图一六）。

祭祀坑 1 座，东西向分布。平面呈长方形，四壁斜直，口大于底。仅在坑底西南侧发现一截动物骨骼，可能是祭祀用牲。

3. 遇村遗址主要遗迹

2018～2019 年，遇村遗址共清理遗迹有 195 处，其中有墙体 1 段、夯土建筑基址 2 处、灰坑 145 个、灰沟 21 条、窑址 1 座、祭祀坑 2 座、墓葬 22 座、马坑 1 座。

墙体　主要针对北城墙 3 米长的一段进行解剖，发现其横剖面呈梯形，上窄下宽。城墙采用了挖槽起建，层层夯打的构筑方式，表面存在密集的夯窝痕迹，分布均匀（图一七）。

夯土建筑基址　集中分布于城址偏东北部。以 F2 为代表，平面呈长方形，面积 100 多平方米。建筑南部有台阶三处，紧邻南部的东西两地各有台阶一处。周缘发现柱洞，在中心柱础四周存在祭祀坑（图一八）。

灰坑　城址内都有分布。平面形状大多呈圆形，兼有椭圆形、

图一一　石家墓地南区 M166（两层棺床）
上：上层棺床　下：下层棺床

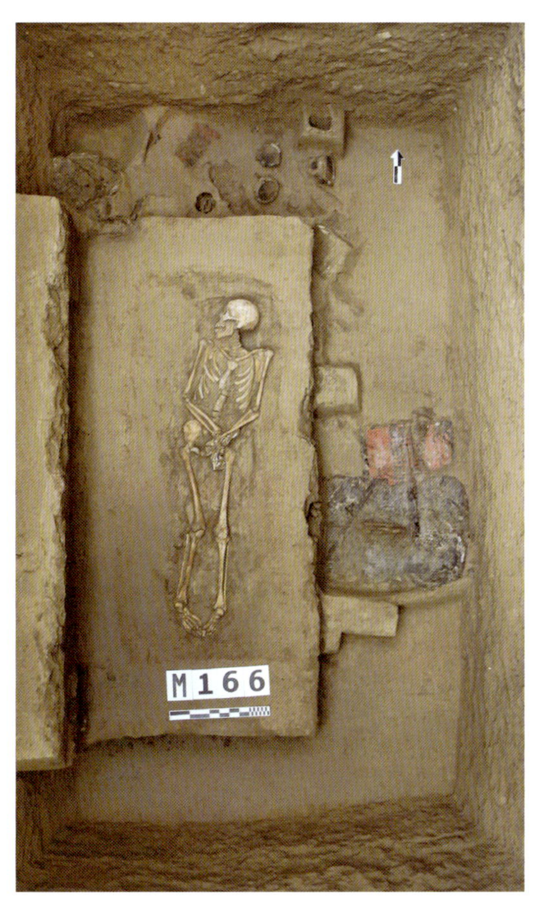

图一三　石家墓地南区 M166（仰身直肢葬）

图一二　石家墓地南区 M176 棺束一隅

不规则形等，形制分平底与圜底两类。

窑址　分布于城址内偏东区域。由窑室与操作间及加工间三部分组成。窑室由火眼、火道、火膛三部分组成。火眼 5 处，平面呈圆形，火道与火眼相连；火膛位于火道下部，平面呈圆形，圜底。操作间位于窑室西北部，平面呈梯形，西北窄东南宽，东南部底部有方形孔与窑室火膛相连。加工间位于窑室东部，平面呈长方形，四壁有火烧烟熏痕迹，

图一四　石家墓地南区 MK2 车马分层放置

图一五　石家墓地南区 MK5

内部存在大量烧土堆积。包含物主要发现于操作间内，多为陶片及动物骨骼。

祭祀坑　分布于城址内偏东区域，呈南北向一线排列。平面皆呈圆形，深度较浅，1 座坑内埋葬零碎马骨，另 1 座坑内埋葬完整狗骨。

墓葬　集中分布于城址偏西区域，在遗址区有零散发现。皆为长方形竖穴土坑墓，分南北向与东西向两类墓葬。其中，南北向墓葬与石家墓地墓葬内涵、性质相同，墓圹近底部周围流行生土二层台，其上未发现随葬品。墓内多置棺椁，葬式多为屈肢葬。多

图一六　石家墓地南区 MK5（车马下殉人）

图一七　遇村遗址城墙夯筑起建

图一八　遇村遗址大型建筑基址（F2）

图一九　遇村遗址 M5（东西向墓葬）

打破灰坑诸遗迹单位。东西向墓葬除有单独墓葬区外，遗址区内有零星发现，皆被灰坑打破。部分墓葬流行圆形腰坑，随葬品以单件呈现，多置于二层台之上，流行仰身直肢葬（图一九）。

马坑　位于城址西侧墓葬区，平面呈长方形，为东西向。坑内殉 2 马，侧身屈肢，头向东，相背而向。

三　主要遗物

1. *石家墓地出土器物*

石家墓地出土器物丰富，按质地可分铜器、金器、铁器、玉器、陶器、瓷器、泥器、漆木器等。

铜器为大宗，可分礼（容）器、兵器、车马器等，青铜礼（容）器主要为鼎、鍑、簋、壶、盉、匜、盘、盆等，涵盖炊器、食器、酒器、水器（图二〇）；青铜兵器包括戈、矛、剑、镞、殳、钺等（图二一），以戈为基本组合，或单独出现，或与其他兵器诸如铜镞、铜矛、铜剑等搭配；车马器分车器与马器两类，随葬车器者，辖害、衡末饰、铜带扣比例相对较高，随葬马器比例较高的有马衔（镳）和由节约等组成的络饰等（图二二）。

金器主要为装饰品，其普遍采用铸造，个别器物发现金铜复合制作工艺，纹饰有中原流行的夔龙纹、兽面纹及“{”“<”纹（图二三）。

铁器发现较少，皆属兵器。其中以铜铁复合戈尤为夺目，其铁质部分锻焊于关键部位——援部，这与早期陨铁制品的制作工艺是一致的，并均属于当地最早的用铁证据（图二四）。

玉器，大致可分佩饰用玉、礼仪用玉、丧葬用玉三类。佩饰用玉发现有发饰诸如笄一类，耳饰诸如玦一类，串饰诸如多璜联珠、组玉项饰一类等（图二五）；礼仪用玉中涵盖璧、琮、瑗、璜、圭等瑞玉类、柄形器等，戈一类武器类等（图二六）；丧葬用玉有饰棺用玉、琀玉等，近墓主身侧常见铺撒碎玉片的现象。

完整陶器在墓葬内发现较少，仅以罐来呈现（图二七）。墓葬填土内出土陶片较多，可辨器形有罐、鬲、豆、盆、甗、瓮等。

图二〇　石家墓地南区M218青铜礼器出土情况

图二一　石家墓地南区M35出土青铜兵器

1. 铜戈　2. 铜矛　3. 铜剑

图二二　石家墓地南区车马坑出土车马器

左：MK2 出土车器铜軏饰　右：MK5 出土马器铜络饰

图二三　石家墓地南区 M257 出土金虎饰

图二四　石家墓地南区 M218 出土铜铁复合戈

原始青瓷 2 件，釉色斑驳不均，口沿露胎（图二八）。单就器物形态来看，北方地区两周时期甚少发现钵、碗一类生活器皿，多以豆、簋、尊、罍等为习见；相反，在南方地区中小型墓葬内多有钵、碗、盂一类生活器皿。此次发现的 2 件青瓷钵，其来源是从南方地区输入的，当地生产的概率极小。

泥器主要以仿铜礼（容）器形态出现，有鼎、簋、壶、匜、盘等，在一定程度上体现出墓主人身份等级（图二九）。饰棺组合中诸如泥珠、泥贝等代替费昂斯（玛瑙）珠、石贝，有一定数量的发现。

漆器内涵丰富，包括礼（容）器、兵器、车马器、丧葬器等。其中礼（容）器类主要有簋、壶、豆等。兵器、车马器、丧葬仪器多作为附属构件，诸如兵器柲部髹漆工艺，车马器类的构件——轭、钗、毂等，丧葬仪器中装置铜翣柄部的髹漆、悬挂棺饰遗存中串饰物的髹漆木架等。髹漆工艺分木质与皮革两类。其中木质漆器如上诸例，髹漆皮革以 M218 椁室东西两侧发现为代表，形状多为长方形，四角发现有圆形穿孔，应是按一定组合关系进行编缀。其表面多以黑彩绘制夔龙纹，器表多紧贴或穿系若干圆形铜泡、勾云形铜饰、虎形铜饰片、龙形铜饰片、条形骨饰等（图三〇）。发掘者初步认为与皮甲遗存有关。这一时期皮革业比较兴盛，《周礼·考工记》中专门设有管理和制作皮革的官员，“函人作甲，鲍人制革……”西周九年卫鼎铭文提到制作各种皮裘衣服，如披肩、围裙、车幔等，涉及原料有鹿皮、虎皮、羊皮等诸如此类。至于在皮革上髹漆，也是制作工序中一个重要环节。除了富有美感，还可以保护胎体，以达到延长使用寿命之目的。螺钿髹漆工艺在石家墓地也有少量发现，多以（石）蚌器装饰于器物表面，色彩对比强烈，富有美感（图三一）。

木器有少量发现，皆已腐朽，在墓葬淤土内以“空洞”迹象呈现。后以石膏灌之，器类有俑、狗与俎等（图三二）。

2. 遇村遗址出土器物

遇村遗址出土器物丰富。墓葬出土器物按质地可分铜器、陶器、泥器、玉器等。其中，铜器类礼器有鼎、簋、壶等，兵器主要为戈、镞（图三三）。陶器在墓葬内发现较少，基本为一墓一陶器，以鬲、罐为主。泥器主要为泥珠、泥贝等。玉器多为佩饰用玉，

图二五　石家墓地南区 M171 出土组玉串饰

图二六　石家墓地南区 M40 出土玉瑗

图二七　石家墓地南区 M218 出土陶罐

图三〇　石家墓地南区 M218 髹漆皮革遗存出土情况

图二八　石家墓地南区 M6 出土原始瓷钵

图二九　石家墓地南区 M47 出土泥鼎

图三一　石家墓地南区 M4 螺钿漆豆出土情况

主要为耳饰诸如玦一类。

遗址出土器物按质地可分为陶器、石器、骨器、玉器等。其中，陶器可分泥质与夹砂，陶色有黑色、橘红色、灰色等，可辨器形有鬲、豆、罐、甗、瓮、三足器等（图三四）。石器多为磨制石器，有刀、锛、石斧等。骨器主要为工具类，有锥、钻、针、铲等。玉器主要为玦类残件。

图三三　遇村遗址 M5 出土铜戈

图三二　石家墓地南区 M46 出土木俑

1

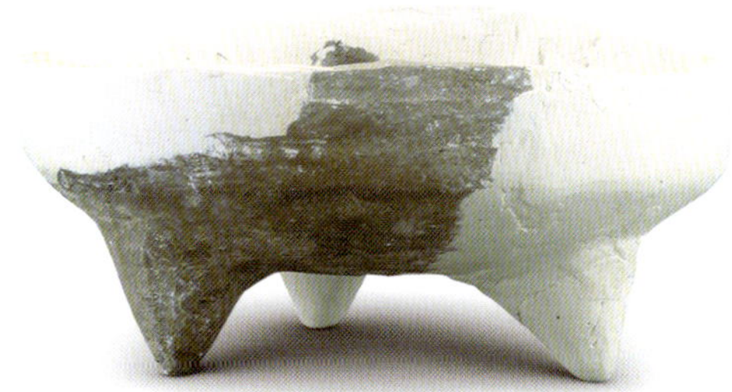

2

3

图三四　遇村遗址出土陶器

1. 鬲　2. 三足器　3. 豆

四　主要认识

1. 殉牲祭祀现象

石家墓地墓葬中用于殉牲的往往是动物肢体的某一部分，多以牲腿、牲头为主。南区发掘的 44 座东周墓葬，部分墓葬填土内，或在墓室内发现部分动物肢体。另有少部分墓葬（皆为 A、B 两类墓）填土内发现诸如玉（石）圭、玉戈、石璧、石璜等遗物，可能与墓祭有关。其不同于西周时期《仪礼》中的《士丧礼》《既夕礼》《士虞礼》所记载的宗庙祭祀。是春秋以来宗法制被破坏，“礼崩乐坏”，社会变革的一种反映。

2. 木椁构建的多样性

从目前发掘情况来看，石家墓地大型墓皆发现单椁，中型墓部分构筑单椁，小型墓未置椁室。木椁营建上，椁盖发现圆木或木板，多搭建于东西二层台之上，个别搭建于木质框架之上。棚木之间或密封，或间距较大，间距较大者，其上或其下置席子。椁室四壁多上下堆砌木板，未堆砌木板者，墓壁或以浅绿色颜料涂抹，或以席子围构。椁室底板有东西向横铺，有南北向竖铺。未铺砌木板者，个别以席子代替。

3. 棺饰遗存内涵丰富

铜翣在石家墓地大型墓中皆有发现，大都置于木棺东西两侧。形制不尽相同，但基本以 4 件带钉孔铜片联缀组合成“山”字形。其中，底座铜片饰一侧发现两组或三组钉孔，可能是衔接铜翣之

图三五　石家墓地南区MK5车舆内铜翣出土情况

木柄，符合文献“大丧、持翣”之记载。由于木柄难以保存，铜翣多置于椁室淤土较高位置。另外，在解剖车马坑（MK5）第2、3辆车舆时，东南部发现成对铜翣，上下叠压（图三五）。个别下层铜翣底部发现髹红漆木条围成的木架，可能作为翣体的背衬以加固铜翣。这是目前铜翣在除墓葬之外，车马坑内的首次发现。就铜翣的用途而言，考古学界多认为是一种遮障棺柩的装饰品。而从车马坑车舆内的发现，其功能属性有待进一步认识。

荒帷，《丧服大记》郑玄注：“在旁曰帷，在上曰荒”，孔颖达疏曰：“帷是边墙，荒是上盖。”荒是覆于其上之布帛，而缝于四周者称帷，形似帐幕。该遗存在石家墓地多发现于大型墓中。如M6荒帷遗存在外棺东侧中部保存相对较好，淡黄色纺织物经纬结构明显，上以红、黑二色绘制三角纹、圆圈纹、云气纹等几何图案（图三六）。串饰物器表多发现黑红两色纺织品颜料印痕，应为荒帷遗存残留。外棺西侧偏北淤土上及椁室底部发现两组方形、三角形、圆形蚌饰，推测可能是“荒”之顶端周围交络悬挂的贝。M257西侧串饰遗存东侧，发现残留条状荒帷遗迹，布纹经纬结构较清晰，上以黑红二色绘制图案，棺周围可见黑红相间三角纹，棺盖板上可见黑色宽带纹、线纹组合纹样。

墙柳，俗称“棺罩”，在石家墓地春秋早期墓葬中多有发现。诸如M216外棺范围内由东至西发现3条南北向木板痕迹。其高于外棺盖板，又被东西向棚木所叠压，与串饰四周木条遗存共同组成木质框架，均在外棺顶部以上，似一棺罩，可能与文献上记载的“墙柳”形制相吻合。M176木棺外发现长方形木框遗存，由上、下两层“口”字形结构及立柱组成。其中南、北两端各三根方形立柱，东、西两侧各两根方形立柱，周围立

图三六　石家墓地南区 M6 荒帷遗存出土情况

图三七　石家墓地南区 M257 饰棺串饰遗存出土情况

柱套接于上下两“口”字形结构之间。应是文献记载的“墙柳”遗存。其上西北角淤土见南北向木板残存，上附着红色纺织物颜料痕迹，推测是覆盖于墙柳上之“荒”；四周亦有红色丝织品痕迹，素面，可能是“帷”，围构于墙柳之上。

串饰物遗存主要发现于石家墓地大型墓，中型墓中亦有少量发现。以 M40 为例，串饰物由石磬形饰、陶珠、费昂斯珠、石贝、铜铃、铜鱼组成。石磬形饰、石贝各两两成组，陶珠或夹杂个别费昂斯珠以四个呈一线排列。悬挂排列上，石磬形饰组单独悬挂；陶珠（夹杂个别费昂斯珠）组置顶端，末端衔接一对石贝组成复合式珠贝组合。铜鱼两两成组，各组内两铜鱼形制各异，鱼尾夹角呈尖角或弧角，大小不一，头朝上，每间隔一段小距离悬挂。铜铃内外两道各悬挂 1 件，每间隔一段大距离出现。另外，M38 串饰组合以石磬形饰为主，辅以大量石贝、泥珠，少量铜鱼、费昂斯珠（玛瑙珠、石珠）、铜铃构成。M35 串饰组合以陶磬形饰、陶珠、泥贝为主，辅以少量铜铃构成。M30 串饰组合以石磬形饰为主，辅以少量泥贝、铜铃构成。M257 串饰组合由石磬形饰、石贝、玛瑙珠、泥珠、铜鱼、铜铃组成（图三七）。较之三门峡虢国墓地、韩城梁带村芮国墓地等遗址串饰物组合形式，石家墓地珠贝组 + 铜鱼组 + 铜铃组中搭配磬形饰组为新的组合方式。这类组合形式仅在陇县边家庄、户县南关春秋墓葬有少量发现，西安以东地区这一时期墓葬目前尚未发现此类组合。

石家墓地木棺之下多发现有棺床遗存，内涵丰富。以层数来分，可分单层、双层及三层棺床三类。以构建方式来分，有木板辅助枕木的组合形式；有细麻绳组构床面，其上覆席子组合形式；有棺之周边围构方柱支撑木棺方式；有细圆木穿插于方木，其上东西向平铺茅草一类及席子等组合形式。如 M176 棺下有棺床，分三层：第一层由 6 根南北向木板组成，其下有 2 根东西向枕木套接于“木框”两侧立柱之上，使第一、二层结构分离；第二层由席子、东西向茅草、南北向木棍组成，木棍穿插于南北近两端东西端木中，其上铺草和席子；第三层由席子及麻绳组成，其中两层席子叠压于用麻绳编织的菱格状结构之上，席子两端见排列规整的南北向细麻绳。三层棺床放置于下层“口”字形结构上。M166 棺底板下淤土内发现两层木质棺床，其结构由床面和枕木两部分组成。

上层棺床围构“口”字形床框，上平铺南北向木板 5 块，竖向搭建于床框上。床面以下发现 2 根东西向圆木，镶嵌于床框南北近两端，能前后转动。下层棺床由 3 块南北向木板组成，木板下发现北、中、南 3 道枕木，其中东、西两端紧靠于木框内侧，枕木之上竖向平铺木板。

棺束，本意为皮革束合棺木。《礼记·檀弓下》曰：“棺束，缩二衡三，衽每束一。”孔颖达疏：“棺束者，古棺木无钉，故用皮束合之。”考古发现多为东周时期楚墓材料，囿于此类遗存甚难保存，北方地区甚少发现。近几年开展的石家墓地发掘中，有重要发现。如 M166 外棺形制结构特殊，由竖向、横向圆木上下交错叠压堆砌若干层，未以棺钉来束合，却以麻绳来代替，围绕于其顶面、底面做一定方式的捆扎。其中细绳子为横向 13 道，南北向 5 道，且南北向麻绳叠压东西向麻绳，以捆扎外棺。细麻绳遗留“绳洞”，经解剖，内壁均发现有黄色纺织物残留，推测是围绕外棺前，其外先裹了黄色丝绢类纺织物。贴近外棺外侧，发现黄色纺织物痕迹，素面，可能是“荒帷”遗存残留。粗麻绳置于东、西两侧南北近两端，可能辅助悬窆下葬之用，可能与文献上记载的“緘耳”相关。

4. 社会层级结构

石家墓地大型墓葬“一椁重棺”，符合《礼记·檀弓下》郑玄注：“……大夫一重”，《荀子·礼记》：“……大夫（棺椁）三重”大夫之身份。用鼎数量上为 6 ~ 8，饰棺组合中铜翣为 6 ~ 12，文献记载等级标准与实际墓主人身份有出入，似有僭越的可能。尚未发现磬、钟之类的乐器，诸侯身份的可能性较小，初步认为属于大夫阶层。

中型墓葬“一椁一棺及重棺、单棺”，大致符合《礼记·檀弓下》郑玄注：“……士不重”，《荀子·礼记》：“……士（棺椁）再重”元士之身份，同时随葬列鼎数量有 3，仅就鼎而言，除少数墓葬随葬 3 件青铜鼎外，大部分墓葬随葬礼器为泥鼎或陶鼎，其中泥鼎经简单烘烧，其上多涂抹绿色颜料，仿制青铜礼器，以明器形态出现，可归属到仿铜陶礼器墓葬范畴。饰棺之制中，随葬铜翣墓葬比例极低，仅个别墓葬有发现。初步认为属于士一阶层。

小型墓葬无棺椁，无铜礼（容）器随葬，无饰棺之仪等，可能属于平民阶层。

5. 新发现春秋时期城址

遇村遗址新发现春秋时期城址。其形状大致呈平行四边形，南侧遭现代冲沟毁坏，残存面积至少 20 万平方米。外有环壕设施。2018 年发掘区位于城址内北部偏东。灰坑、灰沟等遗迹单位内发现大量生产工具，诸如骨锥、骨钻、骨针、纺轮等一类器物，初步认为与手工业一类遗存相关。2019 年发掘区，位于 2018 年发掘区北侧，已初步揭露出一组高等级建筑基址。从近两年发掘及勘探情况看，城址内存在一定功能布局的划分。

6. 年代分期及文化因素

石家墓地通过近几年考古发掘，年代大致可分为三期：

第一期，两周之际至春秋早期，两周之际以遇村遗址 M12 为代表，春秋早期，以 M6、M36、M40、M169、M216、M257 等为代表；

第二期，春秋中期，以 M30、M38、M39、M218 等为代表；

第三期，春秋晚期，以 M26、M47 等为代表。

第一期，以周文化为主体，诸如南北向墓葬；葬式清楚者，皆为直肢葬；鼎、簋组合为核心反映的重食文化；内涵丰富的棺饰遗存等。北方草原文化共存并占有一定比例，其主要来自宇村西周晚期 M1 的影响，诸如花格剑、虎形牌饰、虎形铜饰、兽面铜饰在石家墓地都有不同比例的发现。金（铜）丝绕管（环）饰是典型北方地带考古学文化产物，多发现于夏家店上层文化和玉皇庙文化。

第二期，周文化仍为主体，诸如南北向墓葬；鼎、簋为核心的重食文化；棺饰遗存已简化，但仍存在。秦文化因素特征明显，如祔葬车马坑方向由南北向转变为东西向，整车随葬，有殉人、殉狗现象；随葬品组合中，秦式风格器物不仅包括兵器、车马器，还有青铜礼器组合及器物形制特点，日用陶器喇叭口罐的出现等。北方草原文化继续存在，但有所减弱。金丝绕管饰、兽面铜饰等已不见，铜鍑有个别发现等。

第三期，仍以周文化为主体，高等级墓葬已不见。北方草原（戎狄）文化、秦文化因素仍有发现。诸如单环首剑、带銎口铜镞及典型秦式铜矛等。

遇村遗址通过近两年考古发掘，其年代大致可分为三期：

第一期，西周早中期，以东西向墓葬为主体；

第二期，两周之际—春秋早期，以 H9、H10、H11、H68 等为代表；

第三期，春秋中期，主要以第 3 层出土遗物为代表。

第一期，部分东西向墓葬流行圆形腰坑，未殉狗；出土铜器个别有族徽，可能与殷遗民相关。

第二期，周文化主体之外，北方草原文化占有一定比例。诸如三足瓮的出现；陶鬲、甗等口沿下多发现一类附加堆纹等特征，与晋陕高原诸文化存在联系。

第三期，周文化主体之外，秦文化因素特征明显，诸如麻点纹鬲足、大喇叭口罐、槽形板瓦等出现；陶鬲沿部凹槽不明显，且陶罐口部沿较短，具有秦式罐的萌芽特点。

7.“居”与“葬”关系梳理

遇村遗址与石家墓地空间分布上相近，相距不足 1 千米；年代分期上，遇村遗址主体年代与石家墓地盛行年代基本一致；文化内涵上，遇村遗址发现的城垣和大型夯土建筑基址，表明该遗址是一处等级较高的城址，与石家墓地发现诸多高等级贵族墓葬相匹配，二者“居”与“葬”关系可以成立。截至目前，遇村城址面积残存至少 20 万平方米，墓地已完成勘探面积约 30 万平方米，且仍有向城址北侧延伸的趋势。表明该遗址应是一处春秋时期大型聚落。

8. 水资源利用相关考古调查

为进一步了解该聚落内部功能及布局，有必要对诸如城址内外大型夯土建筑区、路网系统、供排水系统、手工业作坊一类遗存等做细化分析。目前考古勘探工作正在有序进行，已获得诸多重要发现。在此期间，围绕该聚落在水资源利用方面这一重点问题，

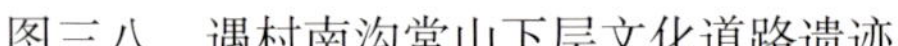
图三八　遇村南沟常山下层文化道路遗迹

图三九　常山下层文化遗存与现代泉水对应关系

我们对其周围进行了前期考古调查。

此次调查我们结合当地居民饮用沟泉这一事实来开展，首选地为石家墓地与遇村遗址分界的遇村南沟。我们在其西侧台地诸如李家咀、线湾等地点发现大量常山下层文化遗存。暴露遗迹有房址、灰坑、道路等。其中房址为窑洞式，发现于较高台地之上。形状大致有拱形、弧三角形两类。居住面或内壁个别抹有白灰。发现道路一条，位于最低一级台地断面上。土色呈灰褐色，土质较硬，有明显踩踏分层痕迹。大致呈西北—东南向，西北高，东南低，有进一步向两边延伸的趋势。路基下有一层垫土，灰褐色土中夹杂少许红烧土块，包含物为少量常山下层文化陶片及不连续白灰面（图三八）。该道路我们推测是取水之路，因向上延伸可至居住区，向下延伸可能至当时沟底。在做了一定数量常山下层文化遗址点的调查与统计后，可知凡是发现有常山下层文化遗存的台地两侧或一侧谷底，皆有现代人饮用的泉水（图三九）。当然，这种对应关系能否在其他遗址中体现，有必要在古峪沟、九龙河等流域进行大面积考古调查。

历史时期，在周代传世文献里，可以看到周人在居豳期间，对泉水的重视程度。《诗经》有记载，“笃公刘，既溥既长。既景乃冈，相其阴阳，观其流泉。”“依其在京，侵自阮疆。陟我高冈，无矢我陵。我陵我阿，无饮我泉，我泉我池。”

不过与文献记载似有出入，我们在沟畔台地尚未发现两周时期遗存。而从石家墓地·遇村遗址近几年考古发掘来看，两周时期人群已明确迁徙至原上。其情况类似于陕西淳化枣树沟脑先周遗址，沟畔台地上多发现龙山时期遗存，而原上是典型先周时期遗存。究其原因，我们推测可能与生业模式转变有关。周人本以农耕为生存之本，《诗经》中即有“度其隰原，彻田为粮”的例子。至于饮水问题，可能当时居民汲水方式有了转变。如同样在枣树沟垴先周遗址发现有池塘遗迹，其坑壁及坑底发现类似经人工处理的黏土层。因当时居民已经掌握了较为成熟的人工蓄水技术，从而使居址的选择由距河流较近的沟壑坡地逐渐转移到较为平坦的台塬高地之上。而在这一地区，我们同样发现有人工

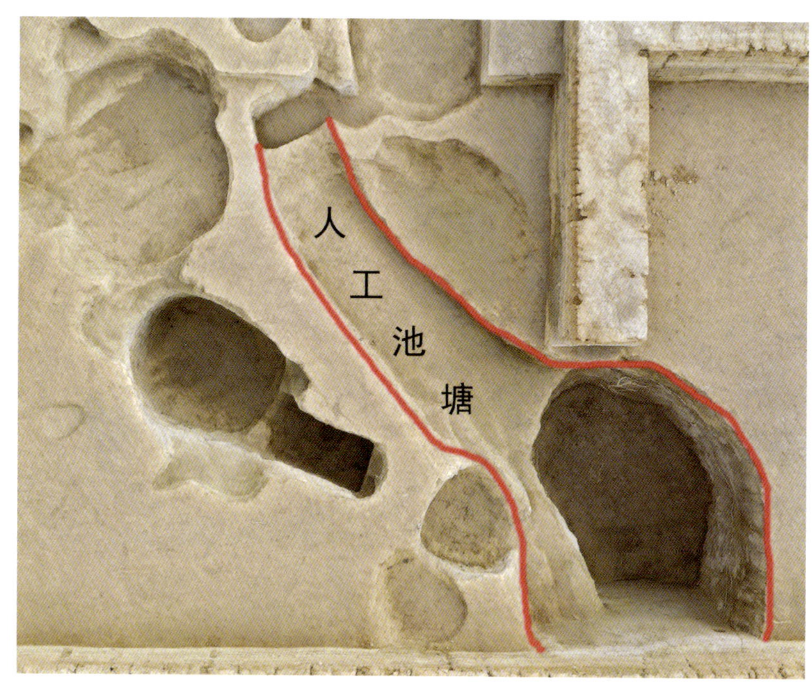

图四〇　遇村遗址人工池塘遗迹

蓄水必备的红土资源，其主要分布于沟底、沟口和川谷交界处。这也为该地区具有人工蓄水技术提供了可能。在考古发掘资料中，我们已发现人工池塘一类遗迹单位（图四〇）。当然，结合近年来周原遗址周人对水资源利用的考古发现来看，有人工池塘、沟渠、水域等一系列引、蓄、供水等系统工程。我们的工作目前仅是一个开始，相信随着石家墓地·遇村遗址的进一步发掘与揭露，有助于这一问题的深入认识。

五　学术价值

（1）从东周时期全国城邑分布图来看，泾河流域尤其是上游地区城邑发现少之又少，且年代整体偏晚。此次遇村遗址新发现春秋时期城址，无疑对推动该地区先秦时期城址考古研究具有重要意义。

（2）石家墓地是首次在甘肃庆阳地区发现的东周时期高等级贵族墓地。西周时期，该墓地所在的泾河上游地区被纳入到王室行政管理地域之内。而随着周王朝衰弱至灭亡，周王室对该地区的掌控减弱乃至失控，这一地区在东周时期又成了周余民、戎狄（义渠）、秦人相继角逐的历史舞台。对应在石家墓地文化内涵上，除主体特征为周文化外，另包含北方草原文化、秦文化诸因素。因此，石家东周墓葬的新发现，无疑为探讨东周时期文化传播、民族融合及互动提供了新的考古学材料。

（3）石家墓地·遇村遗址考古发现的墓葬、居址，也是近年来两周考古一处重要考古成果，对于弥补文献有关西北地区两周封国部族记载的不足及探索义渠戎兴起的背景都有广阔的前景。

执笔：王永安　杜博瑞　张俊民　孙锋

王家洼墓地

一　墓地概况

王家洼战国西戎贵族墓地位于甘肃省秦安县五营乡王家洼村北部的老爷头山南坡台地内，海拔高度1600米。老爷头山绵延伸展，呈东西向走势，西邻清水河，东邻上沟，南部为王家洼村，墓群区域内自然地貌为北高南低，地面目前多为农耕梯田（图一）。

该墓地属县级文物保护单位，2008～2009年，墓地曾遭犯罪分子盗掘，分布范围内随处可见盗洞及骨骸。为了使其不再遭到破坏，2009～2010年，甘肃省文物考古研究所对该墓地进行了全面的钻探与抢救性发掘。钻探确定该墓地分布于老爷头山南坡台地西部第8～12台地和中部第5～13台地，约10万平方米，共发现墓葬30座。发掘墓葬10座，除M2、M5、M6、M7未遭盗掘外，其余墓葬被盗掘。墓葬形制可分为两大类，大多数为阶梯式墓道竖穴偏洞室墓，该类墓葬又可分为一侧有阶梯和两侧有阶梯两类；竖穴土坑墓的数量较少，仅发现2座。竖穴均为东西向的长方形。其中阶梯式墓道竖穴偏洞室墓的洞室一般位于竖穴北壁东部，与竖穴的夹角近于垂直。阶梯的数量有1、2、3、5级不等。普遍有殉牲现象。其中，M1、M2和M3三座墓葬最具代表性。

图一　墓地全景及地貌环境

图二　M1

二　墓葬形制

M1　墓道为竖穴土圹结构，平面呈东西向的长方形。墓道西部有5级台阶。墓室位于墓道东北，结构为长方形土洞，顶为拱形，墓门处发现木质封门板痕迹。在盗洞中出土陶珠、玛瑙珠、金带饰、铜带钩、铜泡、盖弓帽、骨器等遗物。在墓道与墓室中出土陶鬲、陶单耳罐、铜壶、铜铃、铜泡及铜车马饰等遗物（图二）。

M2　墓道为竖穴土圹结构，平面形状呈东西向的近长方形，墓道西侧有2级台阶。墓室位于墓道东北，结构为近长方形拱顶土洞。墓道中随葬完整马车1驾，将车轮拆散后葬入。车衡长1.3米。车辀长3.2米，其中辀首至车舆前部分长1.7米，具有辀首、辀尾，车辀直径0.11米。车舆南北长1.4、东西宽1.3米，高0.48米，壁厚0.08米，平面呈圆角矩形。其上无伞的痕迹。两车轮大小不一。南侧车轮直径1.35米，牙宽0.05米，辐条长0.55、宽0.02米，现清晰可见的辐条有19根，估计全部辐条应有38根。北侧车轮直径1.1米，牙宽0.05米，辐条长0.4、宽0.02米，现可辨辐条有23根。车轴直径0.1米。整车青铜装饰完整无缺。由车衡饰可反映出其两头呈圆柱形而中部横截面呈长方形。辀首、辀尾均有青铜装饰。车舆前有长方形铜饰，后有戈形铜饰。车轮部分有大量铜泡装饰，但绝大多数呈反向及面向下摆放，原因不明。车軎置于车舆底板下，不见车辖。墓道内另随葬马头骨7具，6具位于车衡下，1具位于南侧车轮旁。牛头骨1具，位于北侧车轮旁。随葬完整狗骨1具，位于车舆北侧与车轮之间，颈部系有铜铃，从其形态观察，应为活殉。出土陶壶、箭囊、铜戈及车马器等遗物。墓主附属装饰品有铜柄铁剑、铜镜、银项圈以及铜泡、铜饰品、陶珠、贝饰等遗物（图三至六）。

M3　墓道为竖穴土圹结构，平面形状呈东西向的长方形。墓道西端有3级台阶。墓室位于墓道东北部，为拱顶土洞，平面呈不规则梯形。墓道内原应葬木质车2辆，均为

图三 M2 随葬马车

图四 M2 车舆后壁

图五 M2 人骨

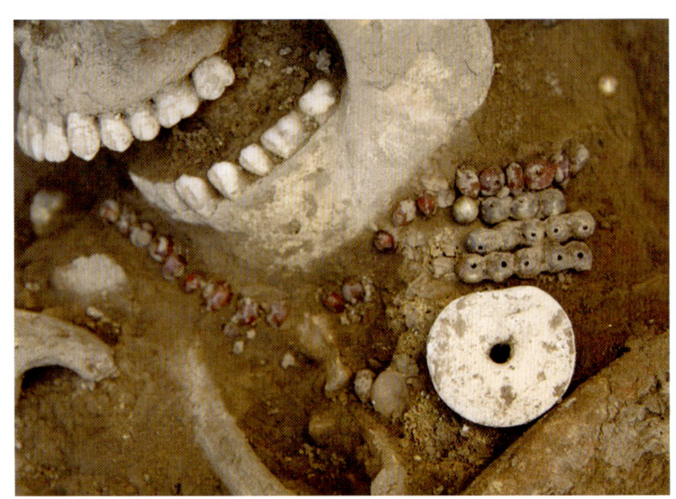

图六 M2 人骨颈部串饰

两轭单辀车。两车拆开放置，四车轮靠南、北、西三壁。南、西二壁处立置单轮，北壁墓室口西侧立置两轮。两车舆放置墓道中部。两辀向上翘起置靠于东壁，两车衡均挂于车辀首端。由于盗掘造成严重破坏，车舆体已荡然无存。四车轮有三轮毂部也被掏空，唯西壁一轮保存完整，车轴亦被破坏。出土随葬品有贴金衡末饰、贴金轭首、軥、铜泡和马络饰等车马饰，以及铁矛等（图七、八）。

三 出土器物

该墓地发掘出土有铜器、金银器、铁器、陶器、骨器等各类器物共计 442 件（组），器形主要有车马饰、铜壶、铜镜、铜镞、带饰、铁剑、陶罐、陶鬲、料珠、肉红石髓珠串饰等（图九至二〇）。

四 学术价值

此次发掘清理的竖穴偏洞室墓，墓室口位于墓道东北角，墓室与墓道之间呈直角或

图七　M3

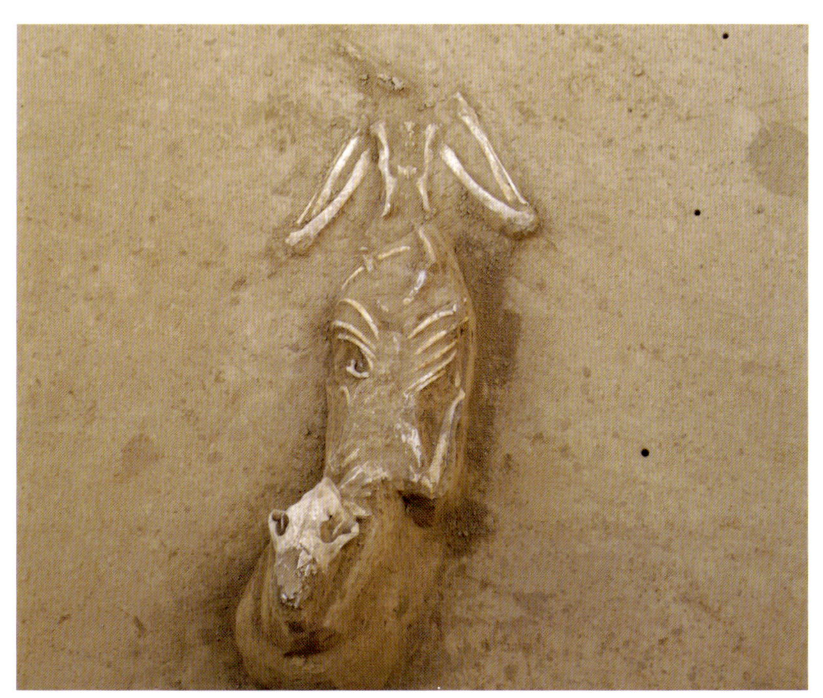
图八　M3 随葬犬

图九　M1 出土铜壶

近于直角；墓道西侧为阶梯式墓道，阶梯数为 3 级或 5 级。墓道中随葬马车以及殉葬马头骨等。就墓葬形制和葬俗来看，王家洼墓地与马家塬墓地的次中型墓基本相同。

因大部分墓葬遭盗掘较为严重，随葬品被盗，无法窥其全貌，但就仅存数量不多的出土遗物来看，墓主人的随葬装饰物如金、银腰带饰和料珠等，同马家塬墓葬相同，尤

图一〇　M1 出土金带饰

图一三　M2 出土铜镜

图一一　M1 出土陶鬲

图一四　M2 人骨项圈

图一二　M2 出土陶罐

图一五　M2 人骨银臂钏

图一六 M2 出土铜鞘铁刀

图一七 M3 出土铜衡末饰

图一八 M3 出土铜衡饰

图一九 M3 出土铜軏首

图二〇 M3 出土铜马头饰

其是金、银质腰带饰，几乎与马家塬 M14：15 别无二致。

然而就某些细节而言，如随葬马车的车衡，马家塬墓葬采用圆柱形木料，而王家洼墓群从所出土的车衡饰来看，其车衡两端为圆柱形，中间部分横截面当为矩形。另，M1 出土标本 M1：43 铜壶，形制较为特别，为十棱的瓜棱状，这在马家塬墓葬出土随葬品中也是不见的。

综上所述，王家洼墓群就墓葬形制、葬俗、随葬品等方面与马家塬墓地有着极大的相似性，且两者所处地域又相接近，应属于同一时代的同一文化或族属。但两者又在某些细节方面存在一定的差异，这也是他们之间文化独特面貌的体现。马家塬应属战国时代西戎文化墓葬，王家洼墓群与马家塬墓地这两者之间的关系，当同为西戎但属于不同的部族或分支，因而在文化面貌上既有整体的相似性、统一性，又在部分细节上保持着自己独特的风格。

执笔：王山 赵雪野

[第五章]

秦汉至宋元时期考古发现

秦汉大一统帝国的建立，继承、弘扬和发展了灿烂辉煌的中华文明。城址关隘、佛教遗存、墓葬等各类古遗存交相辉映，不仅见证了秦汉至宋元明清时期甘肃的文明之盛，更体现了中原王朝对甘肃的经略及甘肃在整个中华文明形成过程中发挥的独特作用。

阳关遗址

一 相关工作

西汉之时，为了经营西域设两关，“稽而不征”，重在对过往人员进行管理。《史记》中只有玉门关，《汉书》才有阳关。从两书的记载来看，玉门关设置的时间比较早，阳关设立的时间比较晚。东汉与西域“三通三绝”，再加上去往西域的道路北移，早年两关的地位趋于衰落，渐渐从史家的笔下淡出，而在文人的笔下得以延续下来。斯坦因中亚探险之后，汉塞再现，汉晋遗简出土，敦煌卷子面世，西北科学考察团的活动使“两关”的争议曾一度成为西北史地的热点。

2014年“丝绸之路：长安—天山廊道的路网”申遗成功，玉门关得以“大方盘、小方盘与汉长城”入列名目。而汉代玉门关的具体位置并没有确定，阳关也没有列入名目。因应申遗扩展的需要，甘肃、新疆两地的考古工作者曾试图联手就瓜州到楼兰之间的辽阔地域做些“填空补白”的考古工作。为之，2015年，在南湖进行了20多天的试调查。

2017年，国家文物局立项“阳关遗址考古调查与研究”，由甘肃省文物考古研究所具体负责实施。在原有基础上，从2017年11月到2019年11月，先后四次组队，对阳关有可能所在地域的现状，利用卫星影像、遥感物探、远红外摄影、RTK测绘、高清数据采集等手段，进行了全面的踏察，为做好“阳关遗址考古调查与研究”奠定了扎实的基础（图一至三）。现将这几次野外调查的经过、结果、重要收获及其存在问题，总结如下。

具体时间与参与单位：

2015年4、5月；

2017年11月；

2018年4～6月；

2019年4～6月、10～11月。

实施单位：甘肃省文物考古研究所。

参与单位：敦煌研究院、中国科学院遥感与数字地球研究所、兰州大学资源环境学院、敦煌市博物馆、阿克塞哈萨克族自治县博物馆、肃北蒙古族自治县博物馆、瓜州县博物馆。

具体工作：

（1）对学术界已有阳关问题的研究进行全面梳理；

（2）对已知烽燧、古道的考察，加深感性认识，为阳关调查做准备；

图一　野外调查午餐

图二　后坑墩与长城（东—西）

图三　古董滩遗址发掘前（南—北）

（3）对前人所言阳关所在地点进行重点踏察；

（4）以南湖寿昌城为中心，开展古道、水系的调查；

（5）在对传统说法否定的基础之上，试图提出新的认识；

（6）在前面工作的基础上，重新认识敦煌南塞的分布；

（7）玉门都尉、阳关都尉的分界问题；

（8）从地域、环境条件，提出两关存在的原因除了道路之外，还有季节性问题，出阳关西南行为夏、秋之路；

（9）完成古董滩地毯式踏察，其中有房址、耕地、水渠、墓葬与冶炼遗址等，与汉代“关”之地貌存在较大差异；

（10）对古董滩周边遗迹的确认，烽隧、古道、墓葬群；

（11）对疑似卫星影像的实地调查与确认；

（12）在对旧有烽火台调查的基础上，新发现汉、晋烽火台20余处；

（13）敦煌南塞的实地调查，将南塞与多坝沟—榆树泉盆地连接起来，构成敦煌汉塞南、西、北三面的完整防御体系；

（14）完成古董滩、寿昌城的高清影像采集、RTK测绘工作；

（15）完成双墩子北墩、古董滩试掘工作；

（16）加深对敦煌古道的认识，对现有记录进行梳理：

悬泉置东去广至县的古道；

古董滩—青山梁—海子湾—梧桐沟东墩—葫芦斯台；

西土沟东南口至南山古道的调查与高清数据采集；

敦煌—党河水库—沙沟—五个泉—南山古道以及民国南疆公路的调查。

（17）新发现阿克塞旧县城博罗转井骟马文化遗址一处；

（18）采集重点区域的测年标本，为烽隧提供确切的年代依据；

（19）完成调查过程中照相、录像以及部分地域高清摄影、RTK测绘、高清数据采集等等，还需要进行统一归档处理；

（20）汉简的重要发现，有敦煌南塞的管理问题，阳关都尉的认识，汉简所记的阳关；

（21）南湖一带环境变迁的认识；

（22）存在的问题，包括一些遗址仅从现有的地表是很难判断时代的，如瓜州的营盘泉及其附近的小城，榆树泉盆地中部的两个小城，小方盘南三墩附近的百余米城郭遗迹，风墙子的用途，古今地名的对照问题等等。

二　主要认识

阳关，一般说是因为在玉门关之南称“阳关”。这一点与传统“阳”的说法，所谓“水北、山南为阳”是有很大差异的。汉代据两关而界西域，这是《汉书》的记录，此说得以延续，《中国历史地图集》将西域的东界画在了一般所说的玉门关与阳关。实际上，

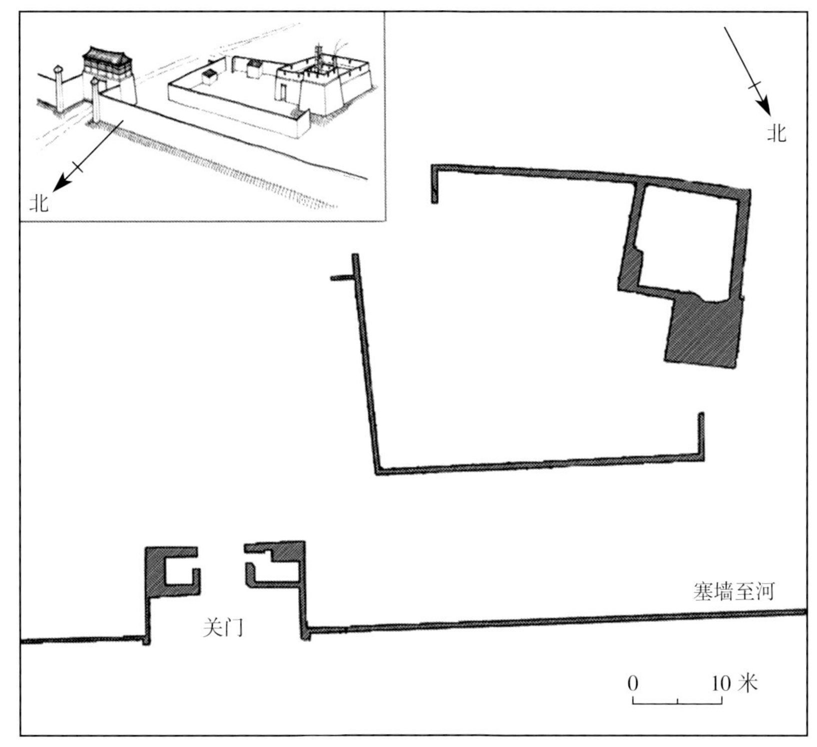

图四　肩水金关平面图及复原图（左上）

二关以西敦煌郡管辖的地域还比较开阔、比较远，西域著名的伊循都尉在汉代曾一度加“敦煌”二字。《汉书》又记二关均是“都尉治”。按照今天对汉代边塞部都尉的理解，每个部都尉都应该管辖近百里长的汉塞，部都尉下有3～5个候官，每个候官负责20～30千米汉塞的防御。关只是候官管辖的一个卡子。比明代嘉峪关的规模小很多，与同时代的肩水金关遗址比较接近。

肩水金关是汉长城上的一个缺口，由东南延伸过来的汉长城（塞墙）在西侧距离额济纳河135米的地方建有门阙。阙是两个6.5米×5米的楼橹土台子，中间是宽5米的门道。西南角有一片办公场所，曾一度是候官及关、候长等所在地。肩水金关位于肩水候官与广地候官的分界地，也是肩水都尉去往居延都尉的必经之地，用以检查过往行人而已，军事防御功能并不大（图四）。

阳关的具体位置何在？唐代的地志文书，大体是以寿昌城为起点，一说城西十里，一说城西六里。具体里数可以忽略不计，因为在今天看来是十分偏远的大西北，有时候汉代人自己也分不清楚“玉门塞外”与“敦煌郡塞外”的差异。西汉中期曾在敦煌塞外，用了五年的时间去开挖一条大运河“海廉渠”，企图通过这条大运河向居卢訾仓运送粮草，攻打乌孙。去干活的通行证一会儿说“敦煌郡塞外”，一会儿又说“玉门塞外”。东汉《论衡》曾有西汉的“名曰簪裹、上造，何谓？吏上功曰伐阅，名籍墨将，何指？”以上述西汉人对“海廉渠”位置的认定与东汉《论衡》所载，可见若要用唐代人的记录来说清楚汉代的事，恐非易事。所以汉代之后的“阳关”，虽然也有史书记载途经此处的高僧、使者，但“阳关”只是存活在文人的笔下而已。

清代之前，因为有很长时间的行政管理断档期，除了地志文书之外，阳关已经不为人知。至清高宗问大臣们阳关所在之时，竟有以新疆的“阳巴尔噶逊”以对，这也是清

图五　葫芦斯台青石沟墩与北侧古道（北—南）

高宗御制“阳关考”的由来。因为御制“阳关考”将阳关比附在今天的红山口，所以清代有关阳关的争议应该是不存在。皇帝说在红山口也好，地方志也可以说在“古董滩”。实际上今天所说的“古董滩”最早是出现在陶保廉的《辛卯侍行记》中，名字是“古铜滩”。

1907年，斯坦因到南湖考察之后，受助手拉姆汉·辛格的误导，认为南湖西边的沙丘是天险，不可通行。根据南湖的地理形胜认为阳关应在南湖一带。20世纪40年代，西北科学考察团的夏鼐、劳干、向达等在此地考察后，提出来“古董滩”“红山口”二说[1]。此二说一直影响着阳关地理位置的探讨。20世纪八九十年代，侯仁之、李并成二位持“古董滩”说[2]；省考古所的吴礽骧持“红山口”说[3]；敦煌研究院的李正宇曾一度提出“石棺材”说[4]；兰州大学历史系的杨建新在《古西行记选注》“葫芦斯台”注文中提出“一说阳关”[5]。

在掌握已有认识之后，调查重点以寿昌城为基点，对现有四说可能存在的地点进行了详细调查。四说，均因为缺少直接证据而无法令人信服。正如一位先生的总结所言“有待考古的实地调查而定”。

红山口是南湖水源切割龙首山而形成的一条自然峡谷，峡谷是设关最好的地方，但是考虑到龙勒县（唐代的寿昌城）与青山梁的位置所在，红山口不在南湖西南行的大路上，所以“红山口”说是不能成立的。

石棺材有一个很好的传说，但它是一块与下方石块连为一体的方石，与汉代的关门没有关系。因为汉代的关卡在当时防御的功能并不强大，只是一个检查站而已，没有坚固的城门，没用大石块。若有建筑也就是类似肩水金关、小方盘的黄土夯筑或土墼。所以“石棺材”说也不能成立。

“葫芦斯台”是蒙古语，即芦苇生长的沼泽地方。敦煌的清代方志中有两处“葫芦斯台”，一处是在今天敦煌西北去往小方盘的路上，还有一处比较远，称“西葫芦斯台”。前者已不知所在，后者在今天阿克塞县多坝沟南25千米的阿尔金山北麓。此处是南湖西南行经崔木土沟入南山的必经之地，也是汉代敦煌南塞的西界，有城郭、烽台和古道，军事功能比较完备。但参考肩水金关、县索关与玉门关等汉代关卡的位置，这里位置太凸前，并不适合设关（图五）。

[1] 劳干：《阳关遗址的过去与未来》，《敦煌阳关玉门关论文选粹》，甘肃人民出版社，2003年，108页；向达：《两关杂考》，《敦煌阳关玉门关论文选粹》，甘肃人民出版社，2003年，99页。

[2] 侯仁之：《敦煌县南湖绿洲沙漠蠡测》，《中国沙漠》1981年第1期，16页；李并成：《古阳关下的又一处“古董滩”》，《敦煌研究》1999年第4期，92页。

[3] 吴礽骧：《河西汉塞调查与研究》，文物出版社，2005年，11页。

[4] 李正宇：《古本敦煌乡土志八种笺注》，甘肃人民出版社，2007年，189页。

[5] 杨建新：《古西行记选注》，宁夏人民出版社，1987年，153页。

图六　古董滩试掘房址（西—东）

图七　海子湾西墩（南—北）

这样以来，有关阳关所在的现有四说，只有“古董滩”一说还找不到可以推翻的理由（图六）。只能是从其距离汉代龙勒县城（寿昌城）太近，感觉有点不可思议而已。因为阳关既是西域小国地理位置计算的起点，又是用兵西域的一个基点。既然阳关与县城距离如此之近，为什么不从县城开始计算呢？

基于上述推演，我们对“古董滩”及其周边古道进行了重点调查。

考虑到“古董滩”距离县城太近，我们力图将关的位置向远再推一定距离。沿着南湖西南行的古道，找到了难得一见的“青山梁”，纠正了原来对青山梁烽火台的认识。再往前就是清代方志所言古道的又一重要地点“崔木土沟”，又称“推莫兔”。这里距

图八　海子湾城郭（东北—西南）

图九　南塞肃北石包城（东南—西北）

图一〇　南塞肃北拉牌沟塞墙（西—东）

离南湖有一天的路程，距离南塞的西界葫芦斯台也是一天的路程。沟南口东、西两侧均有烽台控制，沟中部由海子湾西墩、东墩、东石墩和城郭构成一道严密把守的军事防线（图七、八）。前有葫芦斯台防御，后有南湖支撑，具有设立关卡的绝佳地理条件。

但是，在南湖沙山之南，穿过西土沟，我们发现了先前不曾注意的汉代烽隧以及敦煌南塞更多的城郭、烽隧，将原有敦煌南塞从肃北至葫芦斯台的百千米空白进行了补充，把原来南湖一带的敦煌南塞向南推进50千米，汉代敦煌南塞从肃北开始一直沿着祁连山、阿尔金山分布至葫芦斯台。或在山前台地，或在山脊分水岭上；间隔几个烽火台，有一个小城郭，构成汉代防御南羌的防线（图九至一六）。敦煌南塞从大巴图城郭向北，经双墩子、双北墩子北墩、红泉坝烽火台与南湖、北塞联系起来。

南湖南塞的南推，促使旧有阳关都尉管控地域认识的修正，以前在二墩村附近划分阳关都尉与玉门都尉的说法也必须改正。阳关都尉与玉门都尉的分界应该在龙勒县城（寿昌城）附近。管辖阳关关卡的阳关都尉府所在地，仍然未知。

图一一　阿克塞双墩子北墩发掘（南—北）

图一二　南塞阿克塞小巴土南二墩（东—西）

图一三　南塞西尽青石沟墩（东南—西北）

图一四　南塞青石沟城郭（南墙内侧，西—东）

图一五　南塞白石墩（西—东）

图一六　多坝沟—跌水墩（东—西，南塞与北塞联系的烽隧之一）

图一七　阿克塞古道（南—北，二人指示路面宽）

图一八　D114 烽燧与采集汉简（悬泉置东去的亭）

图一九　阳关里程简（长 23.5、宽 1 厘米）

双墩子北墩发掘时，从旁边通往南山的古道，提出了南湖出发行进路线的问题（图一七）。是翻沙山西南行，还是直接穿西土沟南行呢？这条古道，路面宽 8 米，两侧均有大小不等的石堆（我们权称“路标”）。这条路在汉代烽燧附近，考虑到悬泉置附近古道的样子，这条古道也应该是汉代的古道（图一八）。它是干什么用的？谁走的路呢？不会是经过阳关去西域的古道吧？

说起古道的变迁，从清代刘绍棠到《辛卯侍行记》，一些西行者开始关注阳关这条古道的走向问题。地志文书的记录变化很大。梳理清末、民国时期的敦煌古道，也不失为一个有意义的探索。伴随着技术进步，除了自然环境的限制外，人为的环境变化也越来越显著。

图二〇　寿昌城（东墙外侧）

在我们越来越困惑的时候，1998 年发掘的小方盘汉简公开发表，其中有一条明确记录阳关的简文，似乎又给我们提供了新的资讯。这是目前所有关于阳关具体路程的唯一简牍记录。它所记录的数字是目前最小的，更为接近阳关，有可能补充并纠正我们对阳关具体位置的认识。简文记（图一九）：

七月戊寅起破羌亭行八十里莫宿阳关（98DYC：28）

这条简文的出发地是"破羌亭"，时间是夏天七月，某人行八十里后晚上住在阳关。破羌亭，已有的研究多将它比附在今天党河水库附近。这里是敦煌沿党河西南行的重要节点，惜所有的探讨仅存文字记述，实地无考，唯有唐代的山阙烽存在，代表、揭示此地的重要性。据唐代的地志文献记录，寿昌城到破羌亭的距离是 65 里。唐一里约合今 540 米，即 65×540=35.1（千米）。

一般而言，汉代一里约合今 410 米或 415 米，即 80×415=33.2（千米）。

粗略算来，阳关竟然在寿昌城（龙勒县城）东（图二〇）。是不是在县城东，暂且不论。如果阳关在县城附近，为什么此人没有住城里，而住在了城边的关卡里？这一点，是不是可以证明阳关距离当时的县城（龙勒）还有一段距离呢？如果阳关在古董滩，岂不是过县城而不入，再行数里才宿于关下？

当然问题的关键还有汉简资料所言的破羌亭是不是唐代的破羌亭？汉简只记录了某人的行程，没有具体方向，存在着是不是从东向西行的问题。如果从西向东，方向颠倒又当如何？悬泉汉简中有"破羌亭"之名，具体位置不明。而唐代地志文书既称"破羌亭"，又称"山阙烽"。是不是也有问题？诸如此等，还有必要做一些工作。

阳关遗址考古调查与研究，说是一回事，做又是一回事。虽说做了很多工作，也取得了一些重要的新发现，但与大家期待的最终目标还有一定差距，还需要做一些必要的补充和修正，获得的资料、信息还需要一定的时日进行消化。

执笔：张俊民

泾州古城佛教遗址

一　遗址概况

泾州古城佛教遗址位于甘肃省平凉市泾川县城关镇共池村，原泾州古城内。陇东黄土高原上的小城泾川，属甘肃省平凉市所辖，东与陕西省长武县接壤，西邻崇信县，南接灵台县，北靠镇原县，为甘肃东大门。发源于宁夏泾源的泾河，向东流经此地，养育了这片土地，创造出灿烂的文明。

泾州古城遗址位于泾川县城北 600 米，泾河北岸的一级台地上。古城北邻兼山（亦称五龙山），东部为兰家山沟口，西部与水泉寺村相接。古城始筑于汉代，《北史 · 周本纪》载北周"天和四年（569 年）六月，筑原州及泾州东城。"唐、宋时均有所补修。因泾河水患频发，明洪武三年（1370 年），同治李彦恭将州治由泾河北岸迁于南岸的皇

图一　遗址远眺（南—北）

图二　遗址总貌

甫店，即现县址。1976年平凉地区文物普查队调查，古城分内、外两层，内城北依兼山（亦称五龙山），南邻泾河，东近兰家山沟口，西接堡子沟。唐后期，在城北面1千米处增筑彩门城，形成外城，以加强防御。古城四面均有城门，现古城南墙无存，其余三面仅留残迹。古城内曾出土汉率善羌长印、泾州之印、广武令印等。

2012年12月31日，共池村村民修整道路时，在现大云寺博物馆东侧发现一处佛教造像窖藏坑。2013～2017年，甘肃省文物考古研究所对泾州古城佛教遗址进行了勘探、发掘，勘探面积约54703平方米，发掘面积约6054平方米，取得了一定成果（图一、二）。

二　主要遗迹

泾州古城佛教遗址发掘有佛教造像坑、舍利砖函地宫、宋代龙兴寺曼殊院文殊菩萨殿、房屋基址、排水渠、水井、灰坑等多类遗迹。

1. 佛教造像窖藏坑

共发现2个佛教造像窖藏坑，平面均呈长方形，坑中造像分层埋藏。其中，1号窖藏坑距地表1.5米，坑长2.4、宽1.9、深1.2米，造像分三层于坑中整齐排列，体量较大的造像均仰身或面西侧身而葬，体量较小或残破者放置于空当及四周。出土石、陶、泥质佛教造像210件左右（图三）。

2号窖藏坑距地表1.3米，南北长3.25、东西宽1.8、坑深1米。共分四层埋藏，较为凌乱。共出土石、陶、泥质佛教造像等46件。

2. 砖函地宫

位于文殊菩萨殿址中，函砖砌而成，长方形，顶部被毁，结构不明。东西长1.12、

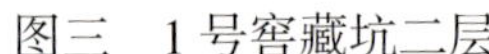

图三　1号窖藏坑二层

图四　砖函地宫

图五　20号基址

南北宽0.46、残高0.5米。底部用条砖纵向平铺，南北两壁条砖竖立，有里、外两层。西壁由四层条砖平铺而成。东壁立方形铭文砖1块。砖函内放置陶棺1具。陶棺前挡前置香碟、托各1个（图四）。

3. 建筑基址

在发掘区内共清理出建筑基址20余座。其中有明确文字记载的为宋代龙兴寺曼殊院文殊菩萨殿，另有部分保存略为完整的基址。

图六　路基

① 文殊菩萨殿址

位于第Ⅰ发掘区，因破坏严重，仅残存夯土台基，残存部分呈不规则形，残长12、宽5、高0.4～0.7米。台基由黄土夯筑而成，断面可见夯层，每层厚约0.1米。夯土层较为坚硬，内含小石子。殿址中发现瘗埋舍利的砖函。

② 第20号基址

位于第Ⅳ发掘区，是一座较为大型的建筑基址，坐北朝南。现残存地上夯土台、门道、周围散水、地下夯土基础、庭院结构、渗水井等（图五）。

夯土台，破坏严重，但夯土台周围包边的砖石还残存，在南侧、东侧各清理出保存较完整的散水结构，西侧压在现大云寺博物馆下，未清理。从清理出的遗迹看，平面为长方形，东西现长16、南北宽18米。夯土台基周围用残砖石包砌。

散水，在台基南侧、东侧保存较为完好。呈北高南低的态势。南侧散水现长9.85、宽0.7米，散水由瓦块侧立铺就。散水内侧抵住包边砖石，外侧砌立砖、砑子砖。东侧散水现存部分主要位于北部，南侧被毁，现长9.8、宽0.55～0.65米，北部宽，南部略窄。散水用材及砌筑方式与南侧相同。

门道，在基址北侧中部发现疑似门道或慢坡的结构。南侧散水东部亦存有门道。北侧中部门道中间以方砖铺成，斜向转角成三角形，目前存西侧斜角，不见东侧部分，推测应有与西侧对应的斜角。中间方砖铺就，现存一排5块，方砖边长35、厚5厘米，西边斜角线上立砖铺设，共3块，每块长30、厚6厘米。南侧散水靠东有一坡道，土质较硬，上有踩踏层，疑似门道，残宽1、进深0.8米。

渗水井，位于南侧散水东南部，直径0.8米，未做清理，深度不明。

庭院结构，在散水以南部分地面为夯筑，有明显的踩踏面，应为庭院部分。

③ 路基

1条，位于ⅡT0101、ⅢT0101内，距地表深0.45～0.75米。路基由边长32～33厘米的方砖铺就而成，残长4.05、残宽1.6米（图六）。

4. 排水渠

共10条，砖或石砌，多为东西走向。一般分布于基址外围。

三　出土遗物

主要有佛教造像、陶器、铜器、骨器、铁器、玉石器、瓷片、建筑构件、铜钱等。

1. 佛教造像

佛教造像共编号260余件，有石、陶、泥等不同质地。形式上分单体圆雕造像、背

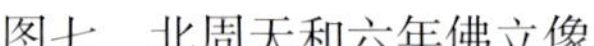
图七　北周天和六年佛立像

图八　北周佛立像

屏式造像、造像碑、造像塔（龛）等。从日前修复情况看，以圆雕造像为人宗，共计162件，背屏式造像14件，造像碑17件，造像塔2件，造像龛5件。装饰手法有彩绘、贴金等。纪年造像较少，仅见北周天和六年立佛像及隋开皇四年菩萨像两件。

单体圆雕造像数量较多，主要有佛像、菩萨像、天王像等（图七至一四）；造像碑内容有释迦多宝二佛并坐、三佛、维摩文殊、树下思惟菩萨等（图一五、一六）；背屏式造像以一佛二菩萨像三身组合为主。造像表面进行贴金或施彩妆奁。造像年代历经北魏、西魏、北周、隋、唐、宋等时期，延续时期较长。

2. 陶棺

灰陶质，由棺盖、棺身、棺座组成。棺身、棺座连为一体。棺盖为半圆筒形，前高后低，前宽后窄，弧形顶。长39.6、前宽20.2、后宽17.3、前高13.5、后高11.2厘米。棺身平面为梯形，前高后低，前宽后窄，前后挡上部呈圆弧形。棺身四面装饰方格纹。棺身长

图九　北周—隋佛头像

图一〇　隋开皇四年菩萨坐像

图一一　北周菩萨立像

36.5、前宽 18、后宽 17、前高 28.5、后高 23.5 厘米。棺身下有长方形壶门座，两侧各 2 个壶门，前后各 1 个。壶门内雕刻花叶。座长 45.5、宽 20.6、高 16 厘米。

陶棺中出土漆盒 2 个，分别置于陶棺的前后两侧，2 个漆盒间分四层放置佛骨若干，佛骨下放置五彩舍利 24 颗（图一七）。因陶棺残破，漆盒被毁严重，保存状况较差。棺前挡一侧放置漆盒，方形，边长 10.8 厘米，高度不明。漆盒子母口，盖残，内放置琉璃瓶 1 个，球形，长颈。后挡侧漆盒为长方形，长 14.5、宽 12 厘米，内套一漆盒，外层残毁较严重，盖上墨书文字，现残破，仅识读出个别字。盒中放置琉璃瓶 3 个，均为球形，长颈（图一八）。其中一个琉璃瓶底部破裂，部分舍利散落。另外两个琉璃瓶有裂纹。目前清理出散落的舍利约 1777 粒，舍利大小如米粒，呈白色结晶状，晶莹剔透（图一九）。在佛骨下还清理出 2 个长方形玻璃瓶。

图一二　隋菩萨立像

图一三　隋菩萨立像

3. 铭文砖

正方形，边长 33、厚 5 厘米。砖正面阴刻楷书文字 19 行，侧面 1 行，共计 427 字（图二〇）。

维大宋大中祥符六年岁次癸丑五月辛卯朔十二日壬寅泾州
龙兴寺曼殊院念法花经僧云江智明同收诸佛舍利约二千
余粒并佛牙佛骨于本院文殊菩萨殿内葬之智明爰与
同院法眷云江道味有契水乳无踈孤洁依投而亲行愿

图一五　北周造像碑

图一四　隋菩萨立像

图一六　北魏造像碑

故相遘遇也皆承师训俱受佛恩将何报于覆焘复何普于

济霑岁月随缘因果远趣曰 佛灭度后八斛四㪷分布舍

利遗迹具瞻戒定惠证感通应现

明圣兴隆而身心志向且愿力岂捐固铭性鍊心行住坐卧励

至二纪余或逢人惠施或良会所获或恳鬻殊乡或输诚

多士初终不整数满二千余粒奇哉宝瓶珠转牙骨

星流一日稽颡曰幸卜丰坚于自院中历劫无坏长世

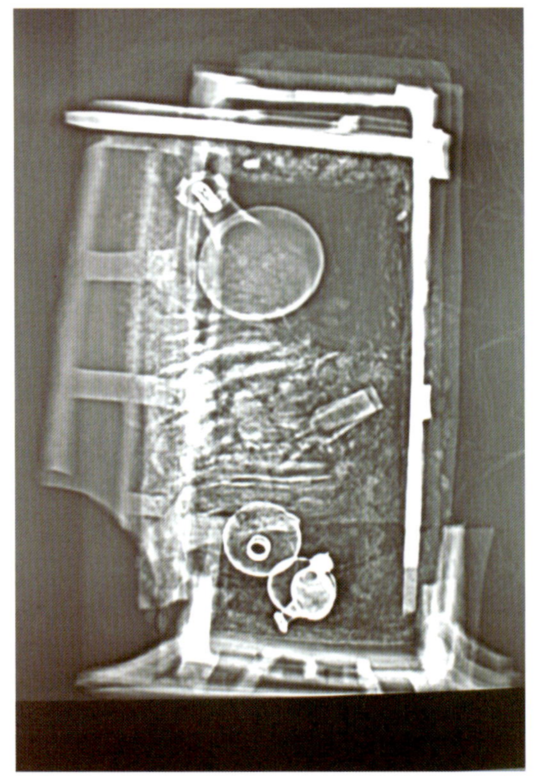

图一七 陶棺 CT 扫描图

图一八 舍利瓶

图一九 舍利子

载遇天上人间愿力非舍矣不幸云江迁化瘗事复失
今日智明奉葬酬愿法教昭彰上善得获于定果同因祈
会于龙华远仗圣贤加备绍嗣矣铭云　于缘有果兮明世
出家瞻佛奉法兮善不可嘉真为释子兮积功累德同志
操脩兮茂宝去花设舍罗兮无为利用灭波咤兮辩正除
邪求一粒兮轻冰透水礼神异兮净意开花报四恩兮傍及九
有同佛会兮利乐河沙 当州本寺管内僧正惠照大师赐紫义英稽首
助缘比丘义演 表白大德义捷 小师惠远梁吉书克
砖左侧
助缘埋葬弟子陶知福

4. 建筑构件

建筑构件主要有瓦当、雕砖、筒瓦、板瓦、础石、门砧石等。

图二〇　宋铭文砖

① 瓦当

以泥质灰陶为主，均为圆形、模制。个别瓦当背面见筒瓦或与筒瓦连接的痕迹。纹饰主要为莲花纹、兽面纹、兽面莲花纹、人面纹及化佛样等。

莲花纹瓦当　宽边。多数当面高于边缘，亦有部分瓦当边缘高于当面。有两圈或三圈纹饰带。依纹饰不同分为宝相莲花及普通莲花两类。宝相莲花纹数量较少，仅采集到个别。当面中央为圆形宝珠。中圈双瓣莲花，外侧宝相花装饰，略凸出于当面，再外联珠纹、凸棱纹各一圈（图二一）。普通莲花纹数量较多。边缘略宽，与当面平齐。内圈莲蓬状。中圈双瓣莲花，莲瓣肥厚，略凸出于当面，外凸棱一圈。外圈联珠纹（图二二）。

兽面纹瓦当　数量较多，圆形，宽沿，中部刻兽面。分衔环兽面、普通兽面两种。衔环兽面，中部兽面凸起高于当面。犄角上翘卷曲，双眉上挑，眼角外侧饰双耳。圆眼，大鼻，龇牙咧嘴，露上、下两排齿。上嘴角两侧须外扬。颌下长须八字形外撇。口中衔环（图二三）。普通兽面，中部兽面凸起高于当面。额部有鬃，额中王字，双眉上挑，圆眼，大鼻，龇牙咧嘴，嘴上角两侧须外扬。露下齿及舌。颌下刻须（图二四）。

兽面莲花纹瓦当　边廓宽窄适中，当面中间兽面，兽面略高于当面。兽面两犄角上翘，双眉上扬，小耳下垂，圆眼，大鼻，龇牙咧嘴，嘴角两獠牙外呲。兽面外一圈联珠纹。再外双瓣莲花一圈，莲瓣肥厚，凸出于当面。最外圈为麦穗纹（图二五）。

化佛瓦当　当心饰一化佛，化佛外侧饰一周联珠纹，外围饰双莲瓣及联珠纹（图二六）。

图二一　宝相莲花纹瓦当

图二二　莲花纹瓦当

图二三　衔环兽面纹瓦当

图二四　兽面纹瓦当

图二五　兽面莲花纹瓦当

图二六　化佛瓦当

② 雕砖

多为方形，有花纹砖及兽面砖。

花纹砖　方形，表面刻画菱形纹饰。

兽面砖　长方形，表面有高浮雕兽面，双耳上翘，圆眼大睁，高鼻，嘴大张，獠牙凸出（图二七）。

③ 门砧石

方形，素面，中央有圆形凹槽。

5. 陶器

遗址中出土大量陶片，多为灰陶，另发现少量黄釉陶。纹饰以素面为主，另有少量绳纹、篮纹等。可辨器形有罐、瓮、盆、甑、灶、瓶等。完整器较少，有罐、瓶、盆、纺轮、陶球、灶等，陶罐见双耳罐、大腹罐等。

6. 瓷器

多为破碎的瓷片，个别器物较完整。完整器有碗、碟、罐、执壶等（图二八）。瓷片可辨器形有碗、盘等，以白瓷、青瓷、黑瓷为主。主要为耀州窑所产。

7. 铜器

共有铜箸 39 支、铜勺 20 把（图二九）。

8. 钱币

出土历代钱币，主要有五铢、货泉、周元通宝、开元通宝、宽永通宝、淳化通宝、咸平元宝、祥符通宝、祥符元宝（图三〇）等。

四　学术价值

通过连续发掘，我们对宋代龙兴寺遗址的范围及布局有了初步了解，弄清了遗址东侧及南侧的边界，对寺院内部结构也有了一定认识。已发掘部分为寺院的中轴及以东区域，中轴线上自南向北分布有较为大型的建筑基址，由大型殿址、庭院、排水系统组成。中轴线以东分布有附属建筑，如井、厨库等。通过清理的遗迹可知宋代龙兴寺规模较大，符合宋代佛教宗派林立，多院落结构的状况。发掘中出现较多的墙基，虽然因后代生产、生活的破坏，房屋的结构不甚明了，但仍能看出存在多重院落，各院落功能性质也不同。

建筑基址存在不同时代的叠压关系，在宋代建筑基址下还存有早期建筑。

泾川境内佛教寺院众多。泾州古城内曾建有北周宝宁寺，隋水泉寺、大兴国寺，唐大云寺等，不仅显示出泾川佛教兴盛，同时也说明当地佛教传承有序。此次宋代龙兴寺曼殊院文殊菩萨殿的发现，为我们更进一步探索泾川佛寺发展状况及宋代龙兴寺历史沿革等提供了重要线索。

此次出土的佛教造像数量众多，内涵丰富，形式多样，年代跨度较长，从北魏直至北宋，较为完整地反映了古代泾州乃至整个陇东地区佛教造像发展的序列。不仅如此，这批造像中的北周、隋代造像与同时期长安造像极为相似，均吸收了大量笈多佛教艺术的特点，同时益州地区南朝造像也对其产生了一定影响。

宋代佛教世俗化色彩浓厚，不仅皇室、高僧大德埋葬舍利，普通僧众及百姓也参与到佛教舍利等圣物的收集、埋葬中，其埋葬方式和习俗也呈现出不同以往的风格。此次宋代龙兴寺出土陶棺、舍利是泾川县境内第三次发现舍利，为我们认识、了解泾川地区舍利瘗埋制度及其演变等提供了新资料。

总之，泾州古城佛教遗址是近年甘肃乃至西北地区佛教考古的重要发现。

执笔：吴荭　马洪连

图二七　雕砖

图二八　黑瓷执壶

图二九　铜勺

图三〇　祥符元宝

亥母寺遗址

一　遗址概况

1. 地理位置

亥母寺遗址位于甘肃省武威市凉州区新华乡缠山村7组西南侧的祁连山北麓余脉，北邻杂木河斗渠，东距磨咀子墓群2千米，西距茂林山遗址3千米，西北距新华乡人民政府3千米。地理坐标为北纬37°47′44″，东经102°37′07″，海拔1821米。该遗址创凿于西夏崇宗正德四年（1130年），是西夏时期一处藏传密教静修之地，也是我国现存较早的一处藏传佛教遗址，历元、明、清各代均有延续。

亥母寺遗址所在山体走向为南北向，总体地形南高北低。山梁东坡高度约35～60米，

图一　遗址全景

图二　02 窟保存现状（东—西）

整体坡度 35° 左右；山梁西坡最大高度约 140 米，坡度约 30°。遗址由 4 个洞窟及窟前建筑遗存组成，洞窟开凿于山梁东坡半山腰处，自北向南依次编号 01、02、03 和 04 窟，面积 98000 平方米（图一）。

2. 保存状况

亥母寺遗址 4 座洞窟均有不同程度的坍塌，相距约 80 米。其中，01 窟保存较好，进入内部可见向下延伸的小洞口，但已被塌落块石封堵。02 窟窟口坍塌严重，已全部封堵（图二）。03 窟可见向两边延伸的洞室，但仅存数米。04 窟窟口被落石封堵，上部坍塌严重，岩体极为破碎，呈松散的块体堆积。洞窟北侧可见向北延伸的窟室。窟口上部岩体整体稳定性差。由于现存窟口存在不同程度的坍塌，无法了解窟内结构及延伸范围，通过对亥母遗址的物探勘查，窟内填充物上部为强—中风化坡积物及红砂砾岩，下部为微风化砂砾岩。

亥母寺遗址窟前残存建筑遗存，局部残留长方形、方形青砖建筑基址，但大部被沙土、植被覆盖，形制不明，建筑遗存东西长 25、南北长 100 米，面积 2500 平方米。

二　主要遗迹

2016 ~ 2019 年，甘肃省文物考古研究所在甘肃地质灾害防治工程勘查设计院的配合下，对亥母寺遗址进行了连续四个年度的考古发掘和支护加固工作。完成 4 座洞窟及窟前建筑遗存 800 平方米的发掘工作，清理各类遗迹 45 处（图三）。

（一）洞窟形制与结构

亥母寺遗址 4 座洞窟均坐西向东，相距 80 米。由入窟通道、窟内通道、形制各异的窟室和龛组成（图四）。01 窟平面为不规则的条带状，整体呈东西向，由前室、后室及

图三　遗址平面分布图

连接前后室的窟内通道组成。前室窟顶几乎不存，仅存西端极少部分，呈尖拱形。窟壁向下弧曲渐扩，上部有烟熏，下部呈不规则的凹面，根部呈斜坡状。窟内通道位于前后室之间，西接后室，东接前室西北部。平面呈梯形，北壁长，南壁短，窟顶坍塌严重，呈尖拱形。后室位于01窟西部，平面呈不规则长方形。后室窟顶保存较差，最顶端塌空，东西剖面呈穹窿顶形，南北剖面呈“凸”字形。

02窟由入窟通道和三个窟室组成。入窟通道位于02窟中部，东西向延伸，与三个窟室相连，底部平面呈长方形，顶部塌毁不存。窟室呈东西向不规则的条带状分布，自北向南，依次编号Ⅰ室、Ⅱ室和Ⅲ室。Ⅰ室位于02窟北部、入窟通道的北侧，平面形状不规整，呈东西向的条带状分布。由室外部分、室内部分和过洞等组成。Ⅱ室位于02窟中部、入窟通道正前方，西北与Ⅰ室相接，西南与Ⅲ室相接，西为窟体的塌方体。Ⅱ室平面呈曲尺形，窟室顶部呈不规则的尖拱形，南壁中部向内曲折，北壁与入窟通道的北壁齐平，窟壁下部有深浅不一的凹面，根部呈不规则斜坡状，中上部及顶部为后期垮塌形成的断面。Ⅲ室位于02窟西南部，南邻03窟Ⅳ室，北接02窟Ⅱ室，西邻塌方体。西

侧塌方体北端有一塌落的岩体，岩体与北壁间形成的空间即为Ⅲ室的入口。Ⅲ室西部未清理至原始窟壁，其整体的形制结构并不完整，现清理平面呈不规则长方形。窟顶东部宽平，保存较好，顶部及周侧窟壁完全熏黑，西部塌毁。

03 窟由入窟通道、窟内通道及五个窟室组成。入窟通道位于 03 窟偏南位置，东西向偏北延伸，窟口向东，方向 127°，由入窟门道、南北壁及地面组成，连接Ⅰ、Ⅱ、Ⅲ室，并与室内通道及窟内通道相接。窟内通道为南北向，连接Ⅲ、Ⅳ、Ⅴ三个窟室（图五）。窟内通道位于 03 窟中部，平面整体呈北宽南窄的条带状，南北走向。南端接Ⅲ室与入窟通道，北端西接Ⅳ室、东接Ⅴ室。Ⅰ室位于 03 窟东南角，入窟通道中部南侧，西邻Ⅱ室，洞口方向正北，由甬道和洞室两部分组成。Ⅱ室位于 03 窟南部，入窟通道西端南侧，东邻Ⅰ室，西邻Ⅲ室，由甬道、土台等部分组成。Ⅲ室位于 03 窟西南角、入窟通道西侧、窟内通道南侧。该窟室尚未开凿完工，其地面高低错落极不平整，地面密布小凹坑，凹坑壁上存留工具印痕。Ⅳ室位于 03 窟最北端，东西向，平面呈长方形。地面和窟壁形状极不规整，窟室顶部已严重塌落，窟室中部近窟壁处有少部分窟顶残留。Ⅴ室位于 03 窟

图四 01、02 窟三维影像图

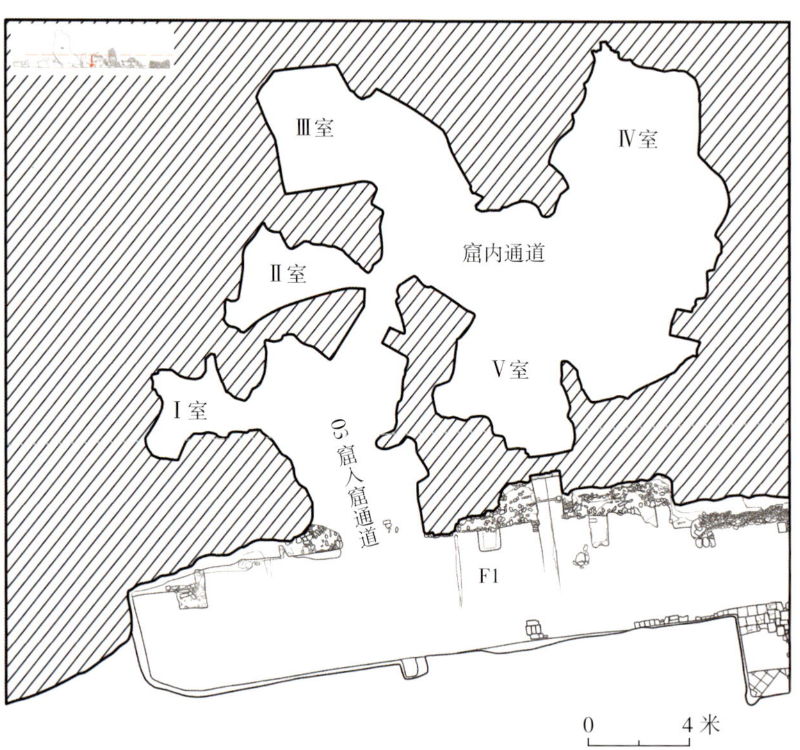

图五 03 窟平面分布图

东部，东西向，平面形状不规则，东西两侧较窄，中间宽大。室内过道东接Ⅴ室窟门，窟门被砖墙封堵，西接室内通道，洞室口过道两侧各有一个土坯台，南壁龛洞内有一石板火炕，炕的西侧紧贴窟壁做一土坯台（图六）。

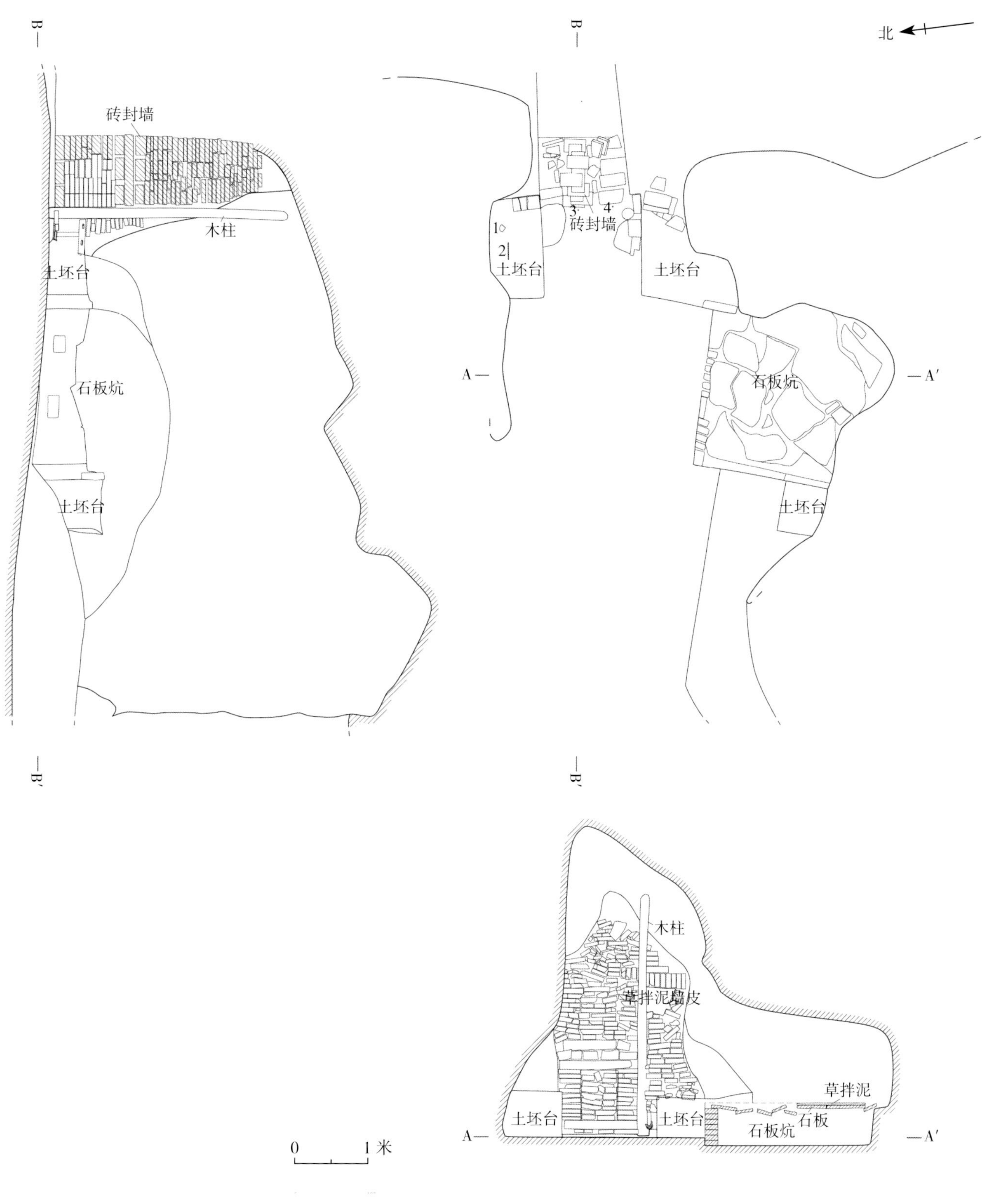

图六　03窟Ⅴ室及石板炕平、剖面图

1. 青花瓷碟　2. 竹筷　3. 陶片　4. 瓷片

图七　04 窟三维线框图

04 窟位于发掘区最南端，采用大揭顶的方式进行清理。由入窟通道、窟内通道和三个窟室等部分构成。三个窟室分别编号Ⅰ室、Ⅱ室和Ⅲ室。入窟通道与窟内通道北部相接，窟内通道的南端连接Ⅰ室，北端连接Ⅱ室东部，Ⅲ室的入口位于Ⅱ室西部北壁。Ⅰ室位于入窟通道南侧，室内有三处壁龛。Ⅱ室位于入窟通道北侧，东、西两端各发现一处壁龛。另在窟内通道发现壁龛一处（图七）。

（二）窟前建筑遗存

窟前建筑遗存总计发掘 800 平方米，清理遗迹 16 处。其中，护坡 1 段、独立墙体 4 段、排水设施 1 处、砖铺地面 1 处、房址 7 座、坑 2 个（图八）。

护坡位于 02 窟与 03 窟的山体东侧边坡，沿滑坡体顺势而建，北起 02 窟窟口，南至 03 窟Ⅴ室外部。南北向，用单层河卵石夹杂少量砖瓦残块垒砌而成，所用砖、瓦残块系对早期建筑废弃材料的二次利用，由底部基槽和护坡体两部分构成。

7 座房址中 F1、F4 保存较为完整。F1 位于 03 窟窟前，沿山体边坡而建，为地面式排房建筑，土木结构，坐西向东，方向 105°。F1 平面形制为长方形，由多间房屋构成，布局规整，现清理房屋 8 间，沿 03 窟南北向延伸，长 24.45、宽 4.19 ～ 4.98 米。8 间房屋以 03 窟窟口为界，正对 03 窟窟口的房间编号 F1 北 1，向北顺次编号 F1 北 2 ～北 5，向南顺次编号 F1 南 1 ～南 3。残存后背墙、隔墙与柱洞、外墙、门道、屋内及屋外设施等。屋内设施发现灶址 3 座，炕 2 座，坑 1 个（图九）。

图八　窟前建筑遗存

图九　F1 正射影像图

F4 位于窟前平台北部，西近 01、02 窟，东与上山道路和平台下的自然冲沟相邻，北邻现代庙宇建筑，南侧被 F5 叠压。F4 坐西向东，平面形制为长方形，中轴线方向 91°。由砖铺道路、南北厢房、回廊、汇水池、排水设施、散水等构成。以砖铺道路为中轴，

图一〇　F4 正射影像图

左右对称，左侧南厢房，右侧北厢房，回廊将道路与厢房相互联通。另有位于回廊与砖铺道路之间的附属设施南、北汇水池，外排池内溢水的暗道，邻近自然冲沟一侧的散水等。F4 大殿部分破坏严重，仅存东部少量方砖地面。砖铺道路位于 F4 中轴线上，正对 01 窟，东西向。西与大殿外廊相接，东部邻近上山道路，未发掘。道路平面呈长方形，由路面和路基两部分构成。南、北厢房位于砖铺道路的南、北两侧，对称分布，均为面阔三间的大开间，外设回廊，东、西两端与砖铺道路两端平齐。大殿位于砖铺道路西端，保存极差，仅存少量方砖地面（图一〇）。

F4 修建于早期建筑的废弃堆积之上，使用过程中，有过三次改建和再利用。一是对砖铺道路下方排水暗道的改建。二是对南池东南角溢排水暗道的改建。解剖显示，该条排水暗道未修建完成即遭废弃，取而代之的是横穿砖铺道路下方的暗道，将经由废弃暗道外排的南池水改经新建暗道排至北池，再经北池东北角的溢排水暗道排向 F4 北部较远的沟壑中，从而避免了 F4 东侧沟壑边坡被排水冲刷造成的损毁。三是对房址前期汇水池的再利用。房址在修建之初，汇水池为土圹结构，范围较大。后对土圹的四壁进行加固，用卵石砌筑了石墙。此次改建并未改变汇水池的形制结构，只是范围面积略有减小。在清理汇水池内部的淤土堆积时，在其四壁拐角处发现积满草木灰的竖洞，推测为灶壁。当为房址废弃后对其附属设施的再利用。另外，北厢房的砖铺地面整体被晚期的 F6 所利用，残留的北墙根部和增建的 F6 北 4 东墙完全叠压在北厢房的墙基之上，两者的形制结构都相同。F4 的废弃与山体滑坡和地基塌陷直接相关，这两种现象在北厢房的西部最为明显。同时不排除火灾、地震和兵患等因素的破坏。

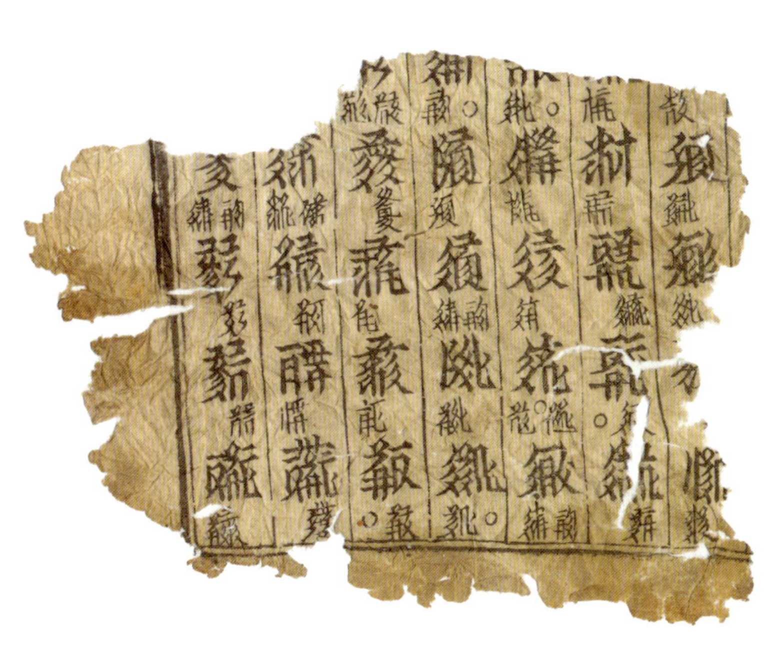

图一一　西夏文《同音》残片

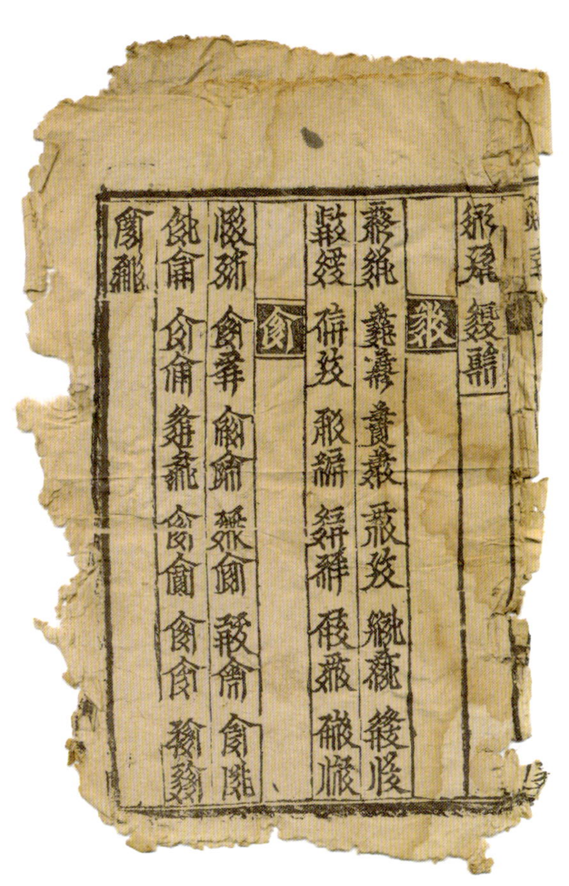

图一二　西夏文《三才杂字》残片

三　主要遗物

出土遗物以文献、佛教遗物、生活用品及建筑构件四大类为主，兼有兵器、卜骨、钱币等物。文献有西夏文、汉文、藏文三种，以西夏文、藏文文献数量较多。西夏文文献有印本和写本两类，印本有雕版印刷和活字印刷两种，写本主要为楷书，兼有少量草书。西夏文文献多为残片，完整卷册较少，文献内容以佛经为主，兼有社会文书和世俗文献。目前辨识出《同音》（图一一）、《三才杂字》（图一二）、《普贤行愿品》《金刚经》《佛说如来一切总悉摄受三十五佛忏法事》《天盛律令》等西夏文文献。汉文文献以佛经为主（图一三），并发现元代至清代的纪年文献，另有明代的军事文书和清代的公文档案袋等。

佛教遗物主要为擦擦，总计11万余枚，分造像类擦擦和塔形类擦擦两种。塔形类擦擦根据制作材质的不同，分为山泥胎、红泥胎、红砂土胎和掺杂物胎四类；每类胎土根据擦擦的题材，又分为一百零八塔（图一四）、宝阶塔、八塔和四塔；每类题材下根据其形制不同又分为不同的型、亚型、次亚型和次次亚型。造像类擦擦主要为无量寿佛和那若空行母两类。此外，发现大量佛造像残块，均为泥塑。有佛头、佛指、佛足、衣饰残块等。兼有唐卡（图一五）、经幡、小型佛造像及佛画像残片等物。另外，还发现铜钵、海螺、法号等法器。

生活用品以麻毛织物为主，另有陶器、瓷器、木器、骨器等生活器具。建筑构件主

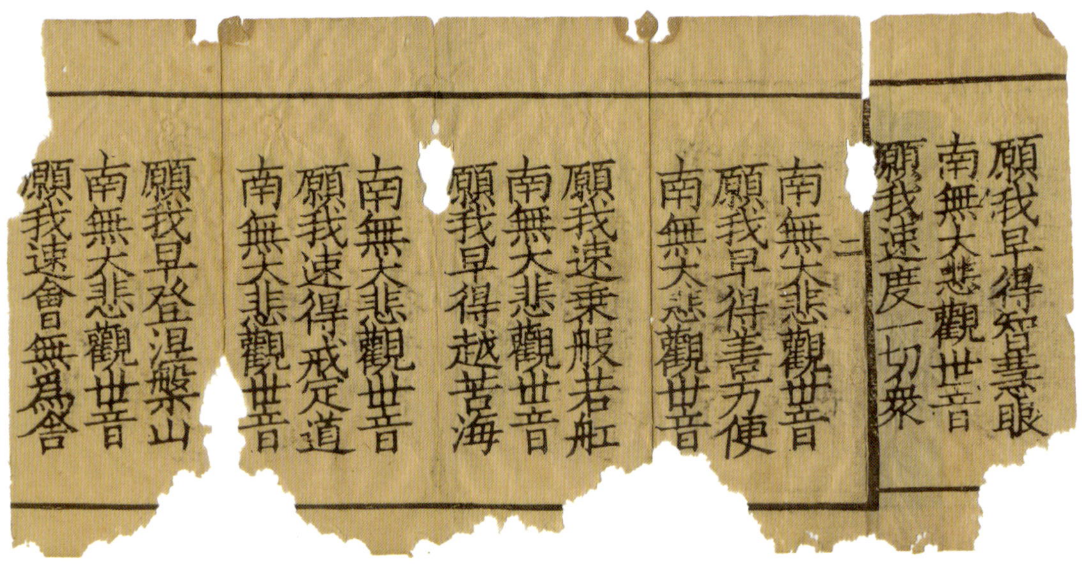
願我早得智慧眼
南無大悲觀世音
願我速度一切衆
南無大悲觀世音
願我早得善方便
南無大悲觀世音
願我速乘般若船
南無大悲觀世音
願我早得越苦海
南無大悲觀世音
願我速得戒定道
南無大悲觀世音
願我早登涅槃山
南無大悲觀世音
願我速會無為舍

图一三　汉文佛经残片

图一四　一百零八塔擦擦

要为瓦当、板瓦、筒瓦、滴水、脊饰、铁钉及木构件等物。此外，还发现有朱漆墨书的箭镞等兵器，钱币以清代为主，兼有西夏、宋时期钱币及波斯银币。

四　学术价值

（1）经过四个年度的考古发掘，基本明确了亥母寺遗址的空间布局、窟内结构及遗址的营建方式。亥母寺遗址现存洞窟皆由窟前建筑和洞窟主体两部分构成。窟前建筑遗存以清中晚期的地面式排房建筑为主，另残存晚期青砖建筑基址、近现代护坡和庙宇等建筑。洞窟主体因各窟形制差异略有不同，但整体来看，皆由形制各异的窟室和连接窟室的内、外通道组成。遗址的营建先是在山坡底部修整出一个完整的平台，然后自平台向山体凿挖开窟，最后以窟口两侧的山体为界，在平台上搭建庙宇。这对探讨西夏时期的佛教建筑布局及形制演变，具有重要的参考价值。

（2）四座洞窟的窟内结构极不规整，壁面凹凸不平、地面高低错落，且残留有较多工具痕迹，01、02窟通道能连为一体。说明亥母寺的开凿未经整体的统一规划，各阶段、各时期，根据洞窟的现存状况和空间结构，都进行过修整扩建，表明其具有时间上的先后、早晚关系和长时段的延续使用经历。此外，01、02窟出土物均以佛教类遗物为主，而03、04窟出土文物则以生活类遗物为主，通过四座洞窟出土遗物的文化内涵差异看，亥母寺遗址各洞窟应该具有不同的使用功能。

（3）亥母寺遗址出土的各类遗物，数量大、种类多、内涵丰富，为深度解析亥母寺遗址的历史沿革和文化内涵，提供了客观全面的直接材料。尤其是西夏文文献的发现，对西夏语言文字、社会历史、宗教仪轨和装帧印刷等方面的深化研究起到了促进作用。

（4）亥母寺遗址出土的擦擦，数量大，类型多，表现了擦擦制作的简洁性和多样性。这批擦擦从12世纪延续至16世纪，以西夏、元时期的擦擦为主体，风格具有一定的相似性和延续性。其胎藏内容，反映了佛教装藏的制作工艺和宗教仪轨。其艺术风格受到了西藏擦擦的影响，是擦擦艺术在武威地区地域化的一种表现，反映出西夏、元时期，藏传佛教在武威地区的传播影响和艺术成就。

执笔：蒋超年　赵雪野

图一五　唐卡

田园子石窟

2017年3月18日，镇原县方山乡蒲河行政村田园子自然村村民在修路拓宽村道施工时，意外暴露出一处石窟寺遗存。镇原县文化广播局接到通知当即报告甘肃省文物局，受省文物局委派，甘肃省文物考古研究所指派专业人员主持发掘工作，此工作就由郑国穆负责，单位派马更生驾车一同前往镇原。同时，按照抢救性考古发掘的一般程序，向国家文物局及时上报申请发掘执照。在发掘工作中严格按照考古操作规程和相关技术要求，进行科学发掘，共计清理出土4个洞窟。随后，又在田园子附近的蒲河流域开展石窟寺专题调查。

一　石窟概况

新发现的石窟遗址位于镇原县方山乡蒲河行政村田园子自然村，在蒲河支流官路沟

图一　石窟全貌

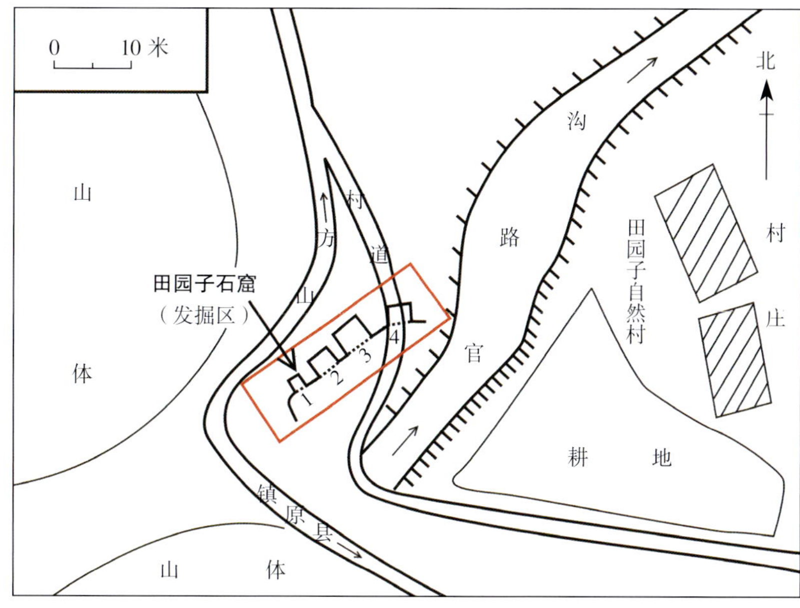

图二　石窟发掘区位置示意图

西侧砂石崖面上，大致呈西北—东南向分布，故命名为“田园子石窟”（图一）。石窟所在地原属黄土堆积的土坡，是田园子自然村村民通往方山—镇原县级公路的出入村道，之前多年一直是宽不过 2 米的小道。2017 年 3 月在实施新农村建设“村村通”工程中，动用铲车拓宽坡道路面时，路面内侧斜坡面塌陷暴露出洞窟，可见佛像头部及部分身体，村民自发清理洞窟大部分的遗存，并哄抢了部分洞窟地面的青铜佛造像等遗物。在村委会及时制止并报告县文化主管部门后，县博物馆工作人员及时赶赴现场，收缴全部出土遗物入藏博物馆。

在现场发掘工作中，除对施工中已暴露部分的 2 个洞窟（编号 2、3 号窟）进行彻底清理外，又在已经暴露的遗址外围勘查发现了另外的人为开凿洞窟迹象，经过科学发掘，又清理出土 2 个洞窟（编号 1、4 号窟）。其中，1 号窟位于石质崖面中，被后期山体滑坡的黄土堆积掩埋覆盖，仅从不易察觉的黄土覆盖出露的人工凿痕岩石面发现了洞窟迹象，经过清理找到洞窟门道，后期掩埋时黄土从洞口斜向涌入洞窟，堆土从洞口往洞里呈斜坡状堆积。4 号窟位于村道路面以下，村民反映此处长期潮湿，容易积水，在现场调查中发现在近路面内侧斜坡处崖面有人为凿痕，对此可疑地面进行清理最终出土洞窟，其窟顶已遭早期修路破坏，早已成为村道的路面，村民经常踩在洞窟上面出入（图二）。

根据现场发掘的考古地层、埋藏堆积的特征及对当地地貌、历史的调查了解情况分析推测，田园子石窟系开凿使用一段时期后，石窟所在官路沟西侧崖面的上部黄土堆积山体突发地质灾害，将洞窟一次性整体掩埋，直到本次村民修路暴露。

二　主要发现

本次抢救性发掘，共清理出 4 个洞窟，基本上坐西向东，自南向北依次编号，分别为 1、2、3、4 号窟。

1 号窟，平面呈竖长方形，前后坡窟顶。拱形窟门及窟内四壁、顶部均完整。清理

图三　1号窟外立面

图四　2号窟全貌

后期滑坡堆积后，只有窟内后部地面有灰烬层，四壁未雕造像，初步分析为当时僧人用作禅修或者居住的洞窟（图三）。

2号窟，平面呈横长方形，穹窿顶，正壁与左、右壁底部有低平台相通。正壁，一佛二菩萨；左壁，一交脚弥勒及二菩萨；右壁，一佛二菩萨。造像整体造型粗犷、健硕。主佛，高肉髻，方圆脸，大耳垂肩，颈粗短，肩宽阔，或袒右肩半披袈裟，或圆领通肩式袈裟，结跏趺坐，双手作禅定印。胁侍菩萨，从轮廓看似为高髻，戴宝冠，宝缯外飘，

图五 3号窟全貌

图六 4号窟全貌

身体显得粗壮、敦实。窟门右侧小龛为“释迦、多宝佛并坐”题材（图四）。

3号窟，平面呈横长方形，穹窿顶，三壁各凿浅敞龛。正壁，正中龛雕凿一佛二菩萨；左壁，敞龛内原为一交脚弥勒二菩萨，现仅存右胁侍菩萨，交脚弥勒及左胁侍均已残，可见弥勒下部为狮子座；右壁，浅龛内一佛二菩萨。主佛，大耳垂肩，长颈，内着僧衹支，外穿双领下垂式宽大袈裟或袒右肩半覆搭右臂袈裟。胁侍菩萨，均身体修长，天衣、披巾飘逸，裙摆具飘散之势，宽松洒脱（图五）。

图七　3 号窟出土铜、石造像

4 号窟，平面呈横长方形，三壁各凿浅敞龛。顶部因施工已推毁，从壁面转角向上内收的痕迹推测可能为类似 2 号窟的穹窿顶，前壁残存门道。正壁，正中浅龛一佛二菩萨；左壁，浅龛内一交脚弥勒二菩萨；右壁，浅龛内一佛二菩萨。主佛，均面形瘦削，颈项细长，双肩下垂。内着僧衹支，外穿双领下垂式宽袖袍衣，衣领棱脊突起，佛衣整体有厚重感。两侧胁侍菩萨，从轮廓看，菩萨戴宝冠，宝缯及发辫垂肩，披帛于肩部略外翘，天衣、披巾飘逸，裙摆具飘散之势，宽松洒脱。造像整体风格呈现“秀骨清像、褒衣博带”的汉化风格（图六）。

图八　3 号窟出土隋五铢钱

3 号窟内出土铜佛像 7 件、背屏式石造像碑 1 件、四面坡屋顶石造像塔 1 节、佛像画像石 1 件（图七）及五铢钱 1 枚（图八）。其中，4 件铜像无纪年者为北魏太和时期带座背光坐佛铜像（图九）、北魏晚期背光四足座侍立菩萨铜像、北魏晚期二胁侍菩萨舟形背光、隋代火焰纹头光覆莲台侍立菩萨铜像（图一〇）。有纪年者 3 件，为北魏熙平二年（517 年）四足座释迦多宝佛背光铜像（图一一）、隋开皇十四年（594 年）四足座背光坐佛铜像、隋仁寿二年（602 年）四足座背光侍立佛铜像（图一二）。这批单体文物的年代为判断该石窟遭受地质滑坡灾害整体掩埋的时间提供了依据。

三　主要认识

除 1 号窟没有造像外，2、3、4 号窟均为佛像窟，平面呈长方形，窟内壁面雕刻坐佛、侍立菩萨、交脚菩萨及狮子等形象，为表现过去、现在及未来的“三世佛”佛教思想的造像题材。1 号窟保存完整，其他洞窟均坍塌十分严重，2 号窟残存部分穹窿顶，3、

图九　3 号窟出土低台榻座背光坐佛铜像

4号窟顶部被破坏基本不存，洞窟壁面造像风化均较严重。初步分析推测，由于砂石质崖面易受风化，石窟开凿使用一个时期后，面目五官及身体细部的雕刻已模糊不清，但由于滑坡掩埋之故，造像再未遭受后期自然风化和人为破坏的侵扰，所以造像保存的造型样式仍清晰可辨。

根据窟龛形制和造像风格、样式初步判断，此石窟为北魏时期的佛教遗存，其中2号窟造像为北魏“太和改制”之前的样式，时代可能要早于北石窟寺的开凿年代永平二年（509年）。3、4号窟造像为北魏晚期汉化样式的“瘦骨清像”风格。

从3号窟出土的单体铜、石佛造像的风格及发愿文纪年看，时代最早为北魏太和时期，也有北魏中晚期的造像，最晚者为隋仁寿二年（602年）的造像，单体铜、石造像的时代大体分为北魏太和前，北魏景明、熙平年间，北周至隋代开皇、仁寿年间几个阶段，除了北周到隋代的造像晚于洞窟外，其他北魏的不同时段单体铜、石造像与2、3、4号窟造像时代风格基本上相吻合。所以可以推断该石窟遭受地质滑坡灾害整体掩埋的时间应该在602年之后。就目前所见田园子石窟洞窟造像的时代看，开凿后延续使用约120年后突遭后山滑坡掩埋。

四 学术价值

在发掘工作结束后，为进一步弄清田园子石窟的源流及其所在蒲河流域佛教石窟艺术的分布状况，对发掘点相邻地区做了野外调查，发现了在其西北约6千米的柳州城石窟，残窟分上下几层，残存建筑构件大量堆积，规模较大，可能开凿于北魏，不晚于石窟旁宋代柳泉镇城的年代，明、清时期废弃（图一三）；其

图一〇 3号窟出土隋立菩萨铜像

图一一 3号窟出土北魏熙平二年（517年）四足座二佛铜像

图一二 3号窟出土隋仁寿二年（602年）四足座立佛铜像

图一三 柳州城石窟远眺（镇原县三岔镇石嘴子村柳州城自然村）

西北约2千米的申家山石窟，残存两窟，平面方形，形制保存完整，窟内三壁均为一佛二菩萨，上部有成排雕凿千佛小龛残迹（图一四）；其东南约28千米的薛李石窟，现存两窟，一为中心柱方形洞窟，中心柱四面残存造像龛，为一佛二菩萨及“二佛并坐”穹窿顶题材，窟内壁画造像风化不存。另一窟平面长方形，造像风化残毁不存（图一五）。根据形制、题材及样式初步判断，申家山石窟、薛李石窟也为北魏时期的佛教遗存，柳州城石窟现存遗迹也有北魏早期的特点。新发现的这三处北魏时期小型石窟，为进一步探究蒲河流域石窟分布及佛教艺术传播提供了最新资料。

田园子石窟与全国重点文物保护单位的北石窟寺及早已淹没于巴家咀水库的万佛洞石窟，还有本次调查新发现的柳州城石窟、申家山石窟及薛李石窟均分布于蒲河流域，还有在北石窟寺以下蒲河北岸的小河湾石窟、曹家川石窟等，蒲河支流大黑河流域的万山寺石窟等的存在，都反映出蒲河流域是古丝绸之路佛教文化传播的重要通道之一，历史上北魏以来到隋唐、宋元以来佛教文化的交流和传播非常兴盛。此外，在与蒲河交汇于北石窟寺门前的茹河流域，以往调查已发现有大量北魏至唐、宋金时期的小石窟，也反映了丝绸之路东段关陇北道、作为支线的“茹河古道”上佛教文化的繁荣。

汉唐以来，丝绸之路绿洲干道东段的关陇道，起始于长安，经咸阳、礼泉、乾县，到彬县、长武至泾川县西北行，经平凉西入弹筝峡，经瓦亭关、萧关，北至固原，沿清水河北经石门关（须弥山石窟所在）、干盐池至靖远渡黄河至武威的“关陇中道”，

图一四　申家山石窟（镇原县方山乡蒲河自然村）

图一五　薛李石窟1号窟中心柱东、北立面与廊道（镇原县新集镇王寨村薛李自然村）

或从彬县北渡泾水，经宁县政平（唐定平县）北行宁县，经庆城西北行，经环县到灵武渡黄河西行到武威的“关陇北道”。在这条丝路古道上，宁县、泾川县分别是关陇北道、关陇中道的重要途经地域，镇原县就处在宁县、泾川县之间，其境内蒲河、茹河流域的古道作为丝路东段关陇北道的支线，是佛教文化传播的便捷通道。唐代安史之乱后，丝路东段干道逐渐北移，灵州成为交通要冲，也是西北民族地区茶马互市中心之一。之后到北宋时期，沿袭唐末五代的关陇北道，即灵州道，成为与西域交往的主要茶马古道文化线路。

从关中出发到北石窟寺，溯茹河、蒲河而上均可到固原、出萧关，是丝绸之路关陇北道的两个主要支线，可称之为“茹河道”和“蒲河道”。茹河道和蒲河道作为支线古道，主要在镇原境内遗留下诸多历史文化遗存。所以，位于蒲河上游的田园子石窟及上、下游几处佛教石窟寺的最新发现，对研究汉唐以来丝绸之路东段的关陇北道佛教文化传播及当时的政治、经济、军事、交通均有重要意义。

这次发掘的田园子石窟及调查的几处石窟遗存均为第三次全国文物普查未公布的新发现，对于佛教石窟考古来说意义非同一般，不仅仅是增加了佛教石窟考古研究的新篇章，而且也填补了北石窟寺所在的蒲河流域佛教石窟艺术的空白。

执笔：郑国穆

水泉子墓群

一 墓群概况

水泉子墓群位于甘肃省金昌市永昌县西北的红山窑乡水泉子村西北39千米处，地理坐标为北纬38°23′01″，东经101°37′16″，海拔高度2294米（图一）。

为配合国家西气东输建设项目，甘肃省文物考古研究所于2008年8～10月、2012年10～12月对永昌县红山窑乡水泉子村汉墓群进行了两次抢救性发掘。其中，2008年清理墓葬15座，2012年清理墓葬16座。两个年度发掘的31座墓葬，从形制上可分为四种，土坑墓1座、竖穴土坑木椁墓27座、土洞墓1座、砖室墓2座。出土

图一　墓群外景

图二　发掘现场

了大量遗物，收获颇丰，为认识研究河西地区两汉时期墓葬演变提供了重要的考古学材料（图二）。

二　墓葬形制

土坑墓1座，墓向355°。墓葬开口线距地表深0.3米。墓葬平面呈长方形，墓中未见人骨。出土器物有铜器、铁器、漆器、钱币等。主要有铜镜1枚、铁带钩1件、五铢1枚。

土洞墓1座，墓向355°。由封土、墓道、墓室等组成。地表残存丘形封土，带斜坡墓道。墓室平面为长方形，长3.6、宽2.1、深1.6米。墓葬被盗，顶部坍塌，结构不明。墓底低于墓道，墓门处存一土台阶。不见随葬品。人骨2具，位置散乱，葬式不详。

砖室墓共2座，均为单室砖墓，被盗严重。砖室墓的营造是先挖长斜坡墓道，然后在墓道顶端掏挖土洞，最后再在土洞内砌砖室。

2008年清理墓葬M4，墓向180°，封土呈丘状，长方形斜坡墓道，墓室平面为长方形，券顶（图三）。墓道顶端近墓门处，有意识地用大量石块封堵。无甬道，墓门直接开于墓室前壁。墓门起单

图三　M4

图四 M11

层券，已残，仅见两侧的砖结构。墓门残高1.5、宽1.63米，两侧砖残高1.15米。墓室长3.2、宽1.63米，用青灰色长条砖砌成。两侧壁平直，条砖横平错缝而砌。顶部以子母砖扣合起券。墓底不铺砖，后壁砖面被毁，暴露出地层土。三具木棺仅存残痕，两具平行纵向置于后部，另一具横置于墓门前。由于木棺已毁，其细部结构无从得知。葬式亦不明。随葬品集中放置在墓门内两侧。均为陶器，陶灶1组、陶器盖2件。

竖穴土坑木椁墓27座，地表保存封土，部分墓葬无墓道，部分墓葬在竖穴土坑墓圹的前部正中开设了长方形斜坡墓道，有的还在墓道与墓圹间加一个过洞。墓道靠近墓圹处往往堆置大块砾石，加以封堵。

墓室营建方法上，均先挖长方形竖穴墓圹，再在墓圹内搭建椁室。多为单椁单室（图四），个别墓由主室及外藏椁构成。椁室由底板、侧壁板、后挡板、盖板组成。椁室入口处均作封门状，用竖板插堵，其外以砾石封堵。另外，个别墓葬在土圹两侧壁上掏挖出凹槽，其中立木柱，以支撑加固椁室，如2012年清理的M8（图五、六）。椁室底板用数块方木板横向铺砌，侧壁板纵向垒砌，接头处多用套榫连接。盖板多以圆木或半圆木横向铺盖。

墓葬可分单人葬、异穴合葬与同穴合葬三类。同穴合葬按墓道有、无，又分先后下葬入殓的与二次迁葬一同下葬入殓两类。异穴合葬墓在同一封土下，构筑两个墓圹，两墓圹大小相当、走向一致。两墓圹以隔梁相隔，隔梁宽0.3～0.5米，显示出两者关系紧密（图七）。其椁室形制亦相似。

葬具为木棺，材质多为松木。木棺有双棺、单棺，个别墓无棺。大部分木棺保存较好。双棺均并列置于木椁后部，两棺间隙较小，有的紧靠在一起。单人葬木棺多置于椁室一侧。木棺由底板、侧板、两端挡板及盖板等组成。棺板薄厚不等，未发现棺钉，应采用榫卯结构。棺上或棺底多裹有席子，少量墓葬棺底亦铺有草木灰。个别棺板上还发现有铭旌残迹。

葬式多为仰身直肢，另有部分二次扰乱葬。部分尸骨头端有木枕，脸部罩有覆面。墓葬普遍随葬有羊、鸡等动物肢骨，并撒有谷、麻等粮食作物。随葬品以陶器为主，

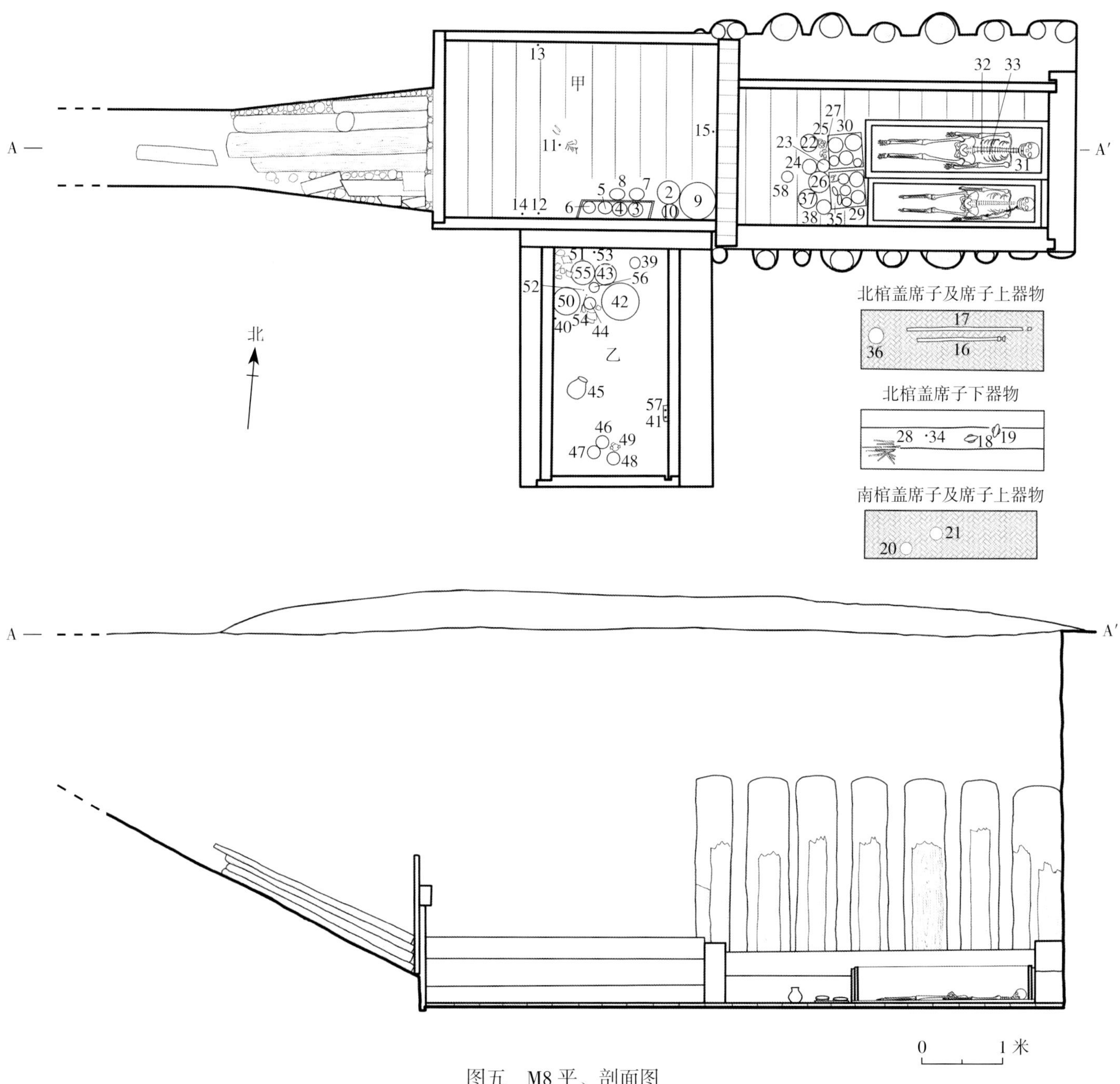

图五　M8平、剖面图

1. 铜钱（墓道填土）　2～5、23～27、43、46、48、50、51、56. 陶罐　6、39、58. 泥烛台　7、8、10、55. 陶盆　9、42、44. 陶瓮　10. 铜盆　11、12. 木马　13、14、40、52～54、57. 木俑　15. 木车　16. 铜柄铁剑　17. 木杖　18、19. 漆耳杯　20. 铜镜　21、36、38. 漆盒　22、45、47、49. 陶壶　28. 木简　29、30. 漆案　31. 料器　32、33. 铜纽　34. 帛画　35. 漆盘　37. 漆奁　41. 木器［注：漆案（M8：29）上置漆盘3件、漆碗2件、漆箸2双、漆耳杯2件、木叉1件，另有鸡肋骨、腿骨；漆案（M8：30）上置漆碗2件、漆盘1件、不明漆器2件］

还有漆器、木器、铜器、丝织品等。一般置于棺前，偶见置于棺侧的。

三　出土遗物

2008年清理墓葬15座，出土陶器、铜器、木器、漆器、木简、丝织品等各类器物约123件（组）。2012年共计出土遗物约265件。

陶器数量较多，有随葬品的墓中均见，各墓数量1～10件不等，最常见的为3～5件。

图六　M8

图七　M11、M12

图八　双耳彩绘陶罐（M9：4）

图九　彩绘陶罐（M14：5）

器物放置位置有一定规律，陶器主要放在棺外靠近椁前壁一端的空处；漆器有的放置于棺外，有的置于棺内；钱币多散置于棺上；部分棺上放置小型动物骨骼。

陶器大部分为泥质黑灰陶，另有部分泥质彩绘陶、夹砂红褐陶。器物组合为罐、壶、瓮、盆、钵、鬲等。

罐分双耳罐、单耳罐、无耳罐等几类，其中无耳罐数量较多。双耳罐为泥质灰陶，个别彩绘（图八）。单耳罐为夹砂红褐陶、泥质灰陶。无耳罐为泥质灰陶，分为圆鼓腹罐、

图一〇　陶壶（M2：1）

图一一　陶壶（M14：15）

图一二　陶壶（M6：7）

图一三　陶熏炉（M1：5+6）

图一四　铜镜（M8：20）

图一五　铜当卢（M2：15）

垂腹罐、广肩罐、圜底罐等几型，还见彩绘罐（图九）。

壶类主要是盘口壶，多为黑灰色陶，颈分长、短，圆鼓腹或下腹斜收，上腹部装饰有衔环铺首，圈足（图一〇至一二）。

瓮为泥质灰陶，分直口、侈口、敛口三型。

熏炉为泥质彩绘陶。整体呈“豆”形，器盖与器身以子母口扣合。通体先敷以白色陶衣，其上以红彩勾勒三角纹，内涂红，以素面三角状浅槽间隔，个别发现三角状镂孔。窄带纹将器表分十等份（图一三）。

灶由灶面、灶身、灶门、火眼、烟墙等组成。灶面为半圆形，素面或边缘饰网格纹，甑与灶共出，但并不相连。

出土的铜器数量较少，有铜盆、铜镜（图一四）、铜环、泡钉及盖弓帽、当卢（图一五）、衔镳等车马饰件。

图一六　漆奁（M6：2）

图一七　漆盘（M8：29）

图一八　带字漆耳杯（M10：12）

图一九　男木俑（M5：4）

图二〇　女木俑（M5：6）

钱币主要为五铢，多锈蚀不清。

随葬漆器情况较为普遍，但多保存较差，可辨器形有盒、奁（图一六）、案、盘（图一七）、耳杯、碗、箸等，个别器物底部还书写有文字（图一八）。

木器数量较多，有木梳、木篦、木俑等。人物俑刮削出人形，面部与服饰用墨线勾

图二一　麻鞋（M3：13）

图二二　覆棺铭旌（M8：34）

勒，部分施以彩绘。男俑，头戴介帻，身穿长衣，右衽。左手置于腰间，右手垂立一侧（图一九）。女俑，垂发呈三角形，身穿深衣，右衽。下巴微颔，双手垂立至两侧（图二〇）。

丝织品主要出土于棺内。经初步整理，计有麻、绢、纱、锦、绵等。尚能识别的物品有布枕、布囊、丝履、麻鞋（图二一）等。

图二三　M5出土字书简

图二四　M5出土日书简

图二五　M5出土“本始二年”简

覆棺铭旌保存差，绘画以细线勾绘，平涂色彩，用色为褐、黑、白三种。如2012年清理的M8所出铭旌，所绘形象怒目圆睁，面目狰狞，舌头伸出下垂至胸间。上身裸露，双臂折弯至90°，双手执一物。下半身似穿一短裤，两腿分开（图二二）。

两个年度的发掘均出土了一定数量的木简。2008年木简集中放置于M5的木棺内，因受坍塌的椁盖板和棺盖挤压而受损，另外由于墓地地下水位较高，墓室十分潮湿，出土时木简多残断。较为完整者有700多枚（段），连同残损严重的残片共计约1400枚（段）。与木简同时出土的还有墨、砚等书写工具。木简内容一部分为七言本《苍颉篇》（图二三），另一部分为日书（图二四）。其中还发现“本始二年”简一枚（图二五）。

2012年出土木简置于M8北侧木棺盖板之上，出土时简册已散乱失次，部分残片散落于两棺之间。木简为松木材质，保存状况很差。现存断简及碎片共174个编号，经过整理缀合，可以确定原简册由35枚简札构成。这批木简内容为历谱，因出土一枚“五凤二年”纪年简（公元前56年），故确定为“五凤二年”历谱（图二六）。

四　学术价值

据调查及发掘知，水泉子墓群面积较大，分布集中，在现连霍高速公路东西两侧均分布有大量墓葬。2003年，甘肃省文物考古研究所在西气东输一线建设工程中发掘了98座汉墓，加上2008、2012年两次发掘的31座墓，表明此处是一规模较大的墓葬群。从已清理的情况看，竖穴木椁墓为主要类型，大部分墓葬带有斜坡墓道，值得注意的是，在墓道与墓室间存有一过洞，过洞内填大量的石块，起封堵作用，而石块之后为木椁的前壁，多采用竖立的木板插堵。以双人合葬墓为主，葬式多见仰身直肢。壶、罐为主要的陶器组合；灶面半圆形，甑（釜）与灶分体而制。

中原地区，西汉昭、宣时期，夫妻同穴合葬已逐渐成为主要的埋葬形式。王莽前后，墓中随葬品不论瘗死者人数多寡，陶器往往只有一套。水泉子木椁墓大多为夫妻合葬于一木椁中，与上述西汉晚期墓特征相同。随葬陶器也只有一套，且陶器形制以汉式为主，无论器形、制法都同于中原汉墓。考虑到中原地区墓葬形制传至河西需要一定的时间，推测水泉子木椁墓年代为西汉末至东汉早、中期。东汉时期，中原地区砖室墓替代了土洞墓、木椁墓，这种新的墓葬结构也被河西地区所吸收，券顶砖室单室墓，长斜坡墓道，多人合葬，均符合东汉中期墓葬特点，所以水泉子砖室墓的年代应为东汉中期以后。

竖穴木椁墓是先秦以来中原地区较为常见的墓葬形制，西汉时期仍然流行，并有向西北地区传播的趋势，到了西汉晚期、东汉时期，中原地区以新的空心砖墓、小砖墓等形式代替了传统的木椁墓。而木椁墓在西北地区西汉至东汉时期还是主要的墓葬形式，如青海上孙家寨汉晋墓群中的汉墓、内蒙古南部地区汉墓等。从目前公布的资料看，甘肃地区仅在兰州兰工坪[1]、古浪黑松驿[2]发现不足10座木椁墓。此次发掘丰富了甘肃地区汉代木椁墓的资料，为明确汉代木椁墓在甘肃的发展具有一定意义。从水泉子墓葬看，河西的墓葬形制存在一定的演变，从竖穴木椁墓、土洞墓向砖室墓发展，这种发展变化也是受到中原墓葬形制的影响，是在汉王朝开拓西北地区的大历史背景下产生的，显现了汉文化及其葬俗对河西的影响。

水泉子汉墓出土的木简是永昌县境内第一次出土木简，也是甘肃省近年来在简牍文物方面的又一次重要收获。该批木简日书数量较多，内容相对丰富，应是迄今为止出土汉代日书数量较多的一次，对于秦汉数术的研究将产生较大影响。“五凤二年”历谱对我们认识古代历日的编册、秦汉时期日者之术与历家历法的逐步合流等文化现象，都具有启发意义。

永昌地处丝绸之路要冲，历史悠久，境内有丰富的文化遗产。自新石器时代起就发现众多遗址，主要有鸳鸯池、毛卜喇、水磨关、二坝、乱墩子滩等，大多属马家窑文化马厂类型，也有少量的齐家文化遗存。之后汉晋、南北朝、唐宋等时期也发现了大量文化遗存，如乱墩子汉墓群、汉长城、北周圣容寺石窟及御山瑞像石刻等，显示了永昌悠久的文化面貌。此次发掘不仅丰富了河西地区汉墓的资料，也为了解永昌当地历史文化提供了新的材料。

执笔：吴荭　王永安　孙明霞　魏美丽

图二六　“五凤二年”简（M8：28）

[1] 蒲朝绂：《兰州汉代墓葬》，《西北史地》1992年第2期。

[2] 甘肃省文物管理委员会：《甘肃古浪峡黑松驿董家台汉代木椁墓清理概况》，《文物参考资料》1955年第7期。

地埂坡墓地

一 墓地概况

2004年11月，甘肃省张掖市高台县罗城乡河西村发现被盗墓葬数座，其中出土了部分重要遗物及精美壁画，历史价值极高。甘肃省文物考古研究所于2007年8～12月对墓地进行了发掘。

地埂坡墓地位于高台县城西北60千米处的罗城乡河西村。墓葬分布在该村西南约3千米的黑河南岸的戈壁台地之上，共发现墓葬40余座（图一）。墓葬群地理坐标为北纬39°41′441″，东经99°39′324″，海拔高度1344米。墓地所在的戈壁滩上，存留有汉代烽火台等遗迹。墓地中间有一条东西向的故道，此次发掘区主要在故道北面，共发掘墓葬5座（图二）。

5座墓葬的结构大致相同，地表残存有封土及茔圈；墓葬由墓道、照壁、墓门、前甬道、前室、后甬道、后室等构成，有的前室附设耳室；墓中建有仿木构建筑结构；其中3座

图一　远眺黑河

图二　工地外景

墓葬中绘制壁画。5座墓葬出土陶器、铜器、骨器、木器、金器、漆器、石器及丝织品残片等共计117件。

二　墓葬形制

M1　位于发掘区中部，墓向70°，墓底距地表深15米。长方形斜坡墓道，长34、上口宽1.9、底宽2.64米，两壁黄土坚硬，壁面笔直如削。照壁位于墓道前端，素面无饰。长方形墓门位于照壁下部中央，高1.4、宽1米。

前室平面近方形，卷棚顶，长4.21、宽3.81、残高3.72米。南、北两壁和顶部有用生土雕成的仿木结构。南、北壁各有梁柱承载大叉手，梁、拱上又用三组斗拱托附檩椽。两壁各附有两根立柱，其一靠近中部，梭形，周身彩绘穿壁纹；另一立柱位于侧壁与后壁交角处，不甚明显，似为方柱。前室前部两侧各有一耳室，平面长方形、拱顶，南耳室规模较大（图三）。

后室平面近方形，覆斗顶，长3.71、宽3.34、通高2.77米。顶部中央彩绘方形莲花藻井，四面坡各有彩绘，南朱雀（图四）、北玄武；东坡是多头多身青龙拖月，月内绘蟾蜍；西坡绘多头多身白虎拖日，日内有三足乌。后室置棺，严重扰乱，尸骨两具，棺木残片上见女娲头像。

M2　紧邻M1，墓向73°，距地面深9.9米，结构与M1近似，唯前室仅有一北耳室。前室仿木结构已塌毁，后室共出土4具人骨。

图三　M1 前室示意图

图四　M1 后室顶部朱雀壁画

图五　M3 照墙

M3　位于发掘区东南部，墓向 76°，距地表深 14.4 米。长方形斜坡墓道，上口宽 2.2、底宽 2.8 米，黄土墓道壁笔直坚硬。高大的照墙略呈梯形，分上、下两部分。距地表 6.9 米以上为坚硬的黄土，壁面平整、素面无饰。6.9 米以下为彩绘砖雕，通高约 7.5 米。上部有多层砖雕，刻绘龙、虎、异兽、人形力士等；下部 13 层拱券，上彩绘虎头等（图五）。

前室平面为长方形，覆斗顶，长 4.7、宽 4、通高 2.7 米。后部起低台，东南角挖一井。墓室前部用生土做成立柱两根，立柱截面为圆形，上端略收，上顶方斗，下有柱础。斗、

图六　M3前室结构

图七　M3前室顶部

柱红色，柱身墨线勾绘穿璧纹、飞龙、羽人等。柱础覆盆部分绘盘龙纹。两柱方斗上部原应有生土做成的过木相连，现已塌毁（图六）。

墓室顶部有生土做成仿木结构。中央为方形四重套斗藻井，藻井前部原应有仿木结构与墓室前部的生土柱斗相连。四面坡做出椽、檩，前后各5椽，南北各4椽（图七）。墓室四角各有一斗拱。四壁及顶部均绘有壁画，现大多泛碱，模糊不清，可辨识的内容有祥云、飞龙、奔鹿、瑞鸟、车马出行、宴饮、狩猎、山林树木及人物等。

前室南、北两侧壁各开两耳室，平面均呈纵长方形，拱顶，四壁及顶部有彩绘木结构。

后室平面为长方形，拱顶，长2.3、宽2、通高1.8米。顶部、四壁绘制壁画，已残。壁画分栏，顶部绘祥云、飞龙、瑞鸟等，四壁残存垂帐、人物、建筑等。后室出土人骨一具。

M4　位于发掘区中部，墓向52°，地表原有方形茔圈及圆形封土。墓底距地表12.4米。

长方形墓门位于照墙底部中央，门两侧及上部均有壁画。前室平面近方形，两面坡顶，长3.4、宽3.46、通高2.92米，墓底铺方砖。顶部墨线彩绘仿木结构。四壁壁画内容丰富、

图八　M4 前室南壁壁画

图九　M4 前室北壁壁画

图一〇　M4 前室前壁壁画

技艺精湛。南、北两侧壁墨线勾勒立柱、梁拱等建筑形式，并以立柱划分界面。南壁两立柱间绘犁地、播种图（图八），一人在前驱牛拉犁，一人在后播种。立柱外东侧绘一妇女送食图。北壁立柱内图像分为两组，西侧为两胡人对坐，二人高鼻深目，络腮胡须，头戴尖顶高帽，身着圆领衣（图九）。东侧为二汉人对饮图。立柱外东侧表现卖肉场景，两人均裹头，髭须上翘。前壁中部墨线勾勒墓门门框，门上绘角抵、敲鼓人物形象，人物皆髡发、

图一一　M4 前室后壁壁画

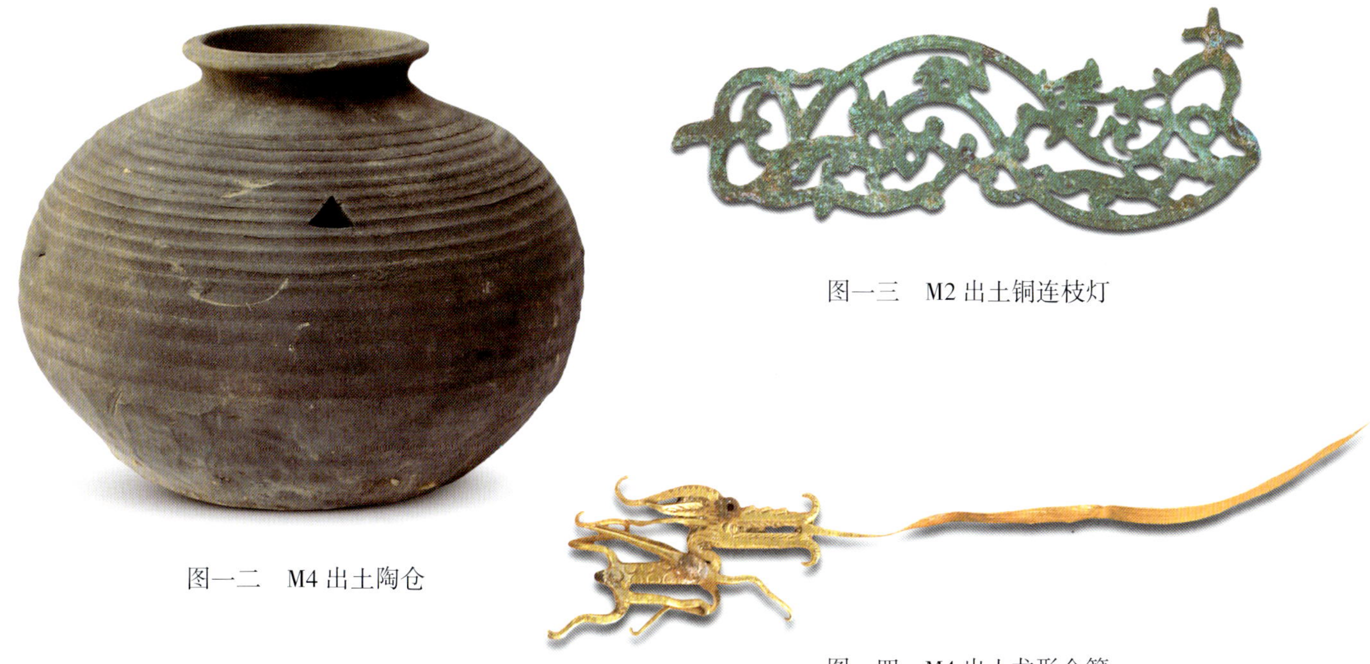

图一二　M4 出土陶仓

图一三　M2 出土铜连枝灯

图一四　M4 出土龙形金簪

绑腿（图一〇）；下部墓门北侧为汉人放牧图，一人三牛；墓门南侧为汉人狩猎图，残存一猎人、二犬。墓室后壁通往后室的墓门也用墨线勾勒。门两侧各有一吏，双手拄杖、黑冠白衣；门上部为三神兽（图一一）。壁画均用土红色线起稿，再以墨线描画轮廓。

后室平面为长方形，覆斗顶，长 3.76、宽 1.9、通高 1.94 米。墨线勾勒顶壁轮廓，墓底方砖铺地。出土棺一具。

M6　位于发掘区西北，墓向 55°。前室平面为方形，覆斗顶，边长 2.26、通高 2.2 米。

图一五　M4 出土金蝉珰　　图一六　M1 出土木俑

图一七　M4 出土骨尺

东北角用生土做成一灶台，覆斗顶用阴刻划线勾勒轮廓。后室平面为长方形，拱顶，长 2.9、宽 2.32、通高 1.68 米。出土木棺一具。

三　主要遗物

陶器，多为明器，器类多为日常生活用具，主要有罐、碗、盘、钵、壶、甑、灶、仓（图一二）、奁等。陶器以素面黑灰陶为主，器表多只有简单的弦纹及刮削痕。

铜器，以日常生活用品及车马器构件为主。器类有耳杯、刀、耳勺、勾、环、铜连枝灯（图一三）等。

金器，多为饰品。有镯、簪（图一四）、戒指、蝉珰（图一五）、金花、箔片等。

骨、木器是主要的随葬品，原本数量较多，清理时均出土于耳室内，但因残朽严重，无法提取，现能辨明的有木俑（图一六）、木马、木鼓等。骨器有骨尺 1 枚（图一七）。

另外，还有石板砚、滑石猪（图一八）、石灯盏（图一九）、石龟、麻鞋（图二〇）等。

图一八　M3 出土滑石猪　　图一九　M3 出土人形石灯盏　　图二〇　M4 出土麻鞋

四　学术价值

河西地区自汉以来就深受中原文化的影响，在魏晋时期更是保留了大量中原文化。这些中原因素影响到社会生活的各个方面，其中墓葬形制就是较为明显的一点。如地埂坡墓地中 M3 前后双室，附多耳室；前室横长方形，后室纵长方形，券顶；耳室与后室结构相同；前室顶部中央套井结构。这些形制与中原东汉墓葬形制相近。M3 四壁壁面分上、中、下三栏绘制壁画，内容以车马出行、狩猎、宴饮等题材为主，前室顶部绘制西王母、羽人、祥云等内容，立柱上以穿璧纹为主要题材。四个耳室顶部为拱形，整体绘制云气等图案。这些都具有汉代遗风。而最具特色的是 M1 中出现了用生土雕成的仿木梁架及屋顶结构的实物资料，建筑形式独特，不仅对认识、了解魏晋时期建筑结构等具有重要意义，而且显示了来自中原传统文化的影响。另外，多个墓室四角出现斗拱，与洛阳西晋墓葬[1]墓室结构上有一定的相似性，是新出现的因素。而墓门上砌筑出高大的照壁，表现出鲜明的河西魏晋墓葬结构特点。随葬品中，陶器多为灰陶，流行弦纹及腹部刮削痕，这也是河西魏晋墓葬中陶器的特征。壁画以墓室壁面为载体，整壁绘制，与常见的一砖一画的形式不同。壁画中多种少数民族形象的出现，如胡人和髡发、裹头的人物形象，这在以往河西魏晋墓中也是不多见的，充分显示了河西走廊作为丝路枢纽的重要作用。

这批墓葬既保留中原汉墓的遗风，又出现新的晋制因素，同时还具有河西区域特色，展现出与众不同的面貌。为研究河西地区历史、中国古建筑形制演变、中西文化交流、民族融合等提供了珍贵的资料。

执笔：吴荭

[1] 河南省文化局文物工作队第二队：《洛阳晋墓的发掘》，《考古学报》1957 年第 1 期。

唐慕容智墓

一　墓葬概况

2019年9月27日，武威市天祝藏族自治县自然资源局在土地整备时发现墓葬1座，经国家文物局同意（考执字〔2019〕900号），甘肃省文物局协调安排，甘肃省文物考古研究所在武威市、县、镇相关单位配合下随即开展了抢救性发掘。经发掘确认，墓主为武周时期吐谷浑王族成员喜王慕容智。

慕容智墓位于甘肃省武威市天祝藏族自治县祁连镇岔山村北的山顶之上，东距武威市约35千米。地理坐标为北纬37°40′51.7″，东经102°22′54.3″，海拔高度2672米。墓葬所在地属祁连山北麓，为局部较为平缓的山间盆地和纵谷结合地貌。墓葬地处南北纵长

图一　慕容智墓远景

图二　墓葬俯视图

分布的小山岗上，东、南、西三面为小山环绕，地理位置极佳（图一）。

二　墓葬形制

该墓为单室砖室墓，由封土、墓道及壁龛、封门、照墙、甬道和墓室等组成，墓向 170°。平面形状近瓦刀形，通长 23.8 米（图二）。

封土位于墓室之上，为砂砾与红色黏土混合土。遭严重破坏，局部残存，厚约 0.3 米。

墓道位于墓室南部，开口平面呈长方形，长斜坡底。通长 17.5、距地表深 3.5 米。填土中包含有碎砖块、木块等，并随葬有墨绘木杆、木构件等，底部散见墨绘画像残砖、调色砖和调色石等，墓门前有整马、羊殉牲。墓道底部墓门前东、西两侧各有一壁龛，龛内均随葬彩绘陶、木质仪仗俑群，共计 70 件（组）（图三、四）。

图三　墓道东侧壁龛内仪仗俑群

甬道位于墓道北端，为砖砌双层券顶结构，内宽 1.2 ~ 1.3、进深 2.1 米。甬道券门口处安设一双扇木门。因木门结构部分腐朽，门整体由南向北坍塌，平铺于甬道内（图五）。

封门位于甬道口木门南侧，为模印条砖砌筑的砖墙，共四道，东西总宽 1.4 ~

图四　墓道西壁龛内仪仗俑群

图五　甬道内倒塌的木门

1.5、厚 1.4、高 1.12 ～ 2 米。

照墙位于甬道口正上方，宽 1.25、高 1.65 米。照墙上满绘壁画（图六、七）。

墓室平面形状近方形，四角攒尖式穹窿顶。南北长 4.2、东西宽 4.1、残高 3.9 米。砖室内底用砖纵向错缝平铺一层。西侧设棺床，棺床上南北向顺置一木棺。木棺保存较好，棺头朝北，由弧状棺顶盖、箱式棺和棺座组成。棺木总长 2.55、宽 0.76 ～ 0.94、高 1.05 ～ 1.19 米（图八、九）。

三　壁画

墓葬照墙上、甬道及墓室内均有彩绘壁画。绘画前在壁上先抹一层草拌泥，后以白灰为底，用红或黑线勾绘壁画，其中照墙壁画保存基本完好，内容主要为双层门楼结构。甬道及墓室壁画多已脱落，从残存部分看，壁墙主要勾绘人物画像（图一〇）。顶部白灰底上涂青灰色颜料，再在其上用红、白彩绘画，为星空图，主要有日、月、星辰、银河等（图一一、一二）。

图六　封门及照墙壁画

图七　甬道木门及照墙壁画

四　随葬器物

甬道、墓室及棺内随葬有彩绘陶、木、漆、石、金属、宝石及革制品、纸制品、纺织品等，共计300余件（组）。陶器有罐、盆、彩绘俑（图一三至一六）。木器有各类彩绘神兽俑、侍俑及床榻、门、胡床、马车、盒、餐具、乐器模型等（图一七至二五）。漆器有银扣盘、碗、马鞍、弓、胡禄等。铜器有鎏金锁、勺、筷、各种饰件及钱币等（图二六）。铁器有甲胄、镶嵌宝石的书刀等（图二七）。金银器主要为壶、盘、碗、勺等饮食器具及冠饰、腰带饰、数量较多的马具等（图二八、二九）。革制品主要为豹韬、腰带、方盒等。纺织品数量大、品类多，主要为丝织品，有罗、绢、锦、刺绣等（图三〇至三二）。

另外，墓室西北角、棺内还随葬有数量较多的粮食（图三三）。

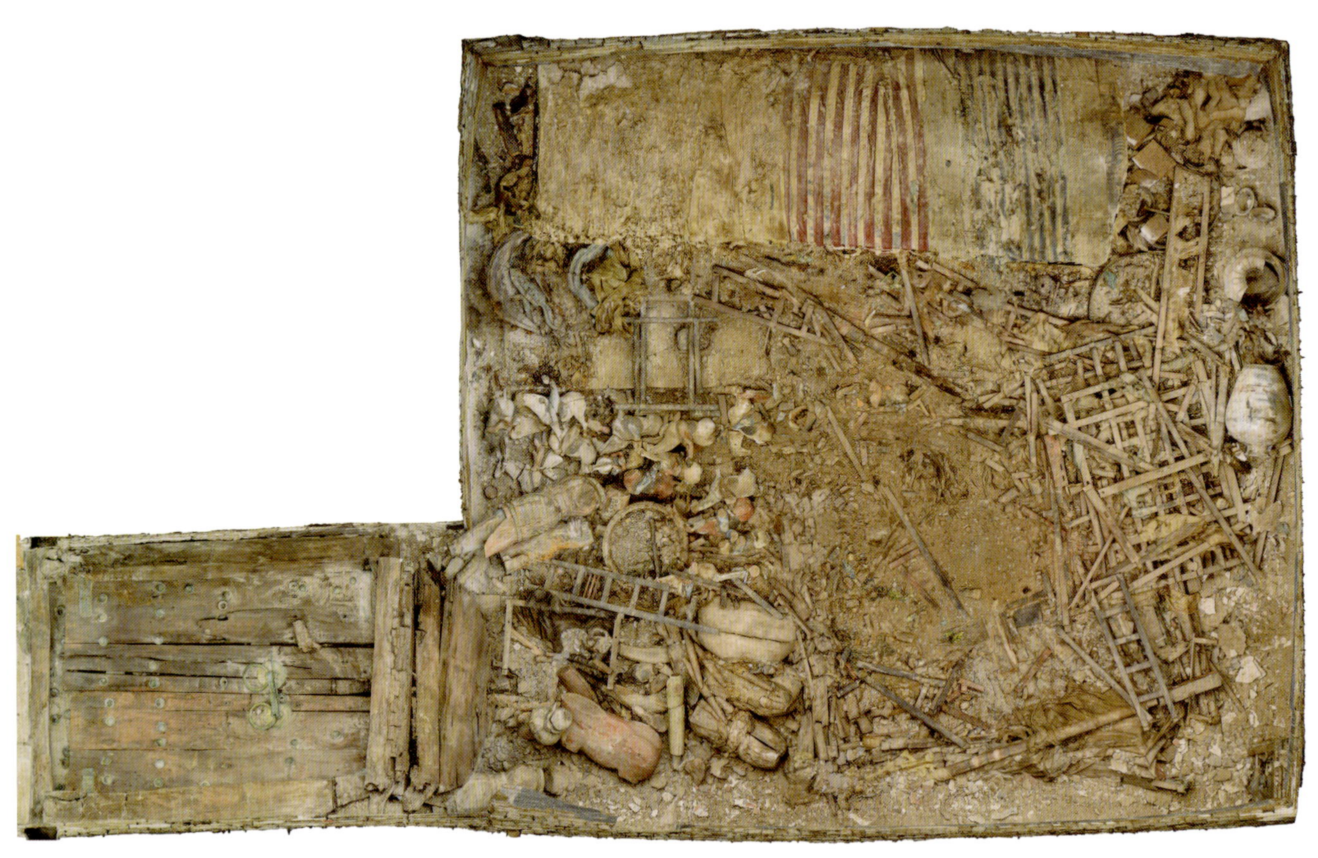

图八　甬道、墓室随葬情况正射影像图

图九　墓室侧视图（东—西）

五　学术价值

1. 墓主及墓葬年代

甬道正中随葬石墓志一方（图三四），志文内容显示，墓主为“大周云麾将军守左玉钤卫大将军员外置喜王”慕容智，因病于天授二年（691年）薨，于“其年九月五日迁葬于大可汗陵”，终年42岁。墓志载慕容智系吐谷浑国末代统治者，唐敕封拔勤豆可汗、青海国王慕容诺曷钵第三子。该墓的发现，对完善吐谷浑国灭后吐谷浑王族谱系及相关历史问题起重要补充作用。

2. 大可汗陵及相关问题

墓志信息显示，慕容智死后葬“大可汗陵”，这是否意味着其父诺曷钵陵墓就在附近，值得高度重视。初步调查和勘探发现，在慕容智墓东5千米范围内发现有数座与之特征相同的墓葬，“大可汗陵”所在及其布局特征、文化内涵等，还需进一步开展相关工作予以确认。

同时，在距慕容智墓东北约15千米的武威市南青咀湾和喇嘛湾一带，曾先后于20世纪40年代、80年代发掘了大唐金城县主、慕容曦光及弘化公主、青海国王慕容忠等9座唐早、中期吐谷浑王族墓葬。墓葬分布于青咀湾和喇嘛湾的一个小山岗上，坐北朝南，与慕容智墓特征相同。该地在墓志中提及为“凉州城南”“凉州南阳晖谷”“凉州神乌县界”“神乌县阳晖谷之西原”，其与“大可汗陵”之关系尚需探究。

3. 丝织品与丝绸之路

该墓出土器物种类较多，数量较大，其中丝织品类型多样，质地细密牢固，彩

图一〇　墓室北壁人物头部

图一一　墓室东壁三足乌

图一二　墓室西壁桂树及玉兔

图一三　墓室内随葬彩绘陶骑马俑群

图一四　墓室内随葬彩绘陶女骑马俑

图一五　彩绘陶女立俑

图一六　彩绘陶男立俑

图一七　甬道随葬墓志及木器

图一八　彩绘描金木天王俑身

图二〇　彩绘描金木镇墓兽

图一九　彩绘描金木天王俑头

图二一　彩绘木风帽俑

图二二　彩绘描金木女俑头

图二三　彩绘木朱雀残件

图二四　彩绘木鸟

图二五　带帷帐的彩绘木床榻

图二六　鎏金铜饰

图二七　铁甲胄出土情况

图二八　嵌金腰带

图二九　马鞍上的嵌金银马具

图三〇　覆盖在棺木上的丝织品（第一层）

图三一　覆盖在棺木上的丝织品（第二层）

图三二　棺床上的印花绢

图三四　石墓志盖

图三三　墓室西北角随葬的“粮袋串”

色鲜艳，图案精美。棺盖上的黄色织锦见有团窠联珠对羽兽纹，并穿插有宝相花图案，具有长安地区典型的“陵阳公样”特征，反映了唐代精湛的织丝技艺。吐谷浑长期活动于甘、青、新一带，据丝路要冲，在中西文化交流中扮演了重要角色。这些文物，既是唐代丝路贸易的实物见证，也是唐与吐谷浑友好交往的实物见证。

从目前吐谷浑墓的发现来看，该墓为国内发现和发掘的时代最早、保存最完整的唐吐谷浑王族墓葬，为研究吐谷浑国灭后吐谷浑王族谱系、葬制葬俗及相关问题提供了重要材料，是吐谷浑墓葬考古研究的重要发现。该墓的发掘丰富和拓展了丝绸之路物质文化资料，对推动唐与丝绸之路沿线民族关系史、交通史、物质文化史、工艺美术史等相关研究具有重要价值。

执笔：刘兵兵　陈国科　王山　张伟